FÉDÉRATION NATIONALE

DES

COOPÉRATIVES DE CONSOMMATION

Siège Social : 5, Avenue de la République, PARIS (XIe)

17e Congrès National

Tenu à TOURS

SALLE DE TRIANON-PARK

Les 29, 30, 31 Mai et 1er Juin 1930

AMIENS
IMPRIMERIE NOUVELLE (Coop. Ouv.)
28-30, Rue des Vergeaux

1930

DIX-SEPTIÈME CONGRÈS NATIONAL

Tenu à TOURS

SALLE DE TRIANON-PARK

Les 29, 30, 31 Mai et 1er Juin 1930

FÉDÉRATION NATIONALE

DES

COOPÉRATIVES DE CONSOMMATION

5, Avenue de la République, PARIS (11e)

17e CONGRÈS NATIONAL

Tenu à TOURS

SALLE DE TRIANON-PARK

Les 29, 30, 31 Mai et 1er Juin 1930

AMIENS

IMPRIMERIE NOUVELLE (Coop. Ouv.)

28-30, Rue des Vergeaux

1930

Fédération Nationale des Coopératives de Consommation

5, Avenue de la République, PARIS (11e)

DIX-SEPTIÈME CONGRÈS NATIONAL

Tenu à TOURS

SÉANCE DU 29 MAI 1930 (matin)

La séance est ouverte à 9 heures 15, salle du Trianon-Park.

OUVERTURE DU CONGRÈS

E. Poisson. — Au nom du Conseil Central, je déclare ouvert le 17e Congrès de la Fédération Nationale des Coopératives de Consommation.

Conformément à la tradition, nous vous proposons pour présider cette première séance, notre ami Charles Gide. Comme assesseurs, nous vous demandons de désigner notre camarade Simonnet, secrétaire de la Fédération Régionale des Coopératives du Centre, et notre camarade Gentilhomme, président de la Fédération des Coopératives de Tours. Le secrétariat sera assuré par la F. N. C. C.

Je prie nos amis de prendre place au Bureau.

Le Président. — Je donne la parole à Simonnet, membre de la Fédération Régionale du Centre.

Discours de SIMONNET

Chères Coopératrices, chers Coopérateurs, mes chers Camarades, la tradition, invoquée par Poisson pour assurer la liaison du passé au présent, me vaut aujourd'hui, comme secrétaire d'une modeste Fédération Régionale, le redoutable privilège de vous accueillir comme représentants de tout le Mouvement coopératif national de consommation, des associations de production agricoles et industrielles et de la Coopération internationale.

Aussi, est-ce avec une réelle émotion que du fond du cœur, au nom de toutes les sociétés qui composent la Fédération Régionale des Coopératives du Centre, je vous souhaite la bienvenue dans notre grande capitale de Touraine.

Puissiez-vous trouver chez nous un confort suffisant et l'atmosphère qui convient à l'impressionnante réunion que constitue le Congrès National. Vous devriez tout cela, pour une large part, je m'empresse de le dire, à l'excellent député-maire, Ferdinand Morin, et surtout au dévouement de notre ami Gentilhomme, administrateur-délégué de la Fédération des Coopératives Tourangelles et à l'intelligente activité de Duhamel.

Au cours du « Tour de France » coopératif dont parlait l'an dernier, à Royan, le Maître Charles Gide, nos précédentes assises se sont tenues dans des régions qui nous ont prodigué le soleil, la splendeur des sites ou le puissant enseignement de leurs réalisations.

Ici, nous ne pourrons vous offrir qu'un climat tempéré, des paysages plus calmes, de l'eau moins bleue. Avec les fleurs du « Jardin de la France », nous sommes pourtant convaincus que cela suffira, non pas à vous suggérer, comme à Balzac : « Sans la Touraine, peut-être ne vivrai-je plus... », mais à vous faire emporter un bon et durable souvenir.

Quant aux enseignements que vous tirerez de votre court séjour parmi nous, en plus de celui de l'histoire que notre région vous rappellera à chacun de vos pas, le moins émouvant ne sera pas la comparaison de la faiblesse de notre mouvement régional en égard aux efforts de nos militants : vous trouverez là de nouvelles raisons de vous féliciter d'avoir rompu avec les formules périmées auxquelles trop de nos sociétés restent encore attachées, usant ainsi sans profit, gaspillant même, de magnifiques ressources de dévouement et d'idéalisme — de nouvelles raisons d'espérer en voyant combien nos positions s'améliorent au fur et à mesure que nous nous engageons plus avant dans la voie du développement qui est bien celle du salut coopératif.

La Fédération du Centre, fondée le 17 avril 1904, est parmi les fédérations régionales une des plus étendues territorialement.

Les six départements qu'elle groupe (Cher, Indre, Indre-et-Loire, Loir-et-Cher, Loiret et Nièvre) sont d'aspect, de richesse, de population et d'esprit très dissemblables.

Entre le bûcheron du Morvan, le Berrichon paisible, enclin à la réflexion avant l'action, mais tenace dans l'effort, le Solognot et le Brennoux à la vie particulariste et longtemps misérable, l'homme âpre au gain si parcimonieusement accordé par une terre rude et peu féconde et le gai compatriote de Rabelais, travaillant un sol plus généreux, il y a des différences d'humeur qui ont beaucoup influé sur les modes d'organisation.

Des départements agricoles où les gens ont les qualités et les défauts du milieu : terriens, ils connaissent la valeur du travail; patients, économes, ils thésaurisent volontiers ; portés à ne pas voir beaucoup plus loin que les bornes de leur coin natal, ils sont « limitatifs » dans l'association.

Quelques îlots industriels sporadiques dont la population ouvrière est d'origine rurale.

L'ouvrier d'usine à Bourges, à Vierzon, à Saint-Florent, à Châteauroux, à Fourchambault, à Guérigny, n'est pas comparable à son frère de la grande ville. Non pas qu'il n'ait aussi le désir d'améliorer son existence, mais dans son jardin, il redevient rural; en lui existe une dualité qui, tout en le poussant à l'organisation, freine son aspiration.

Telles sont les conditions psychologiques de notre Fédération Régionale ; telles sont aussi les causes qui font que, cette année, nous comptons encore 134 sociétés éparpillée dans nos six départements.

Quatorze de ces sociétés ne dépassent pas le chiffre annuel de 2.000.000 francs d'affaires.

Une trentaine voient leur chiffre compris entre 200.000 et 600.000 fr.

Douze sociétés atteignent le million ; une dizaine le dépasse.

Enfin, onze sociétés ont un chiffre de plusieurs millions. Pour la plupart, résolument orientées vers le développement, nous donnant chaque jour de nouveaux sujets de satisfaction, elles portent en elles nos sociétés départementales...

Soyez donc sans crainte pour l'avenir, chers Coopérateurs. Si, dans le Centre, la charrue coopérative est encore attelée aux « grands bœufs blancs » de Pierre Dupont, son sillon, pour avoir été creusé lentement, est droit et profond... et la moisson que nous en attendons, jointe à celle que vous préparez, contribuera au mieux-être de tous.

***

Et puis, dominant ces enseignements, il y a le fait que c'est à Tours, en décembre 1912, que fut scellé le « pacte d'unité », qui devait avoir une influence considérable sur les destinées du Mouvement Coopératif.

La Fédération du Centre est fière de rappeler qu'elle a été une des premières à réclamer le rapprochement des écoles coopératives rivales, mais je ne le suis pas moins d'avoir pu donner ma collaboration et fournir, avec *l'Effort Social*, un outil efficace à quelques-uns des protagonistes convaincus et résolus de l'unité organique de la Coopération française, et notamment à Mutschler et à Henriet.

Pour célébrer ce pieux retour du mouvement au berceau de l'unité, après dix-sept années bien employées, nous aurions désiré vous accueillir dans les lieux mêmes où le « pacte » fut conclu. Malheureusement, le soir même où nous devions retenir le Théâtre Français à cette intention, l'édifice flambait.

Nous avons dû nous contenter de cette salle du Trianon dont nous ne nous dissimulons pas les imperfections, où néanmoins, avec de la bonne volonté, nous arriverons bien à créer l'ambiance nécessaire à une telle commémoration.

Pour nous, ce sera facile. Car le rappel de cet événement nous apporte le souvenir prenant des bons ouvriers dont la mort jalonna notre chemin, et sous l'égide desquels il conviendrait de placer cette première réunion.

Bien que leurs noms se pressent à mon esprit, je ne crois pas devoir les citer. C'est à notre doyen, à notre Maître Charles Gide qu'il appartient de saluer leur mémoire comme lui seul peut le faire.

La Fédération du Centre désirerait que par respect et reconnaissance pour les disparus, en présence de ceux qui furent leurs compagnons des bonnes et mauvaises heures, les discussions qui vont s'engager ne se départissent pas d'un caractère de tenue et de courtoisie digne de notre grand mouvement.

En faisant cet effort sur eux-mêmes, les militants, qui ont consenti bien d'autres sacrifices à la cause commune, œuvreraient encore très utilement pour permettre à la Coopération de poursuivre son programme qui est de réaliser le progrès social par la justice économique.

Discours de M. Charles GIDE

Chers Camarades, nous remercions les organisateurs de la magnifique hospitalité qu'ils nous donnent à Tours, ainsi que M. le Maire de Tours à qui vous voudrez bien transmettre nos remerciements.

Ce n'est pas la première fois que vous nous recevez, moi du moins. Je suis probablement le seul ici qui ait eu le privilège d'être reçu par vous, en 1887, au Congrès de l'ancienne Union de la rue Christine. J'ai conservé le souvenir de ce Congrès où, jeune inconnu, j'ai été pris pour le délégué russe. Je me souviens que le discours d'ouverture fut prononcé par l'économiste Frédéric Passy qui était, à cette époque, l'un des leaders de l'école économique libérale.

Depuis lors, la Coopération, à Tours, a fait des progrès. Elle n'est plus traînée par les grands bœufs blancs dont parlait le poète Pierre Dupont et que notre camarade nous rappelait tout à l'heure, mais plutôt par un tracteur automobile. Elle s'est, depuis lors, comme dans tous les pays, modernisée.

Avant de venir ici, je me suis reporté au compte rendu du Congrès de 1912 qui me laisse, comme à vous, des souvenirs mélancoliques. C'était la fin d'une longue période de dix-sept années de querelles et de luttes dont j'avais eu ma bonne part.

Cependant, quand je revois de loin et rétrospectivement cette période, je pense qu'elle n'a pas été du temps perdu pour la Coopération, et que, dans cette polémique, on a appris à mieux préciser les doctrines et le programme du Mouvement Coopératif. Seulement, quand je relis la liste des délégués du Congrès de 1912, je vois que le nombre de ceux qui ont disparu est grand et si je répondais à l'invitation de notre camarade, et que je voulusse donner à chacun des disparu l'hommage qui lui est dû, toute la séance ne serait pas de trop pour cette triste revue, à ne regarder même que ceux qui ont pris une part active à l'unité, j'en vois peu ici présents.

Du côté de l'ancienne Union de la rue Christine, je retrouve ici : Daudé-Bancel et Marty ; de l'autre côté, je trouve Poisson et Buguet ; mais il en est encore quelques-uns qui, heureusement, sont toujours de ce monde, mais qui ne participent plus à nos Congrès : Bernard Lavergne, Nast, Héliès, Sellier.

C'est quelque chose que dix-huit années ! Cela ne vous dit rien ce chiffre-là ? Eh bien ! moi, il m'a impressionné considérablement, et je vais vous dire pourquoi. C'est parce que en France, dix-huit ans, c'est le terme de tous les gouvernements. Vous n'avez qu'à rappeler vos souvenirs d'école ou de collège : Le Premier Empire a duré de 1798 à 1815, 17 ans ; la Restauration a duré 15 ans ; le gouvernement de Louis-Philippe a duré de 1830 à 1848, 18 ans ; le Second Empire, de 1852 à 1870, 18 ans aussi. C'est l'âge critique ! Et non pas seulement des gouvernements, mais aussi des organisations et des partis, car je rappelle que cette ville de Tours a vu un Congrès qui n'a pas fait l'unité, mais qui a fait la scission; c'est en 1920 que le parti socialiste s'est réuni à Tours, au mois de décembre, et que le parti socialiste unifié, constitué en 1904, a fait la scission, au bout de seize ans.

Je me demande si nos camarades de la gauche, en venant ici, ont escompté cette échéance des organisations et des gouvernements ? Mais non ! rendons hommage à leur loyalisme. Du côté gauche comme du côté droit, on est resté fidèle à l'unité. Il y a bien eu quelques velléités, il y a une dizaine d'années, de fonder une petite scission, mais c'était du côté droit, et elle n'a pas eu de suite. Du côté gauche, il n'y en a point eu. Nos camarades tiennent à conserver leur droit incontestable de critiquer la direction, et comment pourraient-ils mieux l'exercer qu'en restant avec nous ? Non, et je ne pense pas qu'à côté de la Fédération Nationale des Coopératives de Consommation, nous voyions jamais créer une fédération des coopératives unitaires, une F. N. C. C. U.!

La fusion de 1912 n'a pas eu les caractères indiqués par un journal de nos camarades de gauche qui a été distribué ce matin au Congrès. Elle n'a pas été le résultat de capitulations réciproques ni de désertion des principes d'un côté ni de l'autre.

Je lis dans ce numéro :

« Il suffit de rappeler le nom de Xavier Guillemin, de glorieuse mémoire, pour confondre les Gide et les Daudé-Bancel. »

Mais non ! J'ai conservé du camarade Xavier Guillemin un souvenir, je ne dirai pas glorieux, il faut ménager les épithètes, mais cordial, et je crois pouvoir dire qu'il n'a pas conservé un mauvais souvenir de moi, je pense que s'il était ici, il confirmerait mes paroles ; et je regrette sincèrement qu'il n'y soit plus, comme je regrette aussi l'absence du camarade Henriet.

Non, il n'y a pas eu d'abdication. Il y a eu le sentiment qu'au-dessus des divergences de moyens, il y avait une certaine communauté d'idée qui devait nous réunir. C'est là-dessus que l'Union s'est faite. Elle a grandi depuis ; même ceux qui ont manifesté au début une certaine défiance, s'y sont ralliés. Comme la 3e République qui trois fois déjà a doublé le cap de 18 ans, la Fédération Nationale en doublera beaucoup d'autres.

Je n'ai pas l'intention de dire ici quels ont été les progrès réalisés par le Mouvement coopératif depuis 1912. Dans d'autres Congrès, j'ai rappelé combien la coopération s'était développée, au point de vue de l'enseignement, au point de vue de l'utilisation des loisirs, de la propagande, de la rationalisation, comme on dit aujourd'hui, et surtout pour la formation de cette conscience internationale qui nous a fait tellement défaut dans les débuts.

Quant au progrès numérique du mouvement, il suffit de voir cette magnifique assemblée, le nombre chaque année grandissant des délégués, pour le mesurer et pourtant il reste encore bien inférieur à ce que nous souhaiterions. Le nombre des membres, de même que le chiffre des affaires ne grandit guère depuis le grand essor de la coopération pendant la guerre et immédiatement après la guerre, il s'est opéré une stabilisation à peu près semblable à celle des prix et il doit y avoir une certaine relation de cause à effet entre ces deux phénomènes.

Je ne veux pas faire ici une leçon ; mais je voudrais appeler votre attention sur un fait qui, à mon avis, n'a pas été signalé dans la presse coopérative et qui me paraît être un des problèmes importants du Mouvement Coopératif.

Si j'avais été appelé à rédiger l'ordre du jour de ce Congrès, j'aurais posé la question suivante : Quelle va être la situation du Mouvement coopératif, en face de la baisse des prix que l'on annonce comme générale et durable ?

Tous les économistes nous annonce une baisse des prix qui durera cinq ou six ans. Alors, que ferons-nous ? Vous me direz, nous suivrons les cours, nous suivrons le mouvement.

Oui, mais j'appelle votre attention sur le renversement de la situation. Aussi longtemps que les prix montent, les coopératives ont pour rôle de freiner la hausse, de rester en arrière, et c'est précisément dans la mesure où elles restent en arrière sur les cours du commerce, qu'elles attirent à elles un nombre croissant d'adhérents..

Mais quand vient la baisse, doivent-elles suivre la même politique ? Si elles obéissaient à des raisons d'économie supérieure, cette économie supérieure qui veut qu'on évite autant que possible les hausses et les baisses et qu'on recherche la stabilisation, si elles essayaient d'enrayer la baisse, alors leurs prix devenant supérieurs à ceux du commerce, elles verraient leurs sociétaires les déserter.

Il faut donc, à mon avis, tourner le gouvernail en sens contraire ; il faut laisser aux commerçants le soin d'enrayer la baisse. Vous pouvez compter qu'ils s'y appliqueront et qu'ils y mettront tout leur cœur. Et nous au contraire, coopérateurs, nous devons nous appliquer à les devancer dans ce mouvement de baisse, alors qu'on devrait, pour cela, sacrifier les bonis.

En tout cas, quelle que soit la politique que les coopératives adoptent pour les temps de baisse, il convient qu'elles réagissent contre cette opinion si courante aujourd'hui que la surproduction, qui est la cause de cette baisse, est un mal qu'il faut guérir.

C'est pourtant une idée très répandue, non seulement chez les producteurs mais chez les économistes. Un des plus illustres à l'heure présente, le professeur Keynes, de Cambridge, écrivait il y a quelques jours : « La baisse actuelle des prix de gros est un désastre mondial. »

Et vous voyez aussi tous les journaux dirent : Il y a trop de tout !

Non, il n'y a pas trop de tout dans le monde ; il peut y avoir ici ou là des greniers ou des caves qui regorgent, mais il n'y a pas trop de coton, de charbon, de fer, de blé, de vin, puisqu'il y a des centaines de millions d'hommes dans le monde qui en manquent. Seulement, ils sont trop pauvres pour les acheter, mais ils ne demanderaient pas mieux que de pouvoir le faire ! Il n'y a pas excès de production, il y a seulement, dans le monde, des consommateurs qui n'ont pas la possibilité d'absorber l'excès de production, c'est une question de répartition.

Il me paraît donc absurde de voir dans cette abondance dont la nature et les progrès de l'industrie nous gratifient, une menace comme celle de l'inondation de nos départements du Sud-Ouest ou de l'invasion des sauterelles en Algérie.

J'ai reçu ces jours-ci une statistique d'une grande revue allemande (c'est dire qu'elle est très bien faite) où le statisticien s'est amusé, si je puis employer ce mot, à compter quelle serait la part de chacun des habitants de cette planète, si le total des revenus était partagé entre eux. Il a trouvé comme total des revenus dans le monde 900 milliards de marks, ce qui ferait 450 marks par tête, c'est-à-dire puisque le mark vaut 6 francs, 2.700 de nos petits francs par chaque habitant. Voilà la moyenne des ressources pour les deux milliards de consommateurs du monde.

Rappelez-vous ce vieux proverbe populaire : Abondance de biens ne nuit pas. C'est l'expression de la sagesse populaire ; elle est supérieure à la science des nouveaux économistes, je dis les nouveaux, car les anciens au contraire enseignent qu'il n'y a jamais surabondance.

Je n'ignore pas ce qu'on peut dire sur les dangers de la baisse des prix, parmi lesquels le plus grave est le chômage dont la France a été préservée jusqu'à présent, mais dont presque tous les pays sont victimes. C'est au chômage que pensait le professeur Keynes quand il qualifiait la surproduction de désastre.

Evidemment, c'est là un grave danger contre lequel il faudra lutter. Mais assurément ce n'est pas en réduisant la production qu'on le guérira ! Nous lutterons à notre façon contre le chômage en organisant mieux la distribution des produits. Réclamons donc pour les consommateurs le droit à l'abondance, et pour les coopératives le beau rôle de se faire les distributrices et les répartitrices dans le monde de cette abondance.

Je donne la parole à Victor Serwy, qui va parler au nom de l'Alliance Coopérative Internationale et au nom de l'Office Coopératif Belge.

Discours de Victor SERWY

Mon cher Président, chers Camarades, il nous eut été bien difficile de ne pas accepter votre invitation à prendre part, cette année, à votre Congrès.

Tours nous reporte à dix-huit années en arrière.

Tours, 1912, est une date dans l'histoire de la Coopération française.

L'unité coopérative réalisée à Tours en 1912 fut accueillie par les Mouvements Coopératifs de tous les pays, comme la promesse d'un développement considérable de votre organisation. Et, en effet, ce fut le point de départ d'une action coordonnée, méthodique qui, par voie de conséquence, apporta une belle moisson.

L'unité coopérative est un fait positif que les périodes si troublées de la guerre et de l'après-guerre n'ont pas entamées.

Nous vous félicitons et nous nous en réjouissons avec toute l'Internationale Coopérative.

Si nous jetons un coup d'œil sur l'œuvre réalisée par vos Congrès et dont le présent est le dix-septième, on ne peut s'empêcher de reconnaître qu'une pensée directrice a conduit toutes vos délibérations et toutes vos résolutions.

Avant 1912, la France n'occupait point dans l'organisation internationale la place qu'on était en droit d'attendre de son peuple de bon sens, de claire intelligence, d'initiative et de labeur.

Depuis, sous le signe de l'unité, vous vous êtes mis à la propagande organisatrice et votre pays a pris figure de plus en plus importante dans l'Alliance Coopérative Internationale.

Par la fusion posée dès 1913, à Reims, vous avez commencé la rationalisation de votre organisation primaire et vous avez, en conséquence, donné à la France les sociétés de développement dont quelques-unes ont pris une importance telle qu'on peut les placer à côté des grandes sociétés de Grande-Bretagne et d'Allemagne. Votre action de rationalisation se poursuit régulièrement, s'inspirant des principes qui sont à la base de la doctrine des Equitables Pionniers de Rochdale.

Vous vous êtes rendu compte qu'il fallait consolider votre organisation par une technicité appropriée au progrès de vos sociétés : d'où vos préoccupations d'instituer des services d'inspection comptable, de revision, d'unification des comptabilités, d'uniformiser les appellations de vos débits et de vos marques, de créer des écoles d'apprentissage et une école coopérative. Les résolutions ne sont pas restées de belles motions de congrès; elles se sont matérialisées et se complètent chaque jour. Vous sentez que la Coopération a besoin pour s'étendre, grandir, prospérer, d'aptitudes, de capacités et de compétences, de s'éclairer aux lumières de la science.

Au milieu des crises d'après-guerre, une vérité vous est aussi apparue comme une condition inéluctable de stabilité, de sécurité et d'avenir, c'est qu'il fallait songer au financement de votre organisation. Ainsi est sortie, en 1922, votre Banque des Coopératives de France, qui se propose de recueillir l'épargne des consommateurs organisés de tout le pays pour l'utiliser à des fins coopératives en même temps que d'en assurer la sécurité.

Le Magasin de Gros, qui a eu à traverser, comme nombre d'autres, la période de la guerre et celle de l'après-guerre, a trouvé dans une nouvelle orientation de son organisation, une consolidation de sa puissance d'achat en même temps que par cette méthode il a pu préparer, d'une manière certaine, une organisation de la production sur un plan national.

Quiconque a suivi année par année la marche de votre Mouvement, sent cette préoccupation constante, répétons-nous : faire de la Coopération française une organisation puissante.

Ce n'est pas tout. Vous avez senti que ce Mouvement devait avoir une âme, qu'il ne devait point se borner à ne créer qu'une économie ménagère, mais une véritable économie sociale et vous avez essayé d'éveiller par une presse, par des semaines, des mois de propagande et d'autres multiples moyens une conscience coopérative parmi les consommateurs.

Vous vous êtes faits, avec la précieuse collaboration de votre vénéré président Charles Gide, les propagateurs dans le monde de l'Idée Coopérative par la création de la Chaire de la Coopération au Collège de France, et par la publication des nombreuses et si intéressantes leçons du maître en Coopération.

L'Internationale Coopérative vous en est sincèrement reconnaissante.

Enfin, vos préoccupations sont allées aux petits et vous avez créé cette œuvre admirable des vacances enfantines dont vous nous avez montré, l'an dernier, une des plus heureuses réalisations et dont nous rêvons la généralisation pour tous les pays, de façon à attacher pour toujours la ménagère, par la mère, à la Société Coopérative et bâtir la cité de la Coopération sur l'amour maternel.

Vos efforts ont trouvé leur récompense dans les résultats acquis.

En 1914, la France comptait environ 300.000 familles de coopérateurs.

Aujourd'hui les forces du Mouvement ont plus que sextuplé : C'est deux millions de familles que vous enregistrez.

Enfin, il est pour nous représentant de l'Alliance Coopérative Internationale et délégué de la Coopération de Belgique un autre domaine où la France continue à jouer un rôle prépondérant, c'est celui de la politique internationale.

Les formules adoptées par les conférences interalliées et neutres, du temps de la guerre, de l'armistice, de l'après-guerre, acceptées par notre Congrès International de Bâle en 1921, deviennent peu à peu, le programme de la Coopération dans le domaine international.

Ce sera l'honneur de la Coopération française d'avoir été la première à le formuler.

Plus que jamais, elle mérite de retenir l'attention des dirigeants de la politique coopérative. La crise actuelle de l'économie mondiale qui sévit aussi bien dans le domaine de l'industrie que dans celui de l'agriculture, démontre l'anarchie du système de distribution et de production capitalistes. Les matières premières sont abondantes, aux taux les plus bas connus depuis des années, des millions de travailleurs ne peuvent vivre de leur travail. On a essayé de proclamer à Genève la trêve douanière et, en maints pays, on a relevé les droits protecteurs ; un nationalisme économique amène une guerre des tarifs et la pratique du dumping ; les trusts et les cartels se multiplient, s'emparant des forces vives des nations et ce au bénéfice d'une féodalité financière.

Au spectacle de ce désordre social, il importe plus que jamais que la voix des coopérateurs s'élève très haut, très énergique, pour proclamer que l'ordre économique ne saurait se trouver ni dans le protectionnisme, ni dans le libre-échange, ni dans le capitalisme dont les mobiles sont avant tout le profit, mais dans une politique conçue dans une pensée internationale d'organisation de la production et de libres transactions basées sur les besoins.

Cette politique est celle que vous n'avez cessé de poursuivre au sein des conseils de l'Alliance Coopérative Internationale. C'est celle qui, espérons-nous, sera un jour prochain celle de tous les coopérateurs du monde.

Au Congrès International de Vienne, ce programme ne saura être que partiellement abordé. Souhaitons qu'il s'y trouve une majorité invitant le Conseil Central à l'élaborer tout entier au plus tôt.

L'Alliance Coopérative Internationale qui groupe à présent 37 Nations et plus de 52 millions de familles, se doit à elle-même d'indiquer aux coopérateurs du monde la politique d'entente, d'harmonie, qui doit être substituée aux méthodes de compétition et de lutte et qui puisse enfin procurer la Paix aux Peuples.

Depuis le jour, en 1886, où fut débattue pour la première fois la création d'un organisme coopératif international, la Coopération n'a cessé d'aller de l'avant, sans recul, sans un temps d'arrêt, marchant au rythme annuel de milliers de nouvelles sociétés, de millions de nouveaux membres et de millions et de millions de chiffres d'affaires.

L'unité coopérative française que nous avons saluée à son berceau a donné à notre Mouvement une force économique et morale dont l'Internationale Coopérative est en droit d'être fière. Nous en reportons tout le mérite sur vos dirigeants qu'anime un souffle d'idéal et aussi à la masse des militants obscurs qui, au mépris des difficultés de toute espèce, à force de dévouement et de sacrifices entretiennent là-bas, au fond des villes de province, des bourgades éloignées, le culte des Equitables Pionniers de Rochdale.

Au nom de l'Internationale Coopérative, nous crions : Vive la Coopération française ! et, comme délégué de la Belgique coopérative, permettez que nous ajoutions :

Vive l'Internationale Coopérative ! Vive la Paix entre les Nations !

M. le Président. — Je donne la parole à M. Lucas, représentant l'Union Coopérative Britannique.

Discours de M. LUCAS

Mon collègue M. Gray et moi-même sommes venus ici, à la demande de l'Union Coopérative de Grande-Bretagne, pour vous exposer non seulement les sentiments de bonne amitié qui doivent exister et qui existent, en fait, entre les coopérateurs français et britanniques, animés des mêmes aspirations et des mêmes espérances, mais aussi pour vous féliciter des remarquables progrès que vous avez accomplis et exprimer l'espoir que l'avenir sera encore plus favorable que le passé.

Il n'est pas sans intérêt de noter que les deux délégués britanniques à votre Congrès sont originaires l'un d'Irlande et l'autre d'Ecosse. Cela montre, me semble-t-il, l'esprit d'union de la Coopération qui abat les frontières de caste et de couleur, de croyance et de convention. La Coopération ne connaît pas de frontières, géographiques ou politiques, elle exprime fidèlement d'une façon concrète ces grands sentiments que la France a donnés au monde, la liberté, l'égalité, la fraternité. En tant que coopérateur écossais, je puis aujourd'hui représenter le vieil ennemi de mon pays, l'Angleterre, et saluer en son nom l'ancienne alliée de l'Ecosse. Le souvenir de l'antique alliance entre la France et l'Ecosse n'est point mort; il n'est pas non plus enfoui dans les manuels d'histoire ; il vit dans le dialecte écossais, dans les lois écossaises, dans les coutumes écossaises ; il a eu une grande influence sur notre passé et il exerce une influence sur notre culture nationale.

J'ai relevé dans votre rapport les progrès que vous avez faits, grâce à l'emploi de marques coopératives et à la publicité pour améliorer et étendre votre chiffre d'affaires. Mais j'ai surtout vu avec plaisir vos nouvelles activités par lesquelles vous vous efforcez d'étendre à l'organisation des vacances, à l'utilisation des loisirs de l'âme et du corps, les méthodes et l'esprit de la coopération. Vous avez compris qu'on ne vit pas seulement de pain et que la santé et le bonheur du peuple dépendent autant des distractions que des conditions physiques de travail et de vie.

A nouveau, au nom des peuples de l'Ouest, nous vous adressons nos félicitations et nous vous disons :

« Marchons, marchons pour la patrie,
« Mais aussi pour l'humanité ! »

M. le Président. — Je donne la parole à M. Pickup, représentant le Magasin de Gros de Manchester.

Discours de M. PICKUP

Mes chers Amis Coopérateurs, nous venons représenter ici le grand Mouvement Coopératif anglais, qui nourrit une sympathie profonde pour votre puissant Mouvement. Nous vous apportons à vous, les Coopérateurs français, les salutations les plus cordiales du Magasin de Gros des Coopératives anglaises, dont nous avons l'honneur d'être Directeurs, et les meilleurs souhaits de cet organisme pour le succès de l'œuvre que vous accomplissez en faveur des consommateurs de France.

C'est une grande joie pour nous d'être vos hôtes dans cette région de votre charmant pays que l'on a si heureusement nommé « le jardin de la France ». Mais quelque agréable que soit la souriante vallée de la Loire, avec sa longue rangée de magnifiques châteaux, nous sommes ici sur un sol qui est sacré dans l'Histoire glorieuse de France. La bataille de Tours n'est-elle pas une des grandes batailles décisives dans l'Histoire du Monde, lorsque Charles Martel a sauvé l'Europe des Arabes et la civilisation chrétienne de la domination musulmane ? Et dans le domaine plus aimable de la paix, votre vénérable cité n'a-t-elle pas donné lieu à un des poèmes qui constitue le plus bel ornement de la littérature mondiale. Dante, dans sa Divine Comédie, avait parcouru le purgatoire, l'enfer et le paradis. Mais Balzac, qui est né à Tours, a trouvé son inspiration au milieu des hommes et des femmes qui l'entouraient, et a créé ainsi son immortelle Comédie humaine.

En outre, votre vieille ville est un centre historique pour le Mouvement Coopératif lui-même, puisque c'est ici, en 1912, que les deux branches du Mouvement Coopératif français ont fusionné, et c'est un honneur pour nous, que, dans cet heureux événement, notre sir William

Maxwell et Aneurin Williams — tous deux disparus depuis lors — aient joué un certain rôle.

Le Rapport du Conseil Central de votre Fédération Nationale, qui sert de base aux délibérations de votre Congrès, est plein de questions du plus haut intérêt, et le fait que vous ayez donné une telle importance au problème des Mutuality Club, montre que les mêmes questions se posent aux coopérateurs français et aux coopérateurs anglais. L'idée du Mutuality Club est très en faveur dans plusieurs grandes Coopératives anglaises, tandis que d'autres demeurent encore fidèles aux principes rochdaliens, qui condamnent la vente à crédit.

Une autre question, qui est à votre ordre du jour, présente également beaucoup d'intérêt pour nous : c'est celle de l'organisation des Loisirs, qui a donné lieu chez vous à la création d'un Comité National. Puis-je vous dire que le Magasin de Gros Coopératif anglais attache l'attention la plus soutenue à ce côté de l'activité coopérative, pour lequel nous dépensons chaque année 84.614 £ pour notre système de retraite en faveur des employés. Nous dépensons également nombre de milliers de livres sterling en vue de multiplier les terrains de sports pour nos employés de Manchester, de Londres et d'autres centres importants. Nous donnons encore des bourses à notre personnel pour étudier dans notre Collège coopératif. Nous encourageons les jeunes à suivre des cours dans les écoles publiques, et, chaque année, 25 employés choisis à la suite d'un concours écrit parmi le personnel de toutes nos usines, suivent les cours de notre Ecole spéciale, dite des trois jours. Ensuite, nous avons un périodique mensuel illustré, destiné spécialement à nos 40.000 employés.

Il ressort du Rapport de votre Conseil Central, qu'à la fin de 1929, votre Fédération groupait 1.423 sociétés, soit 42 de moins que l'année précédente, diminution qui s'explique en partie par la fusion des sociétés ; la même tendance vers la fusion existe en Angleterre.

Le Magasin de Gros anglais compte, actuellement, 1.113 sociétés affiliées, représentant 4.565.000 sociétaires, auxquels nous avons vendu l'an dernier pour plus de 89 millions de livres sterling, tandis que la valeur totale de la production dans nos usines était voisine de 28 millions de livres sterling. Cela vous indique tout de suite l'importance de notre Magasin de Gros dans l'économie nationale de l'Angleterre. Notre actif, à la fin de 1929, s'élevait à 68.575.000 £, avec des réserves dépassant 5 millions de livres sterling. Pour vous donner un chiffre plus frappant, je vous dirai que, chaque jour, plus de 2 millions de livres sterling passent dans les comptes de notre Banque du Magasin de Gros.

En résumé, les sociétés affiliées à votre Fédération ont enregistré une année de progrès appréciables, et mon collègue et moi nous vous dirions pour conclure, — si nous savions parler français — vive la Coopération française ! vive la Coopération mondiale !

M. le Président. — Je donne la parole à M. William Gallacher, représentant du Magasin de Gros de Glasgow.

Discours de M. GALLACHER

Chers Coopérateurs, c'est pour moi un grand privilège d'apporter au Congrès annuel des Coopérateurs français les salutations cordiales et les vœux sincères du Magasin de Gros des Coopératives d'Ecosse. Nous nous réjouissons avec vous de vos succès intéressants et nous vous souhaitons, pour l'avenir, un développement encore plus grand de l'activité coopérative dans votre belle France.

La Coopération en Ecosse se développe sans cesse, et il n'y a pas de nation au monde où les principes coopératifs soient mieux compris, ni pratiqués avec plus de conviction que dans notre petite contrée. Les ouvriers d'Ecosse ont de bonnes raisons de se féliciter de l'institution du Mouvement Coopératif ; il les a aidés aux heures de détresse, il leur a permis d'élever leurs enfants et il a créé entre eux un lien que rien ne pourra jamais briser.

L'organisation coopérative centrale en Ecosse — le Magasin de Gros des Coopératives d'Ecosse — marque sans cesse de nouveaux progrès. Le chiffre d'affaires, le capital souscrit pour 1929 sont très encourageants. Le capital propre et emprunté s'élève à 8.327.314 £. Les fonds de réserves atteignent la somme tout à fait satisfaisante de 758.528 £. Les ventes se montent à 18.341.337 £, dont 6.152.730 £ ont été produites dans nos propres usines. La ristourne aux membres s'est élevée à 420.680 £. Le nombre total des membres des sociétés de détail affiliées au Magasin de Gros écossais, est d'environ 700.000, et le nombre des employés du Magasin de Gros est de 10.603. Ces chiffres sont la preuve éloquente de la stabilité et de la force de la Coopération en Ecosse.

Notre dernier progrès coopératif en Ecosse consiste dans l'institution d'un système de retraite pour les employés du Magasin de Gros écossais. En fait, tous nos employés y ont volontairement adhéré, et quand il fonctionnera, c'est-à-dire dans un petit nombre d'années, il sera un des meilleurs systèmes de retraite existant, et il confèrera aux employés comme au Magasin de Gros de très grands avantages. Les Directeurs ont été également compris dans le système de retraite qui comporte une limite d'âge obligatoire, mesure longtemps désirée et désormais accomplie.

L'Ecosse souffre, à l'heure actuelle, de la dépression économique mondiale. Nos industries essentielles : les mines, la métallurgie, les chantiers navals, l'industrie de la laine, les industries textiles, sont dans une situation très précaire. Le nombre des chômeurs en Ecosse, par rapport au nombre total de la population, est plus fort que dans n'importe quelle autre région de la Grande-Bretagne. Néanmoins le Mouvement Coopératif progresse. Nos sociétaires comprennent que c'est dans des moments analogues que la Coopération est le plus utile, et qu'elle apporte le plus de bénéfice, et nombre de nos sociétés de détail ont profité de cette dure période pour réduire leurs prix et pour permettre ainsi aux sociétaires les plus pauvres de continuer leurs achats dans nos magasins.

On parle beaucoup, présentement, des Etats-Unis d'Europe. J'ai la plus vive sympathie pour ce grand idéal. Je crois que l'Europe est une unité économique, et que nous devons la tenir pour telle. En libre-échangiste convaincu, j'estime que les barrières, que les tarifs douaniers et les entraves artificielles au commerce international sont préjudiciables à toutes les nations, et que la guerre économique peut être, et a toujours été, à l'origine des conflits politiques. Il y a là une mission à remplir pour notre grand Mouvement Coopératif International. Il n'est pas possible que nous ne nous connaissions pas et que nous ne nous aimions pas assez pour ne pas cesser de tenter d'envahir les marchés de nos voisins, tandis que nous protégeons jalousement le nôtre. Il n'est pas possible que nous ne reconnaissions pas à bref délai que nuire à notre voisin c'est comme nous nuire à nous-mêmes, et que le bien de l'Europe dépend directement de la prospérité de toute Nation du Continent, aussi petite soit-elle. Nous devons nous efforcer de faire de l'Alliance Coopérative Internationale une vraie ligue des Nations Coopératives pour unir étroitement ensemble, dans les liens de la Coopération, de la camaraderie et de l'amitié les grandes démocraties de l'Europe en vue d'établir dans un proche avenir des Etats-Unis d'Europe, fondés sur les principes et les méthodes pratiques de la Coopération.

Mon collègue, M. Alexandre McLeod s'associe à ce que je viens de dire, et se joint à moi pour souhaiter à nouveau à votre Congrès et à la Coopération en France, le plus de succès possible.

Le Président. — Je donne la parole à M. F. Hain, représentant du Magasin de Gros des Coopératives allemandes.

Discours de M. F. HAIN

J'ai l'honneur de représenter ici le Magasin de Gros des Sociétés Coopératives de Consommation allemandes, ainsi que l'Union Centrale des Sociétés Coopératives de Consommation allemandes, et de vous apporter les salutations cordiales de ces deux organisations.

C'est une bonne chose que les Magasins de Gros des divers pays d'Europe s'invitent réciproquement à leur Assemblée générale annuelle, prouvant ainsi qu'il n'y a pas pour eux de frontière, ou que, par dessus les frontières, les Coopératives se tendent la main.

Notre Mouvement Coopératif allemand qui, comme l'économie allemande tout entière avait été ébranlé jusque dans son tréfonds par la guerre et l'inflation qui a suivi, s'est peu à peu rétabli, grâce au recrutement satisfaisant des coopérateurs au sein de la population allemande.

Le chiffre d'affaires des coopératives de consommation allemandes, dans la mesure où elles sont affiliées à l'Union Centrale, s'élevait, dans l'année qui précéda la guerre, c'est-à-dire en 1913, à 505 millions de marks pour 1.621.000 membres. En 1929, ces chiffres ont atteint respectivement 1 milliard 180 millions de marks et 2 millions 860.000 membres.

Le Magasin de Gros allemand entrait dans ce chiffre d'affaires, en 1913, l'année qui précéda la guerre, pour 154.047.316 marks; en 1929, pour 501.378.100 marks.

La production propre du Magasin de Gros s'élevait, en 1913, à 10.141.037 marks; en 1929, elle s'est élevée à 123.879.500 marks.

Le Magasin de Gros allemand possède, à l'heure actuelle, près de 50 usines qui, pour certaines branches de sa production, sont les plus importantes et les mieux outillées d'Allemagne. Grâce à la fidélité coopérative des membres des coopératives de consommation allemandes, le Magasin de Gros se trouve dans une situation très favorable, puisqu'il a pu construire et exploiter ses usines avec ses capitaux propres, sans faire appel à du capital emprunté.

Durant ces dernières années, notre Mouvement Coopératif de Consommation allemand, a fait des progrès appréciables, et nous pouvons dire de nous — en toute conscience et sans aucune fatuité — que, à l'heure actuelle, le Magasin de Gros allemand et les sociétés coopératives, se placent au premier rang de l'économie du pays. La Coopération est la seule organisation économique qui, sans l'aide de l'Etat, fondée uniquement sur l'aide mutuelle, a rempli sa mission par ses propres moyens.

En dépit des suites désastreuses de la guerre et de l'inflation, une économie nouvelle s'est ainsi constituée, dont nos adversaires eux-mêmes ont dû reconnaître la valeur.

2

Depuis le début de 1928, l'Allemagne traverse une crise particulièrement grave, qui va en s'accentuant chaque jour. Une partie notable de la classe ouvrière allemande est en chômage. Le nombre des sans-travail atteint actuellement 2.150.000.

Il en résulte naturellement une diminution du pouvoir d'achat du peuple allemand, et cela a sa répercussion sur les coopératives de consommation allemandes, dont l'effectif se compose en grande partie d'ouvriers. Cette crise économique a pour conséquence que le chiffre d'affaires du Magasin de Gros comme des sociétés coopératives, n'atteint plus à l'heure actuelle le niveau élevé qu'il avait atteint auparavant.

Nous nous réjouissons de pouvoir constater que le Mouvement Coopératif Français enregistre, de son côté, des progrès notables, et que votre Magasin de Gros va en se développant pour le bien de votre pays.

Nous espérons que les coopératives de tous les pays auront, à l'avenir, des rapports de plus en plus étroits, non seulement du point de vue spirituel mais du point de vue commercial, c'est-à-dire que, de plus en plus, elles procéderont à des échanges de marchandises.

Nous espérons aussi que vos délibérations actuelles contribueront à faire connaître les idées coopératives dans votre pays et dans le monde entier, et à en accroître l'influence. C'est dans cet esprit que nous formons des vœux sincères pour le succès de votre Congrès.

Le Président. — Je donne la parole à M. Popoff, bien connu de nos Congrès; il va parler au nom du Centrosoyus, le délégué, M. Jevleffe, présent, le lui ayant demandé.

Discours de M. POPOFF

Chers Coopérateurs, le Centrosoyus a informé en son temps votre Fédération qu'il déléguerait, à votre Congrès, le Camarade Torochelidze, membre du comité de Direction du Centrosoyus et Président de l'Union Centrale des Coopératives de Géorgie.

Plusieurs d'entre vous le connaissent déjà pour l'avoir rencontré dans les congrès nationaux et comités de l'Alliance.

Malheureusement, le Camarade Torochelidze est tombé malade et n'a pas pu entreprendre le long voyage de Tiflis via Moscou, à Paris-Tours.

Vous voudrez bien excuser cette défection que nous regrettons d'autant plus que le camarade Torochelidze aurait eu grand plaisir à assister à votre Congrès, car il connaît bien la France, suit votre Mouvement d'une façon particulière, et cela aurait été une grande joie pour lui de vous saluer, aussi bien au nom du Centrosoyus et des Coopérateurs de Géorgie, qu'en son nom personnel.

Permettez-nous, à sa place, de vous saluer au nom de l'Union Centrale des Coopératives de Consommation de l'U. R. S. S. et de souhaiter à votre Congrès le meilleur succès dans ses travaux qui, nous n'en doutons pas, auront les résultats les plus satisfaisants pour le développement du Mouvement coopératif de votre pays.

Au nom du Centrosoyus, nous tenons à vous remercier de la visite, l'an passé, de vos délégués, si nombreux, lesquels ont pu étudier sur place notre Mouvement coopératif.

Ils vous ont apporté les résultats de leur voyage et, pour cette raison, nous ne voulons pas cette fois vous fatiguer de chiffres et de statistiques. Nous tenons seulement à vous dire que le Mouvement coopératif en U. R. S. S. se développe de plus en plus, se perfectionne et a déjà pris dans la vie économique de notre Union une toute première place, surtout dans la répartition de toutes sortes de produits parmi la population de l'Union, aussi bien coopératisée que non coopératisée.

D'ailleurs, il reste très peu d'ouvriers et de paysans qui ne fassent partie d'une coopérative.

Avec la réalisation du plan quinquennal et surtout avec le collectivisme de l'économie rurale, il se pose, devant le Mouvement coopératif soviétique, un problème nouveau à résoudre pour activer le développement du socialisme dans notre pays et pour abolir complètement l'exploitation de l'homme par l'homme.

Aidé dans son travail par toute la classe ouvrière, le syndicat, le parti ainsi que tous les militants de l'Etat soviétique, le Centrosoyuz est persuadé que la tâche difficile qui lui échoit sera dûment accomplie.

Nos relations commerciales avec les coopératives des pays étrangers, se développent d'une façon de plus en plus large et, en France, le chiffre d'affaires avec votre Magasin de Gros et la Banque Coopérative a dépassé de beaucoup le chiffre des années précédentes, et nous croyons qu'à l'avenir il en sera de même.

De la sorte, les liaisons qui existent entre votre Mouvement et le nôtre seront encore plus solides, et nous avons trouvé un langage commun, non pas seulement dans nos affaires commerciales, mais aussi dans les organes internationaux coopératifs en leur donnant un peu plus de vie qu'ils n'en possèdent aujourd'hui.

Pour conclure cette brève allocution, nous nous permettons d'attirer votre attention sur le fait qu'à l'heure actuelle, sont organisées des excursions en U. R. S. S. à des prix tout à fait accessibles aux bourses les plus modestes, et nous serions très heureux d'avoir parmi les visiteurs de l'U. R. S. S. les coopérateurs français, qui peuvent toujours compter sur l'accueil le plus fraternel dans notre pays.

La Coopération anglaise a déjà organisé plusieurs caravanes d'excursionnistes-coopérateurs, qui iront cet été en U. R. S. S., et nous osons espérer que vous en ferez autant.

En renouvelant nos souhaits pour vos travaux du Congrès, nous vous saluons en criant :

Vive le Mouvement Coopératif français !

Le Président. — Je donne la parole à M. G. Holmberg, représentant l'Union des Coopératives Suédoises.

Discours de M. G. HOLMBERG

Chers Coopérateurs, lorsque nos voisins scandinaves ont le désir de nous adresser un complément, ils se plaisent à dire que les Suédois sont « les Français du Nord ». Il peut paraître étrange de rapprocher ainsi deux peuples, qui sont si éloignés l'un de l'autre, tant au point de vue de la la mentalité que de la situation géographique, comme les Français et les Suédois. Si l'expression pourtant existe, cela n'est pas un jeu du hasard. Elle peut trouver son explication dans l'intérêt et la sympathie, que nous n'avons jamais cessé de témoigner à la France et à la civilisation française. C'est pourquoi, nous, coopérateurs suédois, nous ressentons toujours un vif plaisir à venir prendre contact avec nos amis français.

Le pays, la Suède, que mon ami M. Friberg et moi avons l'honneur de représenter en cette occasion, est petit quant au chiffre de la population — nous comptons en tout 6 millions d'habitants — mais, je crois pouvoir affirmer que nos sociétés coopératives ont suivi une évolution qui leur fait occuper une place proéminente dans le Mouvement coopératif. A l'heure actuelle nous ne comptons pas moins de 800 sociétés et 425.000 membres. Nos ventes se sont élevées à 4.800 millions de francs, et le chiffre d'affaires de notre Magasin de Gros a atteint en 1929 un total de 2.000 millions de francs. Vous voyez que notre activité s'est développée d'une manière considérable, mais bien que nous continuions à suivre une courbe ascendante, il nous sera sans doute difficile de maintenir à la longue le cinquième rang, que notre Magasin de Gros occupe en chiffre parmi les nations. Nous avons connaissance de la considérable augmentation des ventes, dont peut s'enorgueillir votre M. D. G., et nous comprenons que le moment sera bientôt venu où les Français du Sud dépasseront les Français du Nord dans la mesure que justifient la grandeur de votre pays et ses fières traditions démocratiques.

Nous avons suivi avec le plus grand intérêt la remarquable activité de vos sociétés de développement dans le cadre du Mouvement coopératif français. Chez nous aussi se pose le problème d'agrandir les organisations locales, afin de les rendre plus efficaces et plus utiles. Nous sommes persuadés, mon collègue M. Friberg et moi, que vos expériences nous seront extrêmement profitables.

Ce qui sans doute est de nature à vous intéresser le plus dans la coopération suédoise, c'est la lutte implacable que notre M. D. G. a engagée contre plusieurs organisations ayant le caractère de monopoles. C'est ainsi que nous sommes parvenus à briser des cartels puissants dans les industries de la margarine, de la farine et des caoutchoucs Nous nous attaquons maintenant au trust mondial des lampes électriques en construisant une vaste usine pour la fabrication d'ampoules. Notre usine aura une capacité de production de 20.000 ampoules par jour et nous avons l'intention d'établir une coopérative internationale avec nos voisins scandinaves pour garantir la vente. Nous sommes certains que les coopérateurs de tous les pays voudront bien nous accorder leur sympathie dans la lutte que nous avons ainsi entamée.

Ce n'est pas ici qu'il m'appartient d'exposer l'œvre du Mouvement coopératif suédois. Les quelques indications que je viens de donner suffisent. Pour terminer, je tiens à exprimer le vœu que ce congrès remporte un brillant succès et que le Mouvement coopératif des Français du Sud et des Français du Nord continue à prospérer au plus grand profit des consommateurs du monde entier.

Le Président. — Je donne la parole à M. Przégalinski — bien connu de nous tous — qui représente l'Union des Coopératives de Consommation polonaises.

Discours de M. PRZEGALINSKI

Monsieur le Président, chers Coopérateurs, je suis très honoré d'avoir le plaisir d'assister à votre Congrès et de vous transmettre les sincères salutations de l'Union des Sociétés Coopératives de Consommation de la République Polonaise.

Comme c'est la coutume, je me permets de vous présenter quelques informations concernant l'état actuel de la Coopération en Pologne.

D'après les données de l'Office Central de Statistique, à la fin de l'année 1928 il y avait en Pologne 13.981 sociétés coopératives et notamment : 5.342 coopératives de consommation, 5.051 coopératives de crédit, 2.033 coopératives agricoles d'achat, de vente et de transformation et 1.555 coopératives d'autre genre.

Vous pouvez juger de la vitalité du Mouvement coopératif en Pologne par le fait que pendant les trois années 1926-1928 on a fondé 5.762 sociétés coopératives nouvelles, tandis que le nombre des sociétés dissoutes fut seulement de 411.

On peut approximativement évaluer à 3 millions le nombre de sociétaires qu'englobe actuellement le Mouvement coopératif en Pologne, ce qui représente 10 % de la population totale du pays, et son chiffre d'affaires à 2 milliards de zlotys.

La faiblesse de notre Mouvement, c'est l'éparpillement de ses forces. Nos sociétés sont relativement petites, nous avons trop de sociétés indépendantes, trop de sociétés non fédérées.

Cependant, la nécessité d'une meilleure organisation de nos forces coopératives devient le plus en plus impérieuse et la question de centralisation est à l'ordre du jour.

L'Union des Sociétés Coopératives de Consommation, qui est en même temps un Magasin de Gros, un Organisme de propagande et de révision, et que j'ai l'honneur de représenter ici, a vu en 1929 son chiffre d'affaires s'élever à 90 millions de zlotys (le zloty valant 2 francs 85). La production de l'Union a atteint 6.643.000 zlotys; elle comprend les branches : meunerie, savonnerie, cirages, confiserie, scierie, fabrication des empaquetages.

Vers la fin de l'année écoulée, un Département d'Epargne fut créé. Il vient d'être transformé en une Banque Coopérative Indépendante, dont l'Union est la principale actionnaire.

C'est en 1929 que la dépression économique, due spécialement à la grande baisse des prix des produits agricoles, s'est fait sentir. Ceci a fait apparaître encore mieux qu'avant la nécessité d'une meilleure organisation des producteurs agricoles, ainsi que d'une entente avec les consommateurs organisés. Les pourparlers entamés par l'Union des Sociétés Coopératives de Consommation avec la Fédération des Unions des Coopératives Agricoles nous permettent d'espérer qu'une collaboration étroite s'en suivra entre ces deux formes de la Coopération.

Le Mouvement coopératif en Pologne est organisé d'après les mêmes principes que la coopération dans les pays de l'Europe occidentale. C'est le programme des Pionniers de Rochdale et l'enseignement de l'École de Nîmes qui guident les coopérateurs polonais vers la République Coopérative, notre idéal commun à tous. C'est encore votre Pacte d'Unité qui nous a servi d'admirable leçon dont nous avons profité pour mettre en pratique le principe de la neutralité.

Les progrès remarquables du Mouvement coopératif en France sont suivis dans mon pays avec la plus grande admiration.

Chers Coopérateurs, je forme les vœux que les travaux du présent Congrès soient couronnés des meilleurs résultats pour la Coopération Française liée à la Coopération Mondiale.

Le Président. — Je donne la parole à M. Cool Creixell, représentant de la Fédération Nationale des Coopératives d'Espagne et de la Fédération Régionale des Coopératives de Catalogne.

Discours de M. COLL CREIXELL

Chers Coopérateurs, voici six mois que je réside en France comme élève de votre École Technique et cela m'a permis de connaître l'organisation et la puissance de votre Mouvement. Et, c'est sans doute à cette circonstance, que je dois l'honneur d'avoir été désigné par la Fédération Régionale des Coopératives de Catalogne et par la Fédération Nationale des Coopératives d'Espagne, pour les représenter à ce Congrès de la Coopération française.

Quand je retournerai dans mon pays, je dirai à mes amis ce que j'ai vu. J'ai déjà eu l'occasion d'écrire un certain nombre d'articles dans notre journal « *L'Action Coopérative* » et j'ai pu dire que le Mouvement Coopératif français méritait d'être étudié et que j'entrevoyais pour lui le plus grand avenir. Ce Mouvement a des dirigeants capables, qui savent, de plus en plus, conquérir la confiance des consommateurs et, aussi, mener à bien les plus belles réalisations coopératives.

En Espagne, nous sommes en retard dans le domaine coopératif, cela tient au fait de circonstances que je ne puis expliquer ici. Cependant, nous sommes bien décidés à marcher d'un pas rapide et à regagner le temps perdu autant que cela est possible. C'est pour aider à cette tâche que je suis venu étudier vos organisations et me mettre en contact avec vous pour profiter de votre expérience.

Par notre Congrès, tenu l'an dernier à Barcelone — où nous avons été honorés de la présence de MM. Charles Gide, H.-J. May et E. Poisson — nous avons établi définitivement l'organisation nationale de la Coopération espagnole.

La Fédération Régionale de Catalogne, l'Union des Coopérateurs du Nord de l'Espagne et les coopératives de Madrid et des environs, ont été à la base de la Fédération Nationale ainsi que quelques coopératives isolées d'autres régions qui pourront être le noyau d'autres Fédérations Régionales.

Mais, si nous ne sommes pas très forts encore, nous sommes bien orientés. Les doctrines de Rochdale et du maître Charles Gide sont bien connues dans nos milieux coopératifs et c'est d'elles que nous nous inspirons.

Maintenant, tous nos efforts sont dirigés vers la concentration du Mouvement et nous suivons l'exemple et l'expérience de la Coopération Française. A Barcelone, la grande ville industrielle et commerciale de l'Espagne, on prépare la fusion de nos 50 petites coopératives en une grande coopérative de développement qui pourra être un exemple vivant pour toute la région et même pour toute l'Espagne. Et cela n'est pas méconnaître l'exemple de Madrid, où la Coopération toute récente se développe d'une façon appréciable.

D'autre part, la Coopération pénètre dans des milieux ouvriers qui l'avaient négligée jusqu'à présent et c'est justice que de rendre hommage à M. Fabra-Ribas, si connu dans les milieux coopératifs français, qui emploie son autorité morale et son talent indiscutable au succès de cette entreprise si importante pour l'avenir de la Coopération espagnole.

Je finis en vous remerciant pour toutes les attentions dont la Coopération espagnole est constamment l'objet de la part des organisations coopératives françaises, cela aidera efficacement la réussite de notre entreprise. C'est en effet la grande nation latine, notre sœur aînée, la France, qui nous donne la main pour nous entraîner dans la voie de la civilisation et du progrès économique et moral.

Le Président. — Je donne la parole à M. Duaime, représentant la Société Coopérative de Consommation de Genève.

Discours de M. DUAIME

Chers Camarades coopérateurs, ce n'est pas sans quelque confusion que j'aborde cette tribune après le défilé imposant des représentants des grandes organisations coopératives auquel nous venons d'assister.

Moi qui ne suis même pas le délégué d'une Fédération Nationale. L'Union Suisse des sociétés de consommation envoie des délégués une année dans un pays, une année dans l'autre ; le hasard a voulu que cette année-ci ce ne soit pas en France que ses délégués se rendent. Je ne suis, pour ma part, que le représentant d'une petite Société, la Société de Genève.

Je ne veux pas exposer ici les causes des relations directes qui se sont instituées entre la Coopération française et la Société de Genève, relations d'ailleurs plus amicales qu'officielles. Je tiens simplement à vous remercier de nous avoir invité cette fois encore et à vous dire que nous n'aurions pas voulu, cette année moins que tout autre, rompre la tradition qui nous conduit dans vos congrès. Nous ne l'aurions pas voulu, d'abord parce qu'il n'y a pas ici, aujourd'hui de délégués de l'Union des Coopératives suisses, et puis aussi, parce que nous tenions à être parmi vous cette année, où votre vénéré président descend de la Chaire qu'il a si brillamment occupée. Nous tenons à lui dire notre admiration pour l'œuvre qu'il a accomplie et lui dire aussi toute la sympathie que nous éprouvons pour son enfant chéri, la Coopération française, dont les progrès sont la plus magnifique illustration de son enseignement.

Vous me permettrez, chers Camarades, de m'arrêter et de ne pas vous exposer les progrès de la Coopération suisse. Je n'ai aucune qualité pour le faire. Nos sociétés se sont développées, notre Magasin de Gros a accru son chiffre d'affaires de quelque dix millions, nous avons comme vous les plus grandes préoccupations au sujet de la crise de baisse à laquelle il a été fait allusion dans le discours présidentiel et nous craignons aussi une petite crise intérieure par suite de divergences de vues en matière de protection douanière entre les producteurs agricoles et les consommateurs urbains. Mais, tout cela, je le répète, je n'ai pas qualité pour en parler ici et je ne veux pas abuser de vos instants.

Je termine donc en formant, au nom des coopérateurs génevois et suisses, les meilleurs vœux pour la réussite de votre congrès, en vous remerciant une fois de plus de nous avoir invités à participer à vos travaux qui seront, nous en sommes persuadés, féconds en résultats heureux pour ces deux entités qui nous sont chères, la France et la Coopération.

Discours de M. Charles GIDE

Messieurs les délégués étrangers, nous sommes touchés de l'empressement que vous avez mis à assister à ce Congrès. J'ai regardé la liste du Congrès de 1912. Vous étiez déjà nombreux à ce Congrès : 19 délégués, représentant 9 Etats. Parmi eux, il s'en trouvait un que nous avons la joie de revoir aujourd'hui parmi nous, le camarade Serwy. Il fut le parrain au baptême de la Fédération Nationale. Sa place était marquée ici aujourd'hui. J'ai eu maintes fois l'occasion de répéter que l'heureux dénouement de nos divisions et de nos dissentiments en 1912 était dû en grande partie à l'intervention des coopérateurs belges, parmi lesquels je ne saurais oublier Anseele. Ce sont eux qui ont rassuré nos camarades socialistes, un peu méfiants à notre égard ; ce sont les coopérateurs belges qui se sont portés caution pour les petits bourgeois que nous étions et ont donné l'assurance que nous ne trahirions point le programme des Pionniers de Rochdale. La présence de nos amis belges ici nous montre qu'ils sont rassurés aujourd'hui sur l'engagement qu'ils ont pris.

La réconciliation de 1912 a dû beaucoup aussi aux camarades anglais. Eux aussi avaient dit maintes fois combien il était déplorable que la coopération française fut ainsi coupée en deux. Ils étaient venus nombreux au Congrès de 1912. Il y avait cinq délégués de la Grande-Bretagne. Parmi ces cinq délégués, il y en a un, le noble Maxwell, qui a quitté ce monde, mais quelques-uns des autres, heureusement, sont encore vivants et que nous avons souvent à nos Congrès, May et Withehead. Je prie les coopérateurs anglais de vouloir bien leur transmettre nos souvenirs reconnaissants de la part qu'ils ont prise à notre Congrès de 1912.

Aux camarades russes je n'ai qu'à renouveler ce que j'ai dit souvent. Le camarade Popoff sait combien j'ai témoigné de sympathie au mouvement coopératif russe, et j'écrivais il y a encore peu de temps un article à sa gloire, sous le titre : « La Géante de la Coopération ».

Mais ce n'est pas seulement pour avoir groupé 30 millions de coopérateurs et avoir formé le bloc le plus considérable du monde entier que nous sommes reconnaissants aux coopérateurs russes; c'est plus encore pour avoir organisé tout un grand pays sur la base coopérative ; c'est pour leur œuvre missionnaire dans ces régions immenses de l'Asie qui étaient encore presque à l'état barbare. Tandis que nos pays de l'Europe occidentale n'arrivent à la Coopération qu'après de longs siècles de civilisation, on voit le phénomène inverse dans l'Asie russe : c'est par la Coopération que les peuples arrivent à la civilisation.

Toutefois, je dois ajouter cette réserve que les coopérateurs russes ont à leur service des armes et des moyens que nous ne pouvons pas et ne voulons pas employer. Croyez bien que si nous avions en France des lois qui interdisent au commerce privé la vente des denrées alimentaires, nos coopératives arriveraient à réunir une proportion de la population qui serait probablement égale à la proportion réalisée en Russie. Où les consommateurs pourraient-ils aller, puisque nos portes seules leur seraient ouvertes ?

Ne méprisons donc pas, après avoir rendu justice à la Coopération russe, ne rabaissons donc pas celle que l'on appelle neutre et dont la Suède nous donne un admirable exemple.

Voilà des coopérateurs qui sont fort loin d'arborer le drapeau rouge et pourtant, sous le pacifique drapeau aux sept couleurs, ce sont eux qui, en Europe, avec une vaillance admirable, font la guerre à tous les trusts. Trust des allumettes, trust de la margarine, trust des farines, trusts des galoches, en sorte que la coopération suédoise, quoique ne comptant pas une armée bien nombreuse, a un bulletin de victoires qui rappelle celui de Napoléon, ou plutôt c'est la lutte de David contre Goliath.

Camarades polonais, je me rappelle que nous avons assisté avec May, en 1923, au Congrès des Coopératives polonaises, à notre retour de Moscou. A ce moment, on n'avait pu réaliser l'unité entre les coopératives socialistes polonaises, mais on y travaillait et pour vous y encourager je vous citai l'exemple de la France et de votre union de 1912. J'aime à penser que notre exemple et nos exhortations auront été peut-être pour quelque chose dans la concentration des forces coopératives polonaises.

Notre camarade espagnol a donné un bel exemple en venant s'installer toute une année en France pour étudier les méthodes de la Coopération française et pour suivre les cours de l'Ecole Technique pour la Coopération française. C'est un grand honneur que d'avoir inspiré par son intermédiaire le mouvement coopératif de Catalogne.

On m'avait dit qu'il n'y aurait point de délégué suisse et j'en étais attristé. Eh bien, il y en a un. L'*Union Coopérative Suisse,* pour des raisons générales n'ayant pu envoyer de délégué, la société de consommation de Genève a pris à cœur de combler ce vide et de répondre présente. Mais le délégué de Genève ayant bien voulu dire qu'il était venu en partie à cause de moi, je me sens gêné pour lui dire combien il est le bienvenu.

J'ai gardé pour la fin de mes remerciements les délégués allemands parce que c'est avec une émotion particulière que je les vois ici. Il y avait deux délégués allemands au Congrès de 1912 ; il y en a deux aujourd'hui. Depuis ce Congrès de 1912 qui était à la veille de la guerre, un grand abîme s'est ouvert entre les deux pays, et pourtant la coopération a réussi à jeter une frêle passerelle, sous la forme du Bulletin de l'Alliance Coopérative Internationale. Malgré les lois sévères qui défendaient toute intelligence avec l'ennemi, la coopération a conservé tout de même une bonne intelligence, dans la mesure où elle le pouvait. Aujourd'hui, le fossé s'est refermé et je suis heureux de penser que la date de ce Congrès coïncide avec la date solennelle à laquelle, tant par le règlement des dettes résultant de la guerre que par l'évacuation des provinces rhénanes, toute la guerre se trouve définitivement liquidée.

M. le délégué William Gallacher a fait allusion à la Fédération européenne. Je suis heureux de saisir cette parole-là et d'y insister. Il y a bien des années que l'idée des Etats-Unis d'Europe est à l'ordre du jour; mais c'est la première fois que, par l'initiative de notre ministre des Affaires Œtrangères, cette idée reçoit une consécration officielle. Je pense que nous nous associerons tous aux paroles de M. Gallacher et que nous faisons tous le même vœu pour que la Fédération européenne puisse réussir. Mais comme elle ne trouve pas un accueil très empressé parmi les grandes puissances et qu'en tout cas sa réalisation sera lointaine, nous devons en attendant nous efforcer de l'anticiper sous cette forme, non pas seulement européenne mais mondiale, qu'est l'Alliance Coopérative Internationale.

Le Président. — Je donne la parole à M. Patier, de la Fédération Nationale de la Mutualité et de la Coopération Agricoles.

Discours de M. PATIER

Monsieur le Président, chers Coopérateurs, j'ai cette année à nouveau l'honneur de représenter au Congrès de la Fédération Nationale des Coopératives de Consommation, la Fédération Nationale de la Mutualité et de la Coopération Agricoles. Et mon premier devoir est de remercier vos dirigeants pour leur aimable invitation, en même temps que de présenter les excuses de notre Président et de notre Secrétaire Général qui, à leur grand regret ont été retenus à Paris. Je suis chargé également d'excuser auprès de vous, M. Louis Tardy, Directeur Général de la Caisse Nationale de Crédit agricole, qui m'a prié de vous transmettre ses meilleurs vœux, pour le succès de vos travaux.

Chers Coopérateurs, c'est maintenant une tradition que nos groupements se fassent représenter à nos assises respectives. Hier encore, pour assister à notre Congrès d'Alger, notre ami Maurice Camin, votre dévoué Secrétaire Général, n'a pas hésité à quitter précipitamment Leipzig où l'avaient appelé ses fonctions et n'a pas craint de traverser une partie de l'Allemagne, la France et d'affronter la Méditerranée, nous montrant ainsi les liens qui unissent nos deux Mouvements.

En 1924, dans cette ville, se tenait le douzième Congrès national de la Mutualité et de la Coopération Agricoles. Je tiens à le rappeler parce que c'est ici, pour la première fois, que la Fédération que je représente a pris position au sujet de la Loi organique de la coopération. A la suite d'un rapport présenté par notre ami commun, M. Alfred Nast, le vœu que je vais vous lire a été adopté à l'unanimité :

Le Congrès de la Fédération nationale de la Mutualité et de la Coopération agricoles demande aux pouvoirs publics d'étudier la refonte générale des textes législatifs intéressant la Coopération française, envisagée dans son ensemble, en vue d'aboutir à une loi déterminant le régime juridique des sociétés coopératives de toute nature.

Et Poisson, qui assistait à ce Congrès soulignait l'importance de cette délibération, ajoutait que les divers Mouvements Coopératifs devaient se mettre d'accord pour élaborer un texte à soumettre aux pouvoirs publics. Je ne vous ferai pas l'histoire du projet de Loi Organique sur la Coopération depuis 1924. Actuellement, un texte est au Ministère du Travail et a reçu l'approbation du Conseil Supérieur de la Coopération. Souhaitons qu'il soit examiné et voté rapidement.

Depuis que des relations régulières se sont établies entre le Mouvement coopératif Agricole et le Mouvement coopératif de Consommation en France, une question qui nous préoccupe comme elle préoccupe les coopérateurs du monde entier c'est l'établissement de relations pratiques entre coopératives agricoles et coopératives de consommation.

Des essais sont actuellement tenté en France, dans certaines régions, dans la Creuse notamment, dans la région parisienne, dans la région des Charentes et du Poitou pour divers produits agricoles, et nous espérons qu'ils se généraliseront et aboutiront à des résultats féconds. Bien entendu nous n'abandonnerons pas l'espoir de voir appliquer d'autres formules de relations entre nos Coopératives — en particulier celle qui est prévue par la proposition de loi Chanal, en instance depuis 1924 et dont nous demandons le vote par le Parlement.

Chers Coopérateurs, permettez-moi en terminant, de saluer tout particulièrement votre éminent Président, M. le professeur Charles Gide, qui représente pour nous et pour le monde entier, le symbole de la coopération.

Je salue également M. Serwy, comme délégué de l'Alliance Coopérative Internationale, à laquelle appartient la Fédération que je représente, et, en sa personne je salue également tous les délégués étrangers présents.

Il me reste à vous souhaiter, chers Coopérateurs, le plus grand succès pour vos assises et les plus heureux résultats pour votre Mouvement.

Le Président. — Je donne la parole à notre ami, M. Briat, Secrétaire Général de la Chambre Consultative des Associations Ouvrières de Production.

Discours de BRIAT

Chers Coopérateurs, je viens comme chaque année, vous adresser le salut fraternel des coopérateurs de production industrielle qui tous ou à peu près sont des coopérateurs de consommation, ce qui vous indique tout de suite la sympathie qui unit nos deux Mouvements.

Nous avons dans le passé discuté sur certains principes et nous avons fini par reconnaître, les uns et les autres, qu'il y avait place pour nos deux organismes centraux.

Nous vous demandons simplement, Camarades consommateurs, de nous aider dans notre Mouvement, d'encourager nos petites coopératives de production et d'avoir pour elles non seulement la sympathie qu'on a entre coopérateurs, mais, dans la mesure de vos moyens, de leur fournir du travail.

Dans notre Comité d'entente des diverses formes de la Coopération française, nous avons toujours été d'accord quand il s'agissait des principes et nous avons formé un comité pour l'application de la loi sur les Assurances sociales. De même quand il s'est agi de discuter le projet de statut de la Coopération, consommateurs et producteurs ont été d'accord pour demander un texte qui adopte les principes essentiels de la Coopération et qui permette aux coopérateurs de poursuivre les établissements privés qui se parent indûment du nom de Coopératives.

Nous espérons que ce projet de loi qui est à l'étude depuis longtemps, qui a été remanié tout dernièrement et qui devait être déposé par le Ministre du Travail sur le bureau de la Chambre, viendra prochainement en discussion et que notre groupe parlementaire pourra enfin le faire aboutir.

Je vous demande aussi, Camarades coopérateurs, comme je l'ai fait à Royan l'année dernière, de porter votre attention sur la situation de la Verrerie Ouvrière d'Albi. Je ne ferai pas l'historique de la Verrerie Ouvrière, mais les vieux coopérateurs des sociétés de consommation se rappellent que si elle est née et si elle a pu se maintenir, c'est grâce aux sacrifices des coopératives de consommation.

Par suite de modifications profondes dans l'industrie du verre, la Verrerie Ouvrière traverse une crise assez grave. Il faut non seulement lui donner des conseils, mais il faut surtout lui permettre d'écouler ses produits.

Certaines coopératives de consommation, malgré une petite différence de prix, sont restées des clientes fidèles de cette coopérative ouvrière d'Albi.

Le 15 juin se tiendra l'Assemblée Générale, qui étudiera les moyens de transformer peut-être la fabrication, de faire de nouveaux produits et de faciliter leur écoulement.

Je demande aux Coopératives de Consommation actionnaires de la Verrerie Ouvrière, d'être présentes, le 15 juin, à cette Assemblée Générale. Et je demande aux coopérateurs ici présents de vouloir bien rappeler à leurs sociétés que la Verrerie Ouvrière est un peu leur œuvre et qu'il ne faut pas la lâcher dans des périodes critiques.

Je termine, Camarades consommateurs, en vous signalant que les coopératives de production, qui ont en France précédé les coopératives de consommation, fêteront, en 1931, le centenaire de la première société ouvrière de production qui fut créée à Paris, par Buchez.

Nous avons l'intention d'organiser à cette occasion une manifestation nationale et internationale à Paris. Nous ferons appel au concours de toutes les formes de la Coopération et nous pensons que les camarades des coopératives de consommation, dans une certaine mesure, voudront bien nous apporter, en 1931, leur concours dévoué.

Nous espérons réunir non seulement des coopérateurs mais aussi des syndiqués. Nous devons faire comprendre au monde du travail, l'intérêt qu'il y a pour la classe ouvrière à s'intéresser de plus en plus à toutes les formes de la coopération. Nous voulons faire une manifestation en l'honneur de la coopération, mais aussi en l'honneur du travail.

Je termine en vous souhaitant que les travaux de ce Congrès apportent aux coopératives de consommation un essor nouveau et en formant aussi le vœu qu'au point de vue national et international la coopération grandisse de plus en plus pour le bien de l'humanité et pour la paix du monde.

Le Président. — Je donne la parole à M. Cahen-Salvador, Secrétaire Général du Conseil National Economique.

Discours de M. CAHEN-SALVADOR

M. le Président, Mesdames, Messieurs, permettez-moi de dire : chers Camarades.

J'ai tenu à venir aujourd'hui apporter à votre Fédération le salut du Conseil National Economique. J'ai tenu et considéré comme un devoir de ma charge de venir donner à vos organisations, un témoignage de sympathie, en même temps qu'à marquer la haute estime en laquelle vos dirigeants sont tenus au sein de cette institution.

Aussi bien, n'aurais-je pas eu besoin d'intervenir personnellement pour souligner le lien qui les réunit au Conseil National Economique. Ceux qui sont à cette tribune auraient eu qualité pour en parler ; car non seulement ils siègent au Conseil National Economique, mais quelques-uns y jouent un rôle de premier plan : d'abord votre Président, M. Charles Gide, devant qui je tiens à *m'incliner*, comme vous tous, avec admiration et respect ; M. Charles Gide, qui est l'honneur de la pensée économique française et dont les ans n'altèrent ni la vigueur, ni la clarté d'esprit. C'est également mon ami Poisson, qui est un des membres les plus agissants de notre Commission Permanente, à qui des rapports importants ont été confiés et dont la personnalité s'impose à nos assises. C'est Gaston Lévy qui, à côté des représentants de la finance française, tient une place prépondérante. C'est Camin, c'est Cleuet, ce sont les professeurs Edgard Milhaud et Simiand. Tous apportent à notre organisation la plus précieuse collaboration, le concours le plus actif et le plus éclairé.

Mais, puisque j'ai la bonne fortune d'être pendant quelques heures au milieu de vous, permettez-moi de profiter de l'occasion pour vous faire connaître le véritable rôle du Conseil National Economique. On le critique parfois, on en discute souvent sans bien connaître son organisation et son fonctionnement.

Cette organisation date de cinq années. Lorsqu'elle est apparue, elle n'a rencontré, peut-on dire, que scepticisme ou sourires, parfois même hostilité ou méfiance.

Les commerçants, les industriels, les agriculteurs n'y sont pas venus au début sans quelque réserve.

Et puis, le temps a fait son œuvre, et lorsque des hommes appartenant à des milieux différents certes, de convictions souvent opposées mais également sincères, ont pris l'habitude de venir s'asseoir à la même table, pour échanger des vues, discuter des problèmes angoissants, ils ont compris que, sans rien abdiquer de leurs idées propres, sans rien négliger des intérêts qui leur étaient confiés, ils pouvaient utilement confronter leurs doctrines, leurs expériences, leurs desseins et qu'ils parvenaient à se mieux connaître ou à se mieux comprendre.

C'était précisément un des rôles que les initiateurs avaient envisagés pour le Conseil National Economique.

On avait entendu combler une lacune dans notre organisation nationale, on s'était aperçu que, depuis la guerre surtout, l'économique dominait le politique et qu'il manquait une institution où des personnalités venant de tous les coins de l'horizon social ou économique pussent se rencontrer pour discuter en commun.

L'œuvre n'a pu se réaliser que peu à peu et, je dis à la louange de tous ceux qui y ont participé, que le plus grand bienfait du Conseil National Economique, c'est d'avoir créé une atmosphère favorable aux échanges d'idées et aux réalisations, une atmosphère que chacun utilise pour apporter en toute indépendance les vues qu'il considère comme conformes à l'intérêt général, pour retirer en échange de cette discussion des enseignements, et dégager des solutions.

Telle est l'atmosphère qui s'est dégagée invinciblement des réunions du Conseil National Economique.

Cet organisme, qui revêt un caractère officiel, et est présidé par le Président du Conseil des Ministres, a été chargé à plusieurs reprises par le Gouvernement d'une besogne déterminée, dont il s'est acquitté avec honneur, si je m'en tiens aux commentaires qui ont pu en être donnés à la Chambre des Députés ou au Sénat. C'est par exemple, en 1926 et 1927, lorsque nous avons traversé une crise de chômage qui menaçait de devenir redoutable, le Gouvernement s'est adressé au Conseil National Economique, représentant tous les intérêts en présence, pour lui demander quel pouvait être le moyen de remédier à cette crise. Le Conseil s'est mis immédiatement à l'œuvre, avec tous les représentants des administrations publiques, et il a pu, après cinq semaines de travail, dresser un programme sur lequel tous les membres se sont unanimement mis d'accord et qui a été sans réserves accepté par les Pouvoirs publics.

Recherchant, d'autre part, les moyens de parer à la crise redoutable du logement qui n'est malheureusement pas encore achevée, le Conseil Economique s'est mis à l'œuvre et en trois mois d'études, au cours desquelles il n'a pas consacré moins de vingt-cinq ou trente séances, il a arrêté un plan d'action coordonné et précis.

Si les vicissitudes politiques n'en avaient pas enrayé la réalisation, si ce projet, voté à l'unanimité des membres du Conseil avait pu être intégralement adopté comme charte gouvernementale, nous n'aurions plus à souffrir d'une crise qui pèse encore péniblement aujourd'hui sur la population laborieuse de nos grandes villes.

Le Conseil National Economique a pensé, par ailleurs, que, dans l'œuvre de reconstitution nationale, nos préoccupations devaient retourner vers l'outillage de la France ; il s'est demandé quelles étaient les parties de cet outillage qu'il y avait lieu de rénover ou de développer, quelles étaient celles auxquelles il fallait consacrer des efforts importants de travail et d'argent. Il a consacré à cette tâche près de deux années et demie. D'aucuns ont craint qu'une étude si longue perdît toute opportunité. Mais d'autres, plus optimistes, ont une confiance indéracinable dans le progrès plus ou moins lent des idées justes et même dans la réalisation progressive des plans rationnellement conçus.

Le Gouvernement a voulu à son tour faire un programme d'outillage national. Ce programme a rencontré des critiques. Il s'est alors adressé au Conseil National Economique, pour lui demander ses vues et ses suggestions. A cet appel nous avons répondu en toute impartialité, en toute indépendance. Et je sais que demain, lorsque la Chambre rouvrira ses séances et que cette question viendra en discussion, c'est le programme du Conseil Economique, auquel vos dirigeants ont activement collaboré, qui servira de base aux discussions d'où sortiront les programmes définitifs.

Je pourrais ainsi multiplier les exemples d'activité du Conseil National Economique ; mais je ne voudrais pas lasser votre patience, et j'arrive aux deux questions particulièrement importantes qui nous préoccupent actuellement.

Nous poursuivons, depuis un an, une enquête générale sur tous les modes d'activité économique de la France : industrielle, commerciale et agricole.

Nous avons été, d'autre part, récemment saisis par les Pouvoirs publics, et vous allez voir l'importance de cette question, du programme de réorganisation économique de l'Europe.

Vous voyez, Mesdames et Messieurs, le rôle auquel est appelé cette organisation, je peux dire naissante, car cinq années, dans la vie d'une Nation, c'est peu de chose. Vous pouvez apprécier ainsi, d'après l'ordre des problèmes que j'ai tenu à vous rappeler, le rôle considérable que sont appelés à jouer vos représentants dans des assises où se discutent ces vastes problèmes.

Mais, lorsqu'une organisation comme celle-là doit examiner des problèmes aussi redoutables, ce n'est pas uniquement l'activité de ses membres qui importe, pour mener cette tâche à bien. C'est la participation de l'opinion publique. C'est le concours des milieux éclairés et agissants, et parmi ceux-ci je place tout naturellement ceux des coopérateurs.

Et voici pourquoi j'ai tenu, tout en rendant hommage à ceux qui collaborent à l'organisation dont j'ai l'honneur d'être le Secrétaire Général, à solliciter votre collaboration réfléchie à cette œuvre nationale.

Le Conseil National Economique de demain ne sera pas seulement un organe de délibération servant en quelque sorte de support aux délibérations du Parlement dans les matières économiques. Il aura un rôle à jouer, dans l'organisation internationale elle-même. A Genève, on fait déjà appel à ses avis. De la Fédération Européenne, à laquelle votre Président faisait allusion tout à l'heure, il a, du point de vue économique, à jeter les bases d'une organisation future.

Et ce rôle capital prendra une importance définitive lorsque le Parlement aura, en votant la charte législative qui doit régler l'organisation et le fonctionnement du Conseil National Economique, intégré cet organisme dans les Pouvoirs publics, fixé ses attributions propres, marqué son rôle, arrêté son destin !

La consommation que vous représentez dans la Nation, comme vous la représentez au Conseil National Economique, jouera, au cours de ses délibérations futures, le rôle de contrepoids utile entre les intérêts divergents de l'industrie et de l'agriculture, du patronat et du travail. Le point de vue des consommateurs inspirera de plus en plus les décisions qui sortiront de ses assises. L'intérêt collectif servira, en un mot, de régulateur dans cette grande économie organisée que nous souhaitons tous.

Sans vous, sans la consommation, on ne peut rien; par vous, avec vous, je considère que l'on peut tout, car l'armée coopérative devient une des force importantes du pays, elle tend même, les discours que vous venez d'entendre des délégués étrangers en sont la preuve, à devenir une armée internationale dans tous les pays civilisés.

Comment voulez-vous que l'on travaille à cette organisation économique de demain, à cette Fédération européenne ou internationale, si les organisations de coopération nationales et internationales ne jouent pas dans la préparation de son statut un rôle éminent.

C'est dans cet espoir que je voudrais terminer cette courte allocution :

laissez-moi vous remercier encore d'avoir bien voulu associer le Conseil National Economique à votre Congrès, et permettez-moi de vous faire remarquer que, pour la première fois, peut-être, en participant à l'activité de cet organisme, la Coopération, cessant d'être un effort purement privé, est devenue une institution nationale, intégrée dans l'organisation même du pays.

Remerciements de M. Charles GIDE

Il est d'usage d'écourter les remerciements aux délégués français, pour réserver les heures disponibles aux délégués étrangers. D'ailleurs, quant à M. Briat, je n'ai rien à lui dire de plus, car il y a quinze ans que nous nous retrouvons chaque année à cette date; mais nous prenons acte de sa convocation pour le Congrès des Coopératives de Production en 1931.

Nous remercions le délégué de la Coopération Agricole, laquelle a toujours été très fidèle à nos assemblées.

Enfin, je remercie tout particulièrement M. Cahen-Salvador pour avoir bien voulu quitter quelques heures ses hautes fonctions et nous apporter ici la sympathie de ce grand corps qu'est le Conseil National Economique, dont il est, on peut bien le dire, l'animateur et même dont il a créé des filiales à l'étranger.

Le Président. — La parole est à Poisson.

Commission de Vérification des Mandats

E. Poisson. — Je propose que : Delabaère, Wilks, Moreau, Veyrac et Lavergnas soient désignés pour vérifier les mandats représentés au Congrès.

Le Président. — Le Congrès accepte.

Commission des Résolutions

E. Poisson. — Nous avons à vous proposer une procédure qui ne sera pas la stricte application de nos statuts. Si nous appliquions les statuts, la Commission des Résolutions ne comprendrait pas moins de 150 à 180 membres et serait dans l'impossibilité de travailler. Nous vous demandons de réduire des deux tiers le nombre des délégués de chaque Fédération régionale. Le Conseil Central a du reste l'intention de vous proposer, pour l'année prochaine, soit une modification des statuts soit une résolution à prendre par le Congrès, qui décidera de réduire le nombre des membres de cette Commission.

Le Président. — Le Congrès accepte.

Poisson. — Conformément à nos règles habituelles, il est entendu que ce sont les secrétaires des Fédérations qui votent pour leurs Fédérations respectives et pour toutes leurs sociétés; ils auront, par la suite, à recueillir les votes de ces sociétés.

Pour ordonner le travail du Congrès, je vous propose de limiter le temps de parole dans les conditions suivantes : 20 minutes pour les délégués des Fédérations Régionales, 10 minutes pour les délégués, et 40 minutes pour le délégué du Conseil Central.

Nous tenons compte ainsi des observations qui avaient été faites et dece que les interventions importantes sont celles qui ont été décidées par les Congrès Régionaux.

Nous demandons aux délégués qui désirent prendre la parole, de vouloir bien se faire inscrire, afin que nous puissions en dresser la liste et l'arrêter au début de la séance de cet après-midi et la communiquer au Congrès.

Le Président. — Quelqu'un demande-t-il la parole sur cette proposition ? Il n'y a pas d'opposition ? La proposition est adoptée.

La séance est levée à midi.

DEUXIÈME SÉANCE

RAPPORT DU CONSEIL CENTRAL

La séance est ouverte à 14 heures 30, sous la présidence de Paul Foucaul, assisté de Ruel, de l'*Union des Coopérateurs du Sud de l'Aisne* et de Désarménien, de l'*Union des Coopérateurs de l'Adour*.

Le Président. — Vingt-et-un orateurs se sont fait inscrire pour la discussion sur le rapport central. Je donne la parole à Jégou.

Intervention de JÉGOU

Jégou. — Camarades, nous avons l'habitude, dans la minorité révolutionnaire, d'apporter partout l'esprit qui nous guide politiquement. Vous ne serez donc pas surpris que, dans ce Congrès coopératif, nous représentions une idée politique, au même titre que tous les dirigeants de la Coopération de notre pays et que tous les dirigeants de la Coopération internationale, lesquels représentent une politique propre de conservation sociale.

Nous représentons donc ici l'idée communiste, c'est-à-dire la politique qui est poursuivie par la classe ouvrière, pour son émancipation sociale, en nous souciant du mouvement de classe qu'est la Coopération. En effet, nous considérons, mes amis et moi, la Coopération comme un organisme ouvrier très important qui apporte dans l'économie mondiale sa manière de voir particulière, dans l'intérêt des travailleurs organisés. Mais nous ajoutons immédiatement qu'il est impossible de penser que la Coopération, à elle seule, puisse modifier en quoi que ce soit le régime capitaliste et l'ordre capitaliste lui-même qui est fondé sur la plus-value et sur le profit.

Avec cette idée précise, devant le Congrès nous réclamons, dans la Coopération à tous les degrés de l'appareil coopératif, en raison des attaches démocratiques inhérentes à la Coopération, la représentation proportionnelle, depuis les organisations de base, c'est-à-dire les commissions statutaires de nos coopératives quand elle est réclamée, jusqu'à la représentation dans les congrès internationaux, de la minorité politique que nous représentons.

Voici la résolution que nous déposons à cet égard et nous demandons sa prise en considération, pour être appliquée immédiatement :

> Le Congrès décide de pourvoir à la représentation de la minorité au Congrès International de Vienne, au moyen de la représentation proportionnelle basée sur le vote du rapport d'activité de la F. N. C. C., présenté par le Conseil Central pour l'année écoulée;
>
> Le Congrès rappelle en outre, se basant sur les principes démocratiques qui animent la Coopération, que la représentation proportionnelle réclamée dans les commissions statutaires des coopératives, doit être accordée purement et simplement.

Je dépose également une autre résolution que je commenterai très brièvement, si le temps me le permet.

La voici :

L'Union Nationale des Cercles de Coopérateurs...

Il s'agit, ici, d'une organisation auxiliaire du Parti Communiste que je représente à ce Congrès.

...rappelle que, conformément à ses origines et à sa doctrine de toujours, la Coopération n'est pas un but, mais un moyen de lutte contre les forces capitalistes.

Organisation des masses prolétariennes, la Coopération est inséparable du mouvement révolutionnaire national et international qui se dresse contre les Etats bourgeois et capitalistes.

L'U. N. C. C. appelle toutes les coopératives et leurs adhérents à appuyer les revendications économiques et politiques de toute la classe ouvrière...

...4°, en faisant appliquer dans toutes les coopératives... le mot d'ordre révolutionnaire : classe contre classe.

Camarades, dans la résolution que je viens de vous présenter, au nom de toute l'opposition révolutionnaire dans la Coopération de notre pays...

Le Président. — Si vous interrompez l'orateur, je serai obligé de lui accorder quelques minutes de plus.

Jegou. — ...il y a d'une part, qu'elle s'élève contre l'activité de la Fédération Nationale des Coopératives de Consommation, constamment tournée vers les Pouvoirs publics, non seulement par le Conseil National Economique, dont le représentant le plus qualifié a abordé ce matin cette tribune, en disant que la Fédération était officiellement intégrée dans le régime capitaliste bourgeois de notre pays...

Le Président. — Laissez parler l'orateur.

Jegou. — D'autre part, nous répudions l'organisation des loisirs, telle qu'elle vous est proposée.

Nous avons déjà eu avec Poisson, à Paris, au Comité général de l'U. D. C., une controverse à ce sujet.

Poisson nous a indiqué que, pour les loisirs tels que la Coopération les désire, il lui faut trouver des mécènes, c'est-à-dire aller où se trouve de l'argent !

Il nous a même affirmé, dans le Conseil d'Administration, qui sera d'ailleurs présidé par Albert Thomas, représentant les intérêts capitalistes les plus avoués de l'Internationale capitaliste...

Le Président. — Veuillez patienter un instant, ; l'orateur va avoir terminé.

Jegou. — Mais il y a, dans notre résolution, quelque chose de plus important encore. C'est l'activité de l'Exécutif de l'Alliance Coopérative Internationale, et à cet égard, Camarades, j'appelle toute votre attention de coopérateurs ardemment réalisateurs.

La délégation des coopérateurs de Russie a appelé l'attention du Comité exécutif de l'Alliance internationale sur le travail pratique qu'il y avait lieu d'entreprendre sur le terrain de la Coopération, pour mener à bien non seulement la création du M. D. G. international, mais encore celle de la Banque Coopérative Internationale.

Ils ont encore indiqué en pure perte qu'il était nécessaire que l'Alliance brise toutes relations avec le Bureau International du Travail, comme représentant les intérêts les plus opposés à la classe ouvrière. Ils ont encore montré, qu'en ce moment, plus que jamais, il y avait des dangers de guerre imminents, et je n'ai pas besoin, Camarades, de vous rappeler l'affaire du désarmement naval débattue en Angleterre, je n'ai pas besoin de vous rappeler, hélas, la voix qui s'est élevée au-delà des Alpes et à laquelle Maginot, Ministre de la Guerre, Dumesnil, Ministre de la Marine, répondent en allant inspecter les forts...

Je vais avoir terminé...

LE PRÉSIDENT. — Jégou, il ne faut pas s'insurger contre la volonté du Congrès.

JÉGOU. — La Coopération soviétique a encore indiqué à l'Alliance qu'il y avait lieu, pour la Coopération, organisation de classe du prolétariat, d'examiner dans quelles conditions on interviendrait dans la lutte ouvrière contre la rationalisation. Sur toutes ces questions, il y a eu carence complète et nous protestons de toutes nos forces.

LE PRÉSIDENT. — La parole est à Passebosc.

Intervention de PASSEBOSC

PASSEBOC. — Rassurez-vous, je n'ai pas l'intention de traiter les questions qui font l'objet de la résolution qui vous a été lue tout à l'heure. Mon mandat est tout autre.

Au début du mois de mars, les services d'information faisaient connaître au pays et même à l'étranger qu'un cataclysme épouvantable venait de sévir dans les régions du Sud et du Sud-Ouest, avec une rapidité foudroyante, à la suite de pluies torrentielles et d'un vent du Midi qui avait fait fondre inopinément toutes les neiges des Cévennes. Une quantité d'eau formidable, dévalant sur les pentes des montagnes, pour la plupart déboisées et saturées d'eau par les pluies des mois précédents, descendait par les cours d'eau venant des Cévennes, et, à leur point de jonction, atteignait jusqu'à 20 mètres de hauteur, chose qu'on n'avait jamais vu depuis des siècles, ce qui explique que les ponts suspendus, établis à des hauteurs de quinze et dix-huit mètres ont été emportés.

Je ne vous ferai pas le détail, chers Coopérateurs, des calamités que les inondations ont apportées avec elles. Vous avez appris par la presse en quel champ de ruines et de misères ont été transformées les vallées du Sud-Ouest. Fort heureusement, les Français sans distinction ont senti vibrer les sentiments généreux qui sont au fond de leur cœur et spontanément, la France entière est venue au secours des inondés du Sud-Ouest.

Dans cet élan de générosité, nous ne saurions oublier la part prise par le Mouvement Coopératif. Dès la première heure, la Fédération Nationale, de concert avec le Magasin de Gros et la Banque des Coopératives, ouvrait une souscription publique dans le Mouvement Coopératif et s'inscrivait pour une somme très importante en tête de la liste. Bientôt, toutes les sociétés de nos régions, tous les coopérateurs ont suivi l'élan donné et ont apporté à la Fédération Nationale des sommes qui atteignent le chiffre de 280.000 francs.

Sans perdre un instant, la Fédération nationale désignait une commission chargée de répartir les fonds recueillis, et en moins de trois semaines nos camarades éprouvés recevaient les fonds recueillis dans la souscription.

Je vous prie de remarquer qu'à ce moment-là l'Etat lui-même n'était pas venu au secours des sinistrés, et cela montre avec quelle diligence nos dirigeants ont agi en la circonstance.

On a dit de la Coopération qu'elle est une école de solidarité. Je crois que voilà le meilleur exemple de solidarité humaine que nous ayons pu mettre en pratique, et au nom des sinistrés, au nom des populations du Sud-Ouest et des Coopérateurs, je viens ici exprimer leurs sentiments de gratitude à l'égard des organismes centraux qui ont donné l'élan de cette solidarité, comme aussi à l'égard des coopérateurs qui sont venus grossir les sommes déjà recueillies.

Le Président. — La parole est à Souillard.

Intervention de SOUILLARD

Souillard. — Camarades, il est un point sur lequel la minorité communiste et révolutionnaire de cette assemblée tient particulièrement à exprimer son point de vue, parce que c'est un point sur lequel jamais le Conseil Central n'a discuté, sur lequel les Coopératives de développement et les social-démocrates dirigeant ces coopératives ne se sont jamais prononcés. C'est la question de la crise du capitalisme mondial et c'est la question des dangers de guerre.

Tout à l'heure, Camarades, nous avons été singulièrement surpris d'entendre un délégué anglais dire que la France avait lancé le mot d'ordre de liberté dans le monde, alors qu'à l'heure actuelle les troupes du Gouvernement de Mac Donald fusillent par centaines des travailleurs hindous et mahométans dans les rues de Bombay et de Calcuta.

Camarades, il est vrai que les leçons dont a profité le Gouvernement social démocrate anglais ne sont pas celles des anciens qui ont proclamé les droits de l'homme ; mais ce sont les leçons de ceux qui assassinent nos frères indochinois, au Tonkin et en Cochinchine.

De ce fait, nous constatons la solidarité ouverte des Gouvernements capitalistes, qu'ils soient présidés par Tardieu, dont le représentant est venu s'exprimer ici ce matin, ou par Mac Donad, dont le représentant social-démocrate est également venu ce matin à cette tribune.

Et de ce fait aussi, les coopérateurs révolutionnaires avec tous les éléments prolétariens dressent un front unique de tous les exploités, pour balayer la social-démocratie.

Fauconnet. — Réalisez donc, à la *Famille Nouvelle*, le front unique !

Le Président. — Laissez l'orateur s'exprimer, bien qu'il ait mêlé les étrangers à une discussion à laquelle ils n'ont rien à voir.

Fauconnet. — Personne n'a insulté le représentant des Soviets, ce matin !

Souillard. — J'ai combien de temps ?..

Le Président. — Dix minutes.

Souillard. — Encore dix minutes ?

Le Président. — Dix minutes en tout.

Fauconnet. — Il ne sait pas sa leçon !

Souillard. — Je n'ai pas de leçon à recevoir de toi.

Fauconnet. — Tu les reçois des autres, et tu ne sais pas les réciter !

Souillard. — Je dirai ce que j'ai à dire.

Fauconnet. — Et l'année prochaine, tu seras avec nous !

Souillard. — Avec vous ?.. Je ne sais pas ce que je préfèrerais ! Camarades, je ne comprends pas véritablement les protestations de la majorité qui accueillent chaque délégué minoritaire à la tribune. Vous allez entendre tout à l'heure votre grand chef qui va nous sonner convenablement ; attendez donc ce moment-là avec quelque patience ; vous savez bien que vous allez rigoler. Mais jusque là, laissez-nous faire le travail que nous avons à faire pour éclairer les camarades qui sont dans cette salle sur votre rôle contre-révolutionnaire...

Fauconnet. — Le travail qu'on t'a commandé !

Le Président. — Je demande à l'orateur d'être convenable, et je prie les auditeurs de se taire.

Souillard. — En ce qui concerne les dangers de guerre, nos camarades russes, dont l'un des représentants a été applaudi par vous tous ce matin, nos camarades russes ont déposé sur le Bureau de l'Alliance, à Leipzig, la résolution suivante, dont je vais vous donner lecture, parce que cette résolution contient en termes suffisants et en termes que nous n'aurions su nous-mêmes trouver, la condamnation formelle du travail social-démocrate de l'Alliance Coopérative Internationale :

1° De rappeler les représentants de l'Alliance des organes de la Société des Nations, instrument de l'impérialisme, état-major de la préparation aux nouvelles guerres, de rompre toute collaboration avec elle, de renoncer à la participation à toutes les conférences, délibérations, etc., convoquées par la Société des Nations ou par les puissances capitalistes, ainsi que :

2° De recommander à toutes les organisations affiliées à l'Alliance de cesser toute liaison avec la Société des Nations et toute collaboration avec les gouvernements bourgeois, comme étant contraire aux intérêts de la classe ouvrière et des coopératives.

Le Congrès s'adresse à toutes les organisations affiliées à l'Alliance avec l'invitation urgente :

a) D'organiser dans toutes les réunions et dans la presse des coopératives une campagne systématique d'éclaircissement sur les conséquences de l'accentuation des antagonismes impérialistes, de la croissance persistante des armements, des alliances militaires secrètes et des intrigues militaires qui ne peuvent qu'engendrer de nouvelles guerres et d'entraîner les masses de millions des coopératives dans la lutte contre la guerre;

b) D'inviter les membres des coopératives ouvrières à contrecarrer par tous les moyens l'armement et les préparatifs de guerre et à faire un travail d'agitation et de propagande tenace pour qu'en cas de déclaration de guerre, les armes se dirigent contre les auteurs capitalistes de la guerre;

c) De repousser tout ce qui peut, d'une manière directe ou indirecte, favoriser économiquement et financièrement les préparatifs de guerre et de soutenir toutes les mesures des organisations révolutionnaires visant à la mobilisation du prolétariat pour la lutte active contre le danger de guerre;

d) De diriger toutes les forces des coopératives vers la mobilisation les larges masses pour la défense de l'U. R. S. S. contre tout acte hostile de la part des ennemis de la classe ouvrière pour la lutte contre le blocus économique et politique de l'Union soviétique et contre l'agression militaire préparée par les puissances impérialistes contre le premier Etat ouvrier du monde.

Fauconnet. — A bas l'armée ! y compris l'armée rouge, bien entendu !

Souillard. — A bas l'armée impérialiste ! Vive l'armée prolétarienne !

Le Président. — Les membres de la Commission de Vérification des Mandats sont priés de suivre notre ami Maurice Camin, dans une salle du premier étage.

Le Président. — La parole est à Pourquié.

Intervention de POURQUIÉ

POURQUIÉ. — Camarades, tout d'abord, une question qui intéresse notre Société.

Il s'agit des prêts consentis par le Ministère. Nous voudrions savoir si ce que notre ami Boyet demandait l'année dernière au Congrès de Royan est en train de se réaliser.

Il s'agissait de savoir si les prêts continueraient d'être facilement accordés aux sociétés qui sont dans la bonne voie, c'est-à-dire dans le sillage officiel, et si on allait mettre encore embûches sur embûches pour empêcher les autres sociétés de bénéficier des prêts qu'elles seraient susceptibles de recevoir.

Un prêt est consenti à notre société depuis plusieurs mois. Ce n'est pas le Ministère lui-même qui met des empêchements, c'est la Banque des Coopératives. C'est la Banque elle-même qui demande précisions sur précisions, papiers sur papiers, avant même que le Ministère les réclame.

Notre situation est tellement claire, tellement nette, qu'il n'est pas possible aux comptables de la Banque de se méprendre, et nous posons nettement la question au Conseil Central ; nous lui demandons si oui ou non, le prêt étant accordé à la *Fraternelle de Saint-Quentin,* cette société peut espérer le recevoir un jour.

Je passe à une autre question qui figure dans le rapport moral : les Assurances sociales.

On nous avait dit, au Congrès de Royan, que pour empêcher l'éparpillement des ouvriers et pour éviter cette rivalité de tendance qui peut exister entre C. G. T. et C. G. T. U., la Fédération Nationale des Coopératives de Consommation pouvait réaliser le front unique de la masse. Il était dit, par conséquent, que les Coopératives créeraient des caisses primaires, sans distinction de tendance, auxquelles les ouvriers, les coopérateurs, les non organisés viendraient porter leurs fonds ; et en ce qui concernait la caisse de capitalisation, la caisse de retraite de la Fédération nationale était là pour assurer la répartition.

Dans le rapport moral qui vous est soumis, nous avons le regret de voir que, malgré les assurances que vous aviez données, vous vous êtes associés avec la Caisse *Le Travail,* cela sans doute au nom de la neutralité dont vous parlez toujours, commettant ainsi un véritable abus de confiance vis-à-vis des membres de la C. G. T. U. qui n'ont pas hésité à s'affilier à la caisse coopérative. Vous vous expliquerez sur ce point.

Et maintenant, Camarades, c'est au nom de la minorité que j'aborde un troisième point.

Dans le rapport moral, où il y a beaucoup de choses qui sont étrangères au Mouvement coopératif, peu de choses concernant la coopération et rien qui se rapporte à la coopération prolétarienne, il y a une large part réservée à une politique de collaboration dans les divers organismes gouvernementaux.

Les bénéfices que vous comptez en retirer, nous attendrons qu'ils soient un peu plus visibles que ceux que nous a présentés ce matin le Secrétaire général du Conseil National Economique. Nous attendons que vous vouliez bien nous indiquer tout à l'heure quels sont ces résultats.

Mais pour l'instant, nous savons que dans l'organisme qui s'appelle Comité d'Action Economique, on ne fait absolument rien, nous en sommes d'autant plus certains que nous y avons un délégué.

C'est de votre complicité que vous êtes en train de rire. N'est-ce pas le Comité Central qui a adressé aux experts la liste des délégués de la Coopération. Nous maintenons que le travail fait dans ce Comité est nul.

Un mot de la Confédération Générale pour la défense des consommateurs. Comment ! vous pensez que vous pouvez mieux défendre le consommateur en dehors de la Fédération Nationale des Coopératives, que dans cette Fédération elle-même ? Mais c'est l'aveu que la Fédération est impuissante, ou bien c'est l'aveu que vos alliés sont plus puissants que vous.

Camarades, nous pensons pour notre part qu'il ne s'agit pas d'avoir des alliés puissants ou de proclamer soi-même sa propre impuissance. Quittez donc la Confédération Générale pour la défense du consommateur !

Comité consultatif des chemins de fer. Poisson, si c'est pour nous rapporter ce que vous avez écrit dans votre rapport moral, que vous allez au Comité consultatif des chemins de fer, si c'est pour nous dire que vous avez l'espoir de voir abrogés ou tout au moins étendus à tous les usagers du chemin de fer les tarifs de faveur dont bénéficient les sociétés à succursales multiples, nous nous demandons ce que vous faites dans ce Comité. Si ce n'est pas pour obtenir des avantages pour la Coopération, mais seulement pour demander d'être placé sur un pied d'égalité avec tous les usagers, il est inutile de rester plus longtemps dans ce Comité.

Laissez donc de côté tous ces organismes gouvernementaux et non coopératifs.

Nous pensons qu'au sein de la Fédération nationale, en demeurant exclusivement sur le terrain de la lutte, vous obtiendrez beaucoup plus de résultat, en restant dans le sillage que les anciens vous ont tracé.

FAUCONNET. — Je voudrais poser une question.

POURQUIÉ. — En soulignant que vous n'avez rien fait cette année, en ce qui concerne les économats, je dépose, au nom de la minorité, la motion suivante :

> Considérant que la loi de 1910 relative à la suppression des économats n'est jamais entrée en application malgré les démarches répétées de la F. N. C. C. auprès des pouvoirs publics;
>
> Considérant l'intérêt de la coopération et les intérêts moraux et matériels des travailleurs à la disparition desdits économats,
>
> Le Congrès,
>
> Invite le Conseil Central de la F. N. C. C. à accepter les bons offices de l'Union Nationale des Cercles de Coopérateurs en vue de mener à bien la suppression dont il s'agit en appelant les masses à appuyer leurs efforts.

Camarades, cette motion se défend toute seule.

On viendra peut-être vous objecter que, en ce qui concerne les économats des chemins de fer, certaines difficultés ont surgi, à la suite du referendum qui a été fait parmi les cheminots.

Nous répondons d'avance que cette réponse, est nettement insuffisante, attendu que, dans les économats de chemins de fer, la situation est toute différente de ce qu'elle est dans les autres économats.

Dans les économats des chemins de fer, c'est le crédit d'un mois qui est accordé à tous les consommateurs. Vous êtes par conséquent infériorisés de ce côté là. C'est une question de mise au point.

Mais il existe d'autres économats patronaux installés par des firmes puissantes comme Japy, Saint Frères et autres.

Nous vous demandons ce que vous entendez faire.

Nous ne pouvons pas être de l'avis de M. Gallié, qui dit, au sein de la Confédération pour la défense du consommateur « qu'il ne faut pas mener une lutte contre les cartels et les trusts, mais que c'est plutôt dans l'entente que se trouve la solution du problème ».

Nous vous demandons au contraire de rompre l'entente, de mener le combat sur la base de la lutte dont parlait tout à l'heure un camarade : la lutte classe contre classe.

Le Président. — La parole est à Rolland.

Intervention de ROLLAND

Rolland. — Camarades, je voudrais...

Un Délégué. — Renégat !

Rolland. — La famille des renégats du Parti Communiste est grande ! Il y en a beaucoup d'autres et elle s'embellit chaque jour.

Le Président. — Camarades, je vous prie de faire silence.

Rolland. — Je voudrais intervenir...

Le Président. — Je vais être obligé de demander l'exclusion de ceux qui adressent des insultes à des camarades.

Un Délégué. — Il faudrait définir ce que tu entends par insultes.

Le Président. — S'il le faut, le Congrès le dira.

La parole est à Rolland.

Rolland. — Camarades, je voudrais intervenir ici, au nom de la Fédération du Centre, sur une question qu'un récent congrès de cette Fédération a jugé très importante, la question du pain.

D'abord, je voudrais vous faire part des constatations de propagande que nous avons faites, au cours de nos tournées, ces années dernières.

Lorsque nous nous trouvons dans un Conseil d'Administration de société de boulangerie coopérative qui n'est pas encore adhérente à la Fédération Nationale, nous montrons les avantages matériels et moraux que cet organisme présente, il y a toujours un ou deux camarades qui nous posent cette question : Nous comprenons fort bien, disent-ils, notre devoir de coopérateurs, du point de vue des idées, est de rejoindre la Fédération Nationale ; mais aussi bien comprenons-nous qu'une coopérative d'alimentation soit attirée par vos services commerciaux du M. D. G. et vos services financiers de la Banque, autant avons-nous de difficultés à voir les avantages immédiats que retirerait notre organisation de ces services. Vous nous demandez une cotisation qui n'est peut-être pas très élevée, mais qui viendra malgré tout majorer notre chiffre de frais généraux. Et que nous donnez-vous ? Si vous nous présentiez une organisation qui nous permettrait d'obtenir notre farine à meilleur compte, nous serions avec vous, non seulement de cœur, mais d'action et nous donnerions notre adhésion à la F. N. C. C.

Un Délégué. — Très bien !

Rolland. — C'est une constatation.

J'en ai fait encore une autre qui est la suivante. C'est que le problème du pain devient d'une acuité sans cesse grandissante à l'heure actuelle.

On a vu l'année dernière une récolte de grains très abondante, on n'a pas vu le prix du pain baisser dans les proportions qui auraient pu être espérées au regard de la récolte.

Tout dernièrement, le prix du pain a baissé ; mais les meuniers continuent à prélever les mêmes primes de mouture, et le prix du pain n'a pas sensiblement varié, depuis une année environ.

Devant ces deux questions, la difficulté de la propagande et l'acuité de la crise du pain, nous nous permettons, Fédération du Centre, de poser au Congrès cette double question : Est-ce qu'il n'est pas grand temps de diriger nos efforts de propagande vers la solution du problème du pain ? Quelle attitude le Conseil Central entend-il adopter pour résoudre ce problème, et quelles solutions coopératives entend-il nous proposer ?

A la Fédération du Centre, nous avons un certain nombre d'idées directrices. La première, c'est que le problème du pain ne peut être résolu que par l'organisation coopérative, car seule l'organisation coopérative est capable, vous le savez, d'affranchir le consommateur du profit capitaliste.

Deuxième idée directrice : Une boulangerie coopérative ne peut vraiment rendre de services que si elle est soutenue et alimentée par une meunerie coopérative.

Troisième principe : les meuneries coopératives elles-mêmes ne peuvent vivre d'une façon normale qu'à la condition d'être assurées d'un approvisionnement constant en grains de bonne qualité et à des prix leur permettant de vendre la farine à des cours normaux.

Par conséquent, nous arrivons ainsi à la nécessité d'une union entre les producteurs de grains et les consommateurs de pain.

C'est pourquoi nous insistons une fois de plus pour que la Fédération Nationale, par son Conseil Central, intervienne auprès des parlementaires en général et du Groupe Parlementaire de la Coopération en particulier pour activer le vote du projet de loi Chanal, dont on a beaucoup parlé et qui favoriserait les unions de producteurs et de consommateurs.

Comment appliquer ces principes ?

Evidemment, il semblerait commode de demander tout de suite un effort aux grosses sociétés, qui déjà d'ailleurs, font dans le domaine de la meunerie-boulangerie, ce qu'elles peuvent, tout au moins quelques-unes, dans le Nord.

Mais nous ne pensons pas, à la Fédération du Centre, que nous puissions demander un gros effort aux grandes sociétés de développement qui se sont orientées dans la voie de la consommation et qui ont fort à faire dans leur lutte contre les firmes à succursales multiples, et qui d'ailleurs ne disposeraient pas de capitaux suffisants pour créer des meuneries-boulangeries.

Que faire ? Nous pensons qu'il faut travailler avec ce qu'on a et qu'il faut aussi créer.

Il faut créer dans les villes des boulangeries industrielles qui, quoique nécessitant de gros capitaux et des études très sérieuses, le consommateur voulant recevoir son pain frais, et c'est une des difficultés de la réalisation, pourraient se développer dans de bonnes conditions.

Notre camarade Simonnet a mis sur pied un projet qui, avec l'aide financière de municipalités de son département et du Conseil général de l'Indre, pourra certainement rendre de grands services aux consommateurs.

Mais nous pensons qu'une expérience plus intéressante, plus facile aussi, pourrait être tentée dans des secteurs déterminés, secteurs de canton ou d'un groupe de cantons où existent déjà une densité de boulangeries coopératives assez forte comme dans les départements de l'Indre-et-Loire et du Cher par exemple.

On pourrait essayer, avec le concours financier des organisations coopératives de boulangerie, des organisations coopératives agricoles et des municipalités intéressées, de créer des meuneries coopératives.

Evidemment, il faut que ces meuneries coopératives soient assurées d'écouler leurs produits, car vous savez que la meunerie, pour être rémunératrice, doit fonctionner à plein rendement. Et nous avons pensé que les boulangeries coopératives appelées à bénéficier des avantages de la meunerie coopérative devraient souscrire des contrats d'achats totaux avec ces meuneries.

Je ne veux pas reprendre ce vieux thème qui consiste à dire que la fabrication du pain doit être rénovée et que les vieux moyens sont maintenant périmés. Nous sommes tous d'accord là-dessus : les moyens modernes de fabrication du pain sont beaucoup plus avantageux, nécessitent moins de main-d'œuvre et donnent un produit très supérieur.

Puis donc, et second stade, des boulangeries coopératives modernisées seraient adjointes à la meunerie coopérative et prendraient comme dépôts les boulangeries coopératives existant actuellement et créeraient de nouveaux dépôts dans les localités qui n'ont pas actuellement de boulangeries coopératives.

Et parallèlement à cette action, dans le même sens, création d'une Union des producteurs de grains, création de coopératives de production et union de ces coopératives avec la coopérative de meunerie-boulangerie.

Nous ne nous dissimulons pas les difficultés d'un semblable projet. Et nous posons la question : Pourquoi le Conseil Central ne prendrait-il pas l'initiative de la création d'un Office national du blé, de la farine et du pain, Office national qui comprendrait les représentants des consommateurs, en l'espèce la Fédération Nationale, les représentants des unions de producteurs et des coopératives agricoles, Office qui aurait un Conseil technique et qui aurait pour mission d'étudier la réalisation du plan que je viens de définir ?

Ainsi peut-être arriverions-nous à lutter plus efficacement contre les minotiers qui, la preuve n'est plus à faire, sont plutôt des spéculateurs et des agioteurs que des écraseurs de grains. Peut-être arriverions-nous aussi à atténuer un antagonisme qui existe entre producteurs et consommateurs, et je me permets à ce sujet de rappeler une phrase de Daudé-Bancel, dans un numéro récent de *l'Emancipation* :

> Si les producteurs de blé collaborent avec les consommateurs de pain, dont ils font eux-mêmes partie, les oppositions entre producteurs et consommateurs peuvent d'autant mieux s'estomper et la synthèse de leurs intérêts se réaliser, que la panification rationalisée laisse d'appréciables bénéfices.

C'est sur ces paroles que je termine, et je vous lirai simplement la résolution que je dépose sur le Bureau du Congrès, au nom de la Fédération du Centre :

> Le Congrès de la Fédération Régionale du Centre,
>
> Considérant que le problème du pain est primordial à l'heure actuelle, estimant que la coopération de boulangerie est le seul moyen de résoudre ce problème au mieux des intérêts des Coopérateurs;
>
> Considérant que la coopération de panification ne peut utilement rendre les services auxquels elle est en droit de prétendre que soutenue par une organisation coopérative de meunerie;

Considérant également que cette forme de production est liée à l'union des producteurs et à l'organisation de la production du blé,

Décide d'étudier, dans des secteurs désignés, la création de meuneries coopératives devant assurer l'alimentation en farine des boulangeries coopératives de ces secteurs,

D'étudier la possibilité d'adjoindre à ces meuneries des boulangeries de secteur destinées à rationaliser la production en prenant comme dépôts-succursales les magasins existants ou à créer;

Décide d'intervenir auprès du groupe parlementaire de la Coopération en particulier, et de tous les parlementaires en général, pour hâter le vote du projet Chaual favorisant les unions entre coopératives de production et celles de consommation;

Mandate le Conseil Central de prendre l'initiative de la création d'un *Office national du blé, de la farine et du pain*, composé des représentants de l'organisation centrale des consommateurs (F.N.C.C.), des représentants des coopératives agricoles et ceux des grandes associations de producteurs, office auquel serait adjoint, en qualité de Conseil technique, un représentant du « Progrès meunier » (société technique d'aménagement et d'étude de la meunerie-boulangerie) et dont le rôle sera la réalisation d'un programme coopératif résolvant le problème du pain.

Le Président. — La parole est à Paul Ramadier.

Discours de Paul RAMADIER

Ramadier. — Camarades, le Groupe parlementaire de la Coopération sera, je crois, représenté au cours de ces débats, par notre ami Frédéric Brunet, qui n'a pas pu venir ce matin mais qui certainement viendra apporter, au nom de tout le Groupe, son salut à la Fédération Nationale.

C'est cependant du Groupe parlementaire que je voudrais vous parler et des questions que, d'accord avec la Fédération, il a examiné et essayé de résoudre.

C'est en premier lieu la question du fonds de dotation des coopératives, et, en second lieu, celle de la loi fondamentale sur la coopération. Tout à l'heure, en écoutant l'un des orateurs qui m'ont précédé, j'entendais les légitimes doléances sur la lenteur avec laquelle sont attribuées les fonds de l'Etat aux coopératives qui les ont demandés.

On a cherché dans ce retard des desseins ténébreux et je ne sais quelles explications qui tiennent un peu de la politique et un peu du roman à la Rocambole.

En réalité, les choses sont beaucoup plus simples. Il y a deux raisons de retard. Il y a tout d'abord une raison à laquelle je crois que tous nos efforts ne pourront pas grand chose, c'est cette espèce de lenteur méthodique que l'administration apporte à l'examen des dossiers. La procédure assez simple dans le texte de la loi, est devenue très compliquée entre les mains de l'administration et, depuis la délibération de la Commission spéciale, l'avis du Préfet, l'acceptation par le Ministère des Finances, la décision ministérielle, le versement à la banque, la garantie demandée et prise, jusqu'au jour bienheureux mais éloigné où la malheureuse coopérative touche enfin l'avance, il s'écoule des mois et des mois. Quels que soient nos efforts, quelles que soient nos tentatives, je crois qu'il en sera ainsi pendant longtemps encore.

Mais, à ces causes pour ainsi dire naturelles qui tiennent à la complexité de l'administration, il s'en ajoute une autre, c'est le manque de fonds, et celle-là est, on l'avouera tout à fait impérieuse.

Les demandes des coopératives absorbent chaque année, à peu près la moitié des sommes qui constituent le fonds de dotation ; et comme les prêts sont faits en moyenne pour cinq ans, il y a chaque année un nombre croissant de sociétés qui, ne pouvant pas obtenir satisfaction, se trouvent reportées à l'année suivante. Ainsi, pour un temps de plus en plus long, le fonds d'avances se trouve hypothéqué.

Il n'y a qu'un moyen d'en sortir, c'est d'obtenir l'augmentation du fonds. Nous l'avons demandé et de multiples manières ; la Fédération en a saisi les différents ministres, la Commission des Crédits a émis des vœux, le Groupe parlementaire a porté la question à la Chambre. Tout cela nous a permis de recueillir de la bouche fleurie du Ministre des Finances, beaucoup de compliments et beaucoup d'éloges ; on a vanté l'exactitude avec laquelle les coopératives de consommation remboursaient les avances qui leur avaient été faites ; on a vanté la manière dont le fonds était géré et les résultats heureux des initiatives prises par les coopératives ; on a ajouté que cela certes méritait considération et que l'on n'écartait pas une solution avantageuse.

Mais, hélas, les Ministres des Finances se sont succédés, les promesses à chaque changement de ministre ont, pour ainsi dire, refleuri, mais ces printemps successifs n'ont point donné de fruit et nous n'avons pu jusqu'alors recueillir aucune proposition formelle ni aucun versement nouveau au fonds de dotation.

Il semble cependant que le Ministère des Finances ait arrêté un projet qui consisterait à approvisionner le fonds de dotation des coopératives à l'aide d'une avance qui serait consentie par la Caisse des Dépôts et Consignations. Une partie de l'intérêt de la Caisse des Dépôts et Consignations, serait prise en charge par le budget et le reste, réduit à 2 %, serait mis à la charge des coopératives.

Mais encore une fois il ne s'agit que d'un projet qui se trouve encore enfermé dans les cartons du Ministère et qui n'a été revêtu jusqu'à présent de la signature d'aucun ministre.

Je pense qu'il serait bon que le Congrès soulignât l'importance qu'il attache à cette question. On a entendu tout à l'heure les réclamations d'une société. Je suis convaincu que, si chacun apportait ici ses doléances, ce seraient des dizaines de sociétés qui viendraient citer l'exemple de leurs demandes.

Il serait bon que le Congrès, saisi de toutes ces réclamations explicites ou implicites, mît son Conseil Central en présence d'un vœu et chargeât en même temps le Groupe parlementaire de mener l'action nécessaire en vue d'aboutir.

Je voudrais maintenant vous parler encore d'une autre question qui malheureusement revient périodiquement à nos Congrès, sans que nous puissions d'une année à l'autre marquer quelque progrès nouveau. C'est celle de la loi sur la Coopération.

L'accord entre nous a été rapidement fait et on peut dire que les textes qui ont été préparés donnent une satisfaction entière aux diverses tendances du Mouvement coopératif de Consommation.

Le texte a été déposé par le Groupe parlementaire sous la signature de notre Président Frédéric Brunet. Mais hélas, une fois la proposition déposée, nous nous sommes heurtés à une sorte d'opposition mal définie venant de la part du Gouvernement.

Oh ! ce n'est pas que le Ministre du Travail par exemple ait fait une objection quelconque ; mais on préféra, au lieu d'inscrire à l'ordre du jour et de discuter une proposition d'initiative parlementaire, demander au Gouvernement de prendre de son côté l'initiative du projet. Seulement, la coopération a ce mérite et cet inconvénient d'intéresser un grand nombre de ministres. Elle n'intéresse pas seulement le Ministre du Travail qui a dans ses attributions la Coopération de Consommation, la Coopération ouvrière et la Coopération artisanale ; il n'y a pour ainsi dire pas de ministère, où, dans un coin quelconque des bureaux, il n'y ait quelque fonctionnaire dont la spécialité ne soit coopérative. Ici, ce sont les coopératives agricoles ; ailleurs, ce sont les coopératives maritimes ; dans un troisième ministère, ce sont les coopératives de crédit populaire ; et puis, voici le sous-secrétariat d'Alsace-Lorraine, qui lui aussi, se trouve intéressé. Et à chaque Gouvernement nouveau que l'on forme, il semble que l'on s'efforce en même temps de créer de nouveaux compartiments coopératifs et de nouveaux départements ministériels qui ont à s'occuper de nous. C'est le Sous-Secrétariat à l'Economie Nationale, c'est le Ministère du Budget. Et chacun fait, avec son point de vue, selon son bon plaisir, ses observations, tantôt sur un mot, tantôt sur une virgule, tantôt sur un point d'exclamation, de telle sorte que l'unanimité ministérielle, pour vouloir être trop complète, n'arrive jamais à se réaliser.

Nous avons eu l'an dernier une première réunion où se trouvaient, du moins nous l'espérions, des délégués de toutes les administrations qui avaient à s'occuper de l'affaire. C'était au Conseil Supérieur de la Coopération. Nous avons établi un texte qui n'était qu'une fraction de la proposition générale que nous avions déposée, mais qui pouvait constituer — étant conforme dans ses principes et dans sa rédaction, à l'esprit même et aux détails de notre propre proposition — qui pouvait constituer un commencement fort honorable.

Malheureusement, la session de 1929 du Conseil Supérieur était à peine terminée que de nouvelles observations étaient présentées par des administrations que l'on ignorait jusque là. Et comme par hasard, c'étaient toujours les mêmes.

Parfois, il s'agissait de certaines coopératives qui ne voulaient pas de la vente au public et qui demandaient que l'on introduisit dans le texte une disposition formelle excluant de la coopération toute société faisant avec le public des opérations quelles qu'elles fussent. Les coopératives agricoles et certaines formes de la coopération commerciale furent particulièrement actives à cet égard.

La raison en est simple. C'est que ces sociétés ont une activité d'ordre professionnel. Elles n'ont pas seulement pour objet de créer une entreprise coopérative, mais, sous la forme coopérative, de faciliter l'exercice d'une profession.

Or, si l'on admet par exemple une coopérative agricole, non seulement à traiter les récoltes de ses membres, mais aussi à acheter les récoltes des tiers pour les traiter, il n'y a plus véritablement entre cette organisation coopérative agricole et une organisation purement commerciale de différence appréciable, et le caractère agricole de la société disparait complètement.

Aussi fallut-il trouver un moyen de répondre à cette objection qui paraissait légitime. L'on a inscrit dans la loi un texte qui tout en ne maintenant dans la loi sur la coopération générale que les règles admises par tous, laissent subsister pour chaque forme particulière de la coopération la législation spéciale déjà votée. Et comme la loi de 1920 interdit aux coopératives agricoles les opérations que je viens de définir, les coopératives commerciales qui ont une ambition analogue espèrent obtenir bientôt du Parlement un texte qui leur soit spécial. Cette méthode, en laissant à tous la liberté, limitait cependant le champ d'activité de chacun à ce qui est proprement son domaine.

Sur un autre point, il fallut faire une concession que, pour ma part, je considère comme infiniment regrettable. C'est un principe auquel nous tenons beaucoup que celui du vote par tête à l'intérieur de la coopérative. Tous les coopérateurs sont égaux, tous les coopérateurs ont les mêmes droits quelle que soit la souscription qu'ils ont pu faire dans le capital social et quel que soit l'intérêt que chacun puisse avoir dans la société.

Là encore nous nous sommes trouvés en présence de coopératives qui, dans la pratique, ne suivent pas cette règle égalitaire. Ce sont tout particulièrement les coopératives agricoles, certaines coopératives agricoles ont dans leur sein des coopérateurs apportant à la société de très faibles récoltes et d'autres coopérateurs qui utilisent les services sociaux pour traiter des récoltes très importantes.

On a dit : Si l'on permet, dans les coopératives viticoles par exemple, que celui qui n'apporte que quelques quintaux de raisin ait la même influence que celui qui apporte des tonnes, on risque de faire prévaloir des intérêts secondaires sur des intérêts essentiels.

D'autres coopératives ont formulé, en indiquant des raisons pratiques et des expériences assez fâcheuses, une objection analogue. Ce sont les banques populaires. On a dit : Certaines banques populaires se sont constituées, groupant de petits commerçants qui tous venaient chercher du crédit, mais dont aucun n'apportait d'argent. Evidemment, ils étaient très larges pour l'octroi des crédits, d'autant plus larges qu'en bénéficiant toujours ils n'en faisaient pas les frais. On est ainsi arrivé, par une tolérance excessive, par des engagements imprudents à mettre certaines banques populaires dans une situation fâcheuse et on a dû, pour les renflouer, placer à leur tête des administrateurs pondérés qui rappellent aux sociétaires que, pour pouvoir prêter de l'argent, il est tout de même nécessaire d'en avoir.

On a même dû donner à ces éléments pondérateurs, un vote supérieur, en leur faisant souscrire un plus grand nombre d'actions et en proportionnant leur droit de vote aux actions souscrites.

Dr Fauquet. — Ce ne sont plus des coopérateurs.

Ramadier. — Cette constatation que fait Fauquet est extrêmement importante et nous l'avons adressée aux banques populaires. Lorsqu'on en arrive à cela c'est qu'il n'y a pas dans la société d'esprit coopératif. Lorsqu'une coopérative de crédit est formée d'emprunteurs qui viennent retirer de l'argent sans en apporter jamais, le groupement est privé de cette volonté de collaboration qui est à la base même de la coopération et sans quoi la coopération n'existe pas. Et lorsqu'on est obligé de mettre auprès d'eux des manières de gendarmes ou du moins de les placer sous la tutelle de capitalistes, le groupement peut peut-être continuer à exercer une certaine action philantropique, mais l'idée coopérative et l'esprit coopératif sont absents de la maison où s'instituent de telles pratiques.

Mais enfin, ces objections n'étaient pas faites seulement par des organisations, elles étaient formulées par les porte-paroles des ministres, et il était difficile, si l'on voulait aboutir, de ne point en tenir compte.

C'est pourquoi nous avons dû accepter un texte qui continue à poser le principe de la limitation des voix, mais avec plus de souplesse et malheureusement, je le dis comme je le pense, avec trop de souplesse. On pourra accorder à certains actionnaires un droit de vote proportionnel à leurs actions, pourvu que ce droit de vote ainsi attribué ne dépasse pas le vingtième des voix exprimées ou pouvant s'exprimer à l'Assemblée générale.

Bien entendu, nous n'avons pas voulu que cette règle qui règlera seule le crédit populaire et le crédit agricole, fût appliquée sans réserves à la coopération de consommation. Nous avons eu recours au détour dont les coopérateurs agricoles avaient usé lorsqu'il s'était agi des opérations avec des tiers. Nous avons en effet demandé et obtenu que les règles particulières de la législation spéciale subsistent et que, dans notre loi de 1917, le principe du vote par tête se trouvant inscrit, la règle admise dans le texte général ne s'appliquât point aux coopératives de consommation. Ce sera donc toujours le principe de l'égalité du vote, le principe du vote par tête qui continuera à s'appliquer à nos sociétés.

Il a fallu aussi régler les difficultés diverses qui se sont présentées. Parfois le texte s'est trouvé amélioré; mais, le plus souvent on n'en a pas tiré grand avantage, sinon celui de pouvoir réunir un peu plus de consentements autour d'un texte qui, au début, soulevait beaucoup d'objections.

Nous croyions, après cette seconde session du Conseil Supérieur, au mois de janvier 1930, être parvenus au terme de nos difficultés, et qu'enfin le gouvernement, tous les ministres étant d'accord, accepterait le projet et en saisirait soit la Chambre, soit le Sénat.

Au moment où toutes les signatures ministérielles se trouvaient réunies, où il semblait qu'il n'en manquait plus une, voilà qu'on s'est avisé de créer un ministère du Budget. Et le ministère du Budget, pour révéler son existence et pour montrer son utilité, nous a adressé une lettre contenant des objections. Elles ne sont pas très graves, elles ne sont pas très sérieuses. Je crois que si le ministère du Budget veut prêter quelque attention au problème, il réduira ses objections. Mais le malheur, c'est que tout de même elles existent, et que même si le ministre du Budget les retire, il n'est pas certain que les administrations qui ont rédigé les observations soient également convaincues, et si le ministre vient à disparaître, les administrations feront surgir, sous une nouvelle forme, les objections que nous aurons un instant écartées.

Il y a quelque chose d'un peu décevant, d'un peu déconcertant à ce travail qu'il nous faut sans cesse recommencer pour se heurter toujours aux mêmes objections, qui renaissent d'un côté après avoir été aplanies de l'autre.

Peut-être serait-il bon, là aussi, que le Congrès marquât quelque impatience et quelque volonté d'aboutir. Nous nous trouvons en face de difficultés infimes, mais qui, par leur accumulation, sont suffisantes pour nous arrêter. Frappons donc un peu du poing sur la table; disons que cette loi est nécessaire, qu'il faut protéger le titre coopératif et qu'au fur et à mesure que l'on avance, cette protection devient de plus en plus nécessaire.

Car il y a, aujourd'hui, en ce qui concerne la coopération de consommation, des abus du titre coopératif plus fréquents que jamais. Les sociétés à succursales multiples se sont inspirées de toutes les formes coopératives, non point pour les pratiquer, mais pour les imiter faussement, pour en donner l'illusion. Elles n'hésitent pas, dans leur publicité, à se donner comme pratiquant ce qu'elles appelles « la bonne coopération ».

Protestons. Disons qu'il faut que la Coopération soit protégée contre cette concurrence déloyale et peut-être obtiendrons-nous que les objections ministérielles, malgré la succession des ministères, se fassent un peu moins nombreuses et qu'enfin on songe moins à apporter son mot dans la discussion qu'à faire aboutir la réforme.

Telles sont les observations que je tenais à vous soumettre. Le Groupe parlementaire s'est occupé de ces deux questions. Il a été saisi aussi d'un certain nombre d'autres, notamment de cette question qui a été évoquée par un de nos camarades de la région du Centre, la loi Chanal.

Je puis bien dire qu'il est arrivé à la loi Chanal à peu près ce qui nous arrive pour la loi sur la Coopération.

Voilà une loi qui n'a rencontré qu'approbations et que louanges, que le Sénat semblait disposé à accepter sans discussion; mais il y a eu en sourdine, de la part du ministère des Finances, quelques observations, et depuis 1924 la loi Chanal se trouve dans les cartons du Sénat sans aboutir et sans qu'on puisse espérer son aboutissement prochain.

Je le répète encore une fois, il faut que le Congrès fasse preuve de la volonté d'aboutir, de la volonté d'obtenir enfin un texte. Nous voudrions que la Coopération pût arracher ces projets à la procédure paralysante que l'administration prolonge à loisir.

Le Congrès doit voter un texte qui exprime fortement sa décision d'aboutir.

GÉRARD. — C'est très gentil de nous parler toujours du Groupe Parlementaire. En dehors de toutes les conceptions politiques ou philosophiques, nous savons qu'il y a dans le Groupe Parlementaire un certain nombre de membres; mais chaque fois que vous venez nous exposer les questions, nous constatons qu'aucun résultat n'est apporté.

Nous demandons que les sociétés fassent, chacune sur leurs parlementaires, la pression nécessaire.

RAMADIER. — Le Comité Central va se saisir de la question.

Rapport de la Commission de Vérification des Mandats

VEYRAC, *secrétaire de la Commission de vérification des mandats.* — Camarades, la Commission a procédé à la vérification des mandats. Il résulte de son travail que dix-huit fédérations sont représentées, avec 1.415 sociétés et 6.742 mandats.

Aucune contestation n'est parvenue à la Commission, qui propose au Congrès la validation de tous les mandats.

LE PRÉSIDENT. — Le Congrès accepte le rapport de la Commission.

Je donne la parole à notre ami Simiand, qui assure, ainsi que vous le savez, la direction de notre Ecole Technique pour le personnel coopératif.

Discours de F. SIMIAND

Chers Coopérateurs, je pourrais condenser en quelques mots ce que j'ai à apporter au Congrès comme directeur de l'École Technique pour le personnel coopératif, en disant que je suis venu ici avec de la joie, avec de l'ambition et avec de l'espoir.

Avec *de la joie,* car les diverses branches qui ont été abordées par l'Ecole Technique nous ont donné — je crois pouvoir le dire sans fausse modestie, et vous allez voir pourquoi — des résultats pleinement satisfaisants et en progrès sensible sur ceux des exercices antérieurs.

D'abord, notre cours supérieur a pu encore se développer par les matières que nous avons adjointes à notre programme des années précédentes et a pu assurer davantage l'efficacité de ces enseignements, grâce à la qualité et surtout à l'homogénéité meilleure des élèves qui y ont participé, et, je n'ai pas besoin de dire, grâce au concours toujours de plus en plus dévoué, soit des professeurs spéciaux, soit de nos amis qui assurent les enseignements fondamentaux : le droit coopératif, notre ami Ramadier; l'organisation commerciale, notre ami Vaxelaire; les principes et les idées directrices de la Coopération et son histoire, nos amis Poisson, Fauquet et Gaumont. Je crois que nos jeunes gens ont pu repartir à la fois avec un acquis technique et avec la foi coopérative qui doit l'animer dans l'application.

D'autre part, l'année dont j'ai à rendre compte nous a permis de réaliser ce qui était dès le début dans notre plan d'ensemble, c'est-à-dire des cours préparatoires, en avant du cours supérieur d'abord mis en train. Pour ces cours, le cadre, l'enseignement, le recrutement sont organisés dans diverses régions de la France, et là nous n'avons eu qu'à laisser s'exercer les initiatives et les facultés de réalisation, dans le Nord, et doublement de notre ami Prache, dans l'Est, de notre ami Bugnon, à Paris de notre ami Gourdon, dans l'Ouest, de notre ami Lermier, dans le Sud-Ouest, de notre ami Roumajon.

Bien que nous n'ayons pas encore entièrement concentré les résultats de ces expériences diverses, je peux cependant déjà dire qu'elles nous montrent la voie où nous pouvons avancer et dans laquelle nous devons aboutir rapidement à des satisfactions intéressantes.

En même temps, nous avons effectué aussi, pour une part, une des extensions envisagées, avec un essai d'Ecole de gérants qui pourra être suivi d'autres essais encore concernant des formations plus spéciales.

Nous avons repris aussi ces Journées techniques destinées aux directeurs de sociétés et aux chefs de service, celles de février dernier ont été liées au grand effort d'enseignement et de documentation du salon ménager; elles ont montré de nouveau que c'était là une voie féconde d'action à laquelle notre école servait tout naturellement de centre d'organisation et de cadre de réalisation et d'extension possibles.

Tels sont les résultats dont je puis faire état et qui marquent dès maintenant que nous pouvons aller plus loin. Ce sont des résultats acquis par une collaboration dans le cadre de notre mouvement, et voilà pourquoi je pouvais faire ce compte rendu en des termes qui, au premier abord, peuvent sembler peu modestes.

C'est que — et c'est un des plaisir que l'on éprouve à travailler dans le cadre de la Coopération — dès que l'on y commence quelque œuvre, cette œuvre est immédiatement reprise, augmentée, multipliée par nombre d'initiatives et donne des résultats collectifs tels que ceux auxquels dès maintenant nous voyons aboutir l'école.

Et donc, sur ce que nous avons atteint dans ces premières réalisations, nous pouvons, comme je le disais, fonder *de l'ambition;* nous pouvons concevoir et mettre en pratique, le plus tôt possible, une extension de ces enseignements à la fois en profondeur et en largeur.

Regardez autour de vous. Dans toutes les industries, dans tous les commerces, commerce de gros, commerce de détail, il se manifeste en France et dans tous les pays, un effort considérable pour apprendre les métiers, pour enseigner tout ce qui peut être enseigné des techniques diverses qui correspondent à chaque sorte de collaboration impliquée dans une entreprise industrielle ou commerciale. Si un tel effort est ainsi largement soutenu à l'heure actuelle, il y a sans doute quelque raison. L'économiste que je suis à mes heures ne pourrait guère vous annoncer que dans les mois ou dans les années qui vont suivre, les affaires sont destinées à devenir plus faciles. Notre président, ce matin, nous indiquait nettement un des signes avant-coureurs des périodes difficiles.

En face de prévisions de cet ordre, que faut-il faire ? Nous avons vu tellement d'uniformes marins depuis hier dans cette ville de Tours, que je puis bien prendre une comparaison dans la conduite des bateaux. Le marin qui voit venir le grain, qui doit lutter contre le vent contraire, trouve tout de même dans sa technique de marin, s'il est bon marin, les moyens de suivre sa route et d'arriver à bon port, alors que le mauvais marin s'égarera ou fera naufrage. Cette technique sera d'autant plus complexe qu'elle s'appliquera non pas à de petites embarcations mais à des navires importants. Or, nous pouvons bien dire que dès maintenant la Coopération est un navire de haut bord. La comparaison, vous le voyez, me ramène tout de suite à la nécessité croissante d'un enseignement de toutes les techniques, dont les grandes sociétés ont besoin, même depuis les plus modestes mais indispensables, jusqu'aux plus élevées, jusqu'à celles de la conduite des services et de la direction. Cet effort, il faut le donner aujourd'hui, de façon immédiate, de façon pressante.

Et, maintenant, laissez-moi avoir *de l'espoir* qu'il pourra aboutir; car il pourra aboutir grâce à vous. Il faut d'abord que les cours préparatoires qui vous donneront des collaborateurs moyens, capables de suivre vos directions et vous aider dans votre action quotidienne, puissent augmenter encore. Avec l'expérience que nous venons de faire, nous pourrons établir une sorte de programme-type de cadre commun qui n'aurait qu'à être adapté à vos besoins spéciaux dans les diverses régions, mais qui serait tout prêt à vous fournir des possibilités de réalisation immédiates et effectives.

Il faut aussi que tous vous nous aidiez à avoir des élèves, de bons élèves, soit pour ces cours préparatoires, soit pour le cours supérieur. Je sais que c'est beaucoup demander, que souvent c'est vous priver de collaborateurs qui sont précieux. Mais ce sacrifice sera largement payé par le résultat que vous obtiendrez par la suite.

Donc, vous aiderez efficacement notre école, je veux l'espérer, en créant ces centres locaux autant que le besoin s'en fera sentir et en aidant partout au recrutement des élèves.

Mais vous l'aiderez aussi en vous intéressant à son budget pour l'ensemble de ces diverses actions. Les hommes de réalisation que vous êtes au service d'un idéal savent bien tous que pour qu'un idéal entre dans la réalité, il faut qu'il soit appuyé sur ces bases économiques suffisantes.

Ce serait plutôt notre ami Yung qui pourrait vous donner un commentaire précis sur cette matière. Je puis cependant indiquer d'un mot que ce budget nous laisse un déficit, malgré qu'un nombre important de nos associations aient déjà affecté à l'École Technique la part de sa contribution pour l'apprentissage dont elles peuvent disposer. Néanmoins, cela n'est pas encore suffisant; nous sommes encore bien loin d'équilibrer recettes et dépenses dès maintenant, et moins encore si nous envisageons les extensions dont je viens de vous parler.

Lorsque mon ami Yung et moi avons été convoqués devant la Commission supérieure qui contrôle l'affectation des taxes d'apprentissage et éventuellement celle des subventions sur crédits de l'enseignement technique, un membre de la commission qui connaissait le développement de notre mouvement, nous a aussitôt objecté que si toutes les sociétés coopératives avaient attribué à l'école la quotité de taxe dont elles peuvent disposer, notre budget serait non seulement en équilibre mais aurait un excédent. Nous n'avons pu qu'enregistrer le fait : mais il indique, vous le voyez, que la solution est entre nous.

Nous avons la confiance que vous entendrez notre appel. Notez que lorsque des sollicitations s'adressent à vous, c'est d'ordinaire pour demander un prélèvement nouveau sur vos ressources. Ici, nous demandons beaucoup moins. Ces contributions dont nous parlons vous les payez; nous vous demandons simplement de changer l'orientation d'envoi de votre versement, ce qui dépend uniquement de vous. Au lieu que ces attributions aillent dans le budget général de l'Enseignement technique — dont je suis bien loin de dire qu'il soit sans utilité — mais la Coopération peut songer légitimement à ses propres besoins, nous vous demandons simplement d'indiquer votre volonté que cette partie dont vous disposez aille spécialement à l'Ecole Technique pour le personnel coopératif.

J'ai brièvement rappelé et nous avons fait dès maintenant reconnaître à cette commission — et notre comparution n'a pas été inutile à cet égard — qu'il existe bien une technique de la Coopération, qui se différencie légitimement de la technique, non seulement des techniques de l'industrie mais de celles du commerce ordinaire et qui ajoute aux enseignements professionnels communs ou analogues cette participation à l'idéal coopératif qui est la raison d'être de notre Mouvement et des efforts qui y sont consacrés.

Eh bien, si vous êtes bien pénétrés de cette idée que l'Ecole Technique peut servir au développement de nos sociétés, que ce qu'elle peut faire est demandé par les circonstances économiques du jour et peut-être encore davantage par celles de demain, vous devez nous donner votre aide sous cette triple forme : extension, recrutement, subsides. Nous serons ainsi grandement encouragé dans l'effort que nous avons entrepris et que nous ne demandons qu'à poursuivre.

J'exprime donc l'espoir que ce qui est dès maintenant en la dépendance entière de votre action, vous le ferez passer dans la sphère des réalités effectives, non seulement pour le bien de notre école, mais, j'ose le dire, pour le bien de la Coopération tout entière.

Un Délégué. — Il est un point que vous n'avez pas traité; c'est celui qui consiste à garantir un emploi à l'élève qui a suivi vos cours. Il y a dans notre département un jeune garçon qui a passé l'examen de sortie dans d'assez bonnes conditions et qui n'a pu obtenir d'emploi. Si le fait se multiplie, nous risquons de voir nos élèves aller chez l'adversaire.

Simiand. — Je vous remercie, mon cher Collègue, de cette indication qui va servir à préciser quel peut-être le cadre de l'école, et vous voyez que j'élargis moi-même ma réponse.

Je ne crois pas qu'il existe une seule école, même depuis longtemps établie, même liée à des organisations professionnelles patronales, qui garantisse pour le lendemain de la sortie (même avec succès) de ses cours un poste non pas quelconque, et c'est sur ce point que je me permettrai d'ajouter une indication à ce que vous avez dit, mais un poste qui réponde entièrement et tout de suite à tout ce que demande le candidat.

Dans le cas d'espèce auquel vous faites allusion, un poste a été offert à cet élève. Les postes que nous pouvons signaler présentent bien entendu des avantages et des inconvénients, ils peuvent comporter des conditions de traitement, de résidence ou d'affectation à tel ou tel service qui ne correspondait pas exactement, du premier jour, à ce que le candidat peut envisager légitimement comme le cadre durable et définitif de son action.

Pensez-vous cependant qu'il soit sans mérite d'avoir déjà pu, pour un ensemble de jeunes gens venus des quatre points de la France avec des préparations fort diverses et après quelques mois d'un entraînement intensif mais tout de même assez limité de temps, faire, dans notre cadre coopératif, à chacun des élèves sortants, une offre positive, effective et acceptable, sous les réserves que je viens d'indiquer, pour des emplois suffisamment rémunérateurs ?

Bien entendu, il entre dans notre ambition d'arriver à une adaptation de plus en plus exacte. Mais c'est là que je retrouve un rôle possible pour les sociétés des diverses régions. Ce n'est pas du centre que l'on peut, du jour au lendemain, trouver des affectations *optima* pour chacun des candidats. Si tous vous ne vous aidez pas à trouver ces affectations dans le cadre qui peut convenir, pour des raisons soit personnelles, soit générales, à tel ou tel de nos élèves il nous sera bien plus difficile d'obtenir tout de suite, par nous même, ce résultat.

Ce que nous pouvons garantir, c'est que nous faisons les plus grands efforts pour centraliser toutes les informations qui nous viendront, et pour adapter au mieux, toutes les offres et les demandes d'emploi que nous ne demandons qu'à satisfaire,

Mais, là encore, je vous dirai : aidez-nous. Si vous nous aidez, et pleinement, la tâche que vous envisagez pourra être remplie de mieux en mieux. Croyez bien, en tout cas que notre effort est très nettement dirigé vers une utilisation aussi complète, aussi adaptée que possible aux spécialités de la formation, comme aux aptitudes et aux aspirations des élèves et que notre secrétariat central s'efforcera de plus en plus de satisfaire à la fois et les sociétés et les élèves.

Le Président. — Je donne la parole à E. Bugnon, président de l'Office Central de la Coopération à l'Ecole.

Discours de E. BUGNON

Le manifeste des Universitaires, paru en 1921 dans le premier numéro de la *Revue des Etudes Coopératives*, les résolutions des Congrès de Marseille en 1922, de Bordeaux en 1923, les vœux présentés à la Semaine Parlementaire de la Coopération en 1925, ont tracé notre programme d'enseignement :

1° Indiquer aux maîtres ce qu'il convient d'enseigner et leur fournir la documentation nécessaire ;

2° Obtenir quelques leçons dans chaque école ;

3° Entraîner les élèves par des récompenses et en particulier par des bourses de voyage; les grouper, une fois sortis de l'école pour leur permettre de devenir des militants ou des techniciens de la Coopération;

4° Encourager les Coopératives scolaires, les rassembler dans une organisation susceptible d'assurer, par des services communs, l'initiation coopérative des enfants et des adolescents;

5° Rechercher les crédits qui pourront être consacrés à ces services d'enseignement et d'éducation.

Les progrès des sociétés coopératives comme ceux de leurs organisations centrales, résultent de la solidarité dans les apports de capitaux, de la fidélité dans les achats, de l'honnêteté dans la gestion et du désintéressement des sociétaires dans la répartition des bénéfices.

Or, sur chacun de ces points, les moyens techniques de la Coopération ne sont pas supérieurs aux moyens techniques du commerce privé; la grande supériorité du Mouvement coopératif réside dans ses forces morales stimulées par la propagande et entretenues par les œuvres sociales.

Mais la propagande ne touche souvent que les convaincus, son action est passagère, elle doit de plus en plus s'entourer de distractions : fêtes, bals, cinémas, qui en réduisent la puissance de pénétration spirituelle. Quant aux œuvres sociales, malgré leur rayonnement si apprécié, elles n'atteignent pas non plus les grandes masses populaires, et ne font connaître qu'une des faces de la Coopération, sa générosité.

A la propagande et aux œuvres sociales, il est nécessaire d'associer l'enseignement. C'est à l'école seulement que l'idéal coopératif peut s'imprimer dans toutes les intelligences; l'enfant et l'adolescent sont plus sensibles que l'adulte aux raisons désintéressées et aux préoccupations d'avenir qui font la grandeur de la Coopération.

Lorsque le Danemark a voulu, il y a une cinquantaine d'années, pour des raisons essentielles de vie, orienter sa production vers l'élevage, sur la base d'une culture intensive de la terre et de l'exportation de ses produits agricoles, c'est par l'école qu'il a, en très peu de temps, réalisé cette transformation. Les publications officielles danoises l'ont souligné en des termes qu'un congrès de coopérateurs français doit connaître et applaudir; un livre largement répandu en 1920 par le Ministère des Affaires Etrangères et le Département des Statistiques du Danemark porte : « Les écoles ont joué un rôle extrêmement important dans l'amélioration de la situation économique en répandant les méthodes perfectionnées d'agriculture et surtout en propageant le Mouvement coopératif ». Le développement constant du Mouvement coopératif de production agricole et de consommation dans les campagnes « n'aurait guère été possible sans le système d'instruction primaire créé de longue date et bien développé ».

La meilleure des propagandes est donc l'enseignement, nos meilleurs propagandistes seront des instituteurs, les professeurs et les élèves mêmes de toutes les écoles.

Mais il faut, comme le disent les Danois, créer le système d'instruction et le bien développer.

D'abord, que faut-il enseigner? Depuis bientôt dix ans que nous avons en plus du cours de M. Charles Gide au Collège de France, entendu des centaines de leçons en presque toutes nos Facultés de droit, dans la plupart de nos grandes écoles, dans un très grand nombre d'établissements secondaires, primaires et techniques; depuis dix ans que nous avons vu paraître des livres et des brochures signés des plus illustres professeurs, comme des maîtres les plus modestes, et même déjà de nos étudiants devenus à leur tour des maîtres, nous savons ce qu'il faut présenter dans chaque classe pour faire comprendre et aimer la Coopération.

Trois leçons suffisent : l'histoire du Mouvement coopératif, les principes et les formes de la Coopération, les coopératives scolaires.

La première est considérée comme le dernier chapitre de l'histoire de la civilisation : les maîtres ont précédemment montré comment l'humanité marche d'une façon continue vers plus de bien-être, plus de justice et plus de solidarité ; ils ont analysé les organisations successives des faibles pour résister à l'exploitation des forts et s'en libérer ; ils ont traité de l'esclavage, du servage et du salariat ; ils sont naturellement arrivés aux créations coopératives de ce siècle pour en marquer l'originalité et la valeur.

A chaque leçon sur l'histoire de la Coopération, j'ai toujours trouvé les élèves frémissant d'apprendre que dans notre société républicaine la loi de 1867 réservait à la fortune le droit au commandement et aux bénéfices ; je les ai vus s'épanouir en étudiant les révélations de Rochdale et les efforts accomplis depuis bientôt cent ans pour les mettre en pratique : l'égalité consacrée par la loi coopérative, l'affranchissement de l'humanité à l'égard du capital réalisé par la propriété commune des réserves, le droit à la solidarité inscrit dans la répartition annuelle des bénéfices, l'instruction et l'éducation affirmées comme la source de tous progrès et assurées par « la règle d'or ».

La deuxième leçon explique les principes ; bien retenue, elle pourra dispenser nos propagandistes de répéter cent fois la même chose sur l'intérêt au capital, la ristourne, la vente au prix normal, les œuvres sociales, etc..., etc...

En faisant connaître les diverses formes d'action coopérative, cette leçon laisse les élèves sous l'impression d'un mouvement universel et irrésistible.

La troisième leçon est toujours attentivement suivie : elle révèle aux enfants et aux adolescents comme ils peuvent, dès maintenant, agir dans le sens de la coopération pour être collectivement plus riches, plus libres, plus généreux, plus heureux. On la termine avec l'histoire du berceau acheté par les cotisations d'une coopérative de jeunes filles, orné par leur travail commun et remis à une famille où va naître un enfant, puis repris, orné de nouveau et revenant dans une autre famille pour porter à une nouvelle naissance le salut coopératif.

Et voilà notre enseignement complet : histoire de la civilisation contemporaine sous la forme la plus heureuse, principes de la vie universelle orientée vers la justice, activités libres et généreuses de l'école ; cela suffit pour éveiller l'âme coopérative chez l'enfant.

Elle s'enrichira d'elle-même plus tard.

On sait que nous avons commencé à Nancy en 1922 par un cours à la Faculté de Droit, cours publié et répandu dans les différentes écoles de l'Académie et suivi de bourses de voyages d'études pour les meilleurs élèves. Le succès de ce cours a provoqué la création de la *Commission Nationale pour l'Enseignement de la Coopération*, réunie pour la première fois le 10 février 1923.

Sur l'initiative de cette Commission, des leçons ont été données en différentes Académies toujours suivies de bourses de voyages d'études.

Les Boursiers, dont le nombre dépasse aujourd'hui 500 ont été réunis en 1928 dans une Amicale, divisée en sections régionales qui organisent de nouveaux voyages et publient des comptes rendus, même des bulletins périodiques.

Un Office Central des Coopératives scolaires a été constitué au Musée Pédagogique en avril 1928.

Pour réaliser par une seule administration et avec un budget mieux assuré les trois objets de notre éducation coopérative : enseignement, formation d'une élite de jeunesse, coopération scolaire, nous avons transformé en 1930, l'Office Central des Coopératives scolaires en *Office Central de la Coopération à l'Ecole*. L'Office est constitué en Association déclarée, il siège au Musée Pédagogique, 41, rue Gay-Lussac, Paris (5e) et demande la reconnaissance d'utilité publique.

C'est l'ingénieuse création des coopératives scolaires et leur prodigieux développement qui nous a engagé à prendre comme base de notre organisation d'enseignement la coopération scolaire elle-même.

Ces Coopératives d'enfants et d'adolescents conseillées par les maîtres sont aujourd'hui plus de 8.000 en France et disposent de recettes annuelles qui s'élèvent à près de 10 millions.

Elles sont nées d'abord dans les deux départements où la grande coopération est le plus fortement enracinée, Charente-Inférieure et Vosges. Lorsqu'après la guerre, les écoles ont manqué de crédits pour le renouvellement de leur matériel, les enfants, les parents et les maîtres ont eu l'idée de créer une Coopérative adaptée aux besoins de l'école.

En Charente, la Coopération agricole était une source de richesse, dans les Vosges, la coopération ouvrière, un moyen d'économie. Elle était présente tous les jours à la maison, les enfants n'avaient qu'à imiter leurs parents pour la réaliser à l'école.

A l'usage, la coopération scolaire s'est révélé comme un merveilleux moyen d'éducation, auxiliaire du maître pour la discipline, formant les caractères, entraînant les enfants vers la volonté, la loyauté et la générosité.

Plus encore, elle est apparue comme un véritable centre d'intérêts au village par le fait des services d'éducation, de récréation et même d'apprentissage qu'elle a créés : le cinéma, la T. S. F., l'atelier, la cuisine modèle sont devenus ses moyens principaux d'action.

Mais les coopératives scolaires éprouvent le besoin de s'associer pour se donner une organisation régulière, pour faciliter leur fonctionnement, pour accroître leur rendement.

Leur groupement par circonscription primaire est déjà commencé ; nous avons recherché leur fédération par département dans des Offices départementaux, sections de l'Office Central.

Chaque Office départemental rassemble les maîtres qui enseignent la coopération, les boursiers déjà groupés, pépinière de futurs dirigeants du Mouvement Coopératif, et les représentants des coopératives scolaires.

Ce qui est déjà réalisé dans la Seine, le Nord, les Vosges, à Belfort, dans l'Aisne, l'Aube, la Nièvre, la Charente-Inférieure, la Marne, l'Indre-et-Loire et la Haute-Saône, pourra l'être demain dans la plupart des départements.

Le schéma d'un Office départemental est le suivant : président : l'Inspecteur d'Académie ; vice-président : le proviseur du Lycée ; secrétaire général, cheville ouvrière : le Directeur de l'Ecole Normale, un Inspecteur primaire, un professeur du lycée ou un instituteur, 3 secrétaires-adjoints, un pour l'enseignement de la coopération, un pour la coopération scolaire, un pour le groupement des boursiers, plus un trésorier. Comme membres du Conseil de cet Office départemental : des représentants de divers ordres d'enseignement, de sociétés coopératives, de syndicats agricoles et quelques personnalités s'intéressant à l'éducation coopérative.

L'Office a pour membres adhérents toutes les coopératives scolaires du département ; il recrute des membres honoraires, bienfaiteurs et fondateurs.

Le secrétaire chargé de l'enseignement provoque les cours et conférences dans les diverses écoles, il conseille les maîtres, leur fournit la documentation, organise les concours entre les élèves et les voyages d'études. Il publie les comptes rendus.

C'est lui qui se déplace pour aller dans les classes dont les maîtres auraient besoin d'une initiation. Il fait lui-même les premières leçons. Tel, ce Professeur du lycée d'Epinal, M. Parizot, qui vient de terminer ses conférences dans 12 écoles des Vosges et récolter 405 copies pour le concours des bourses de voyage, dont 95 à l'Ecole primaire supérieure de garçons de Gérardmer, 69, à l'Ecole primaire supérieure de filles de Thaon, 44, au Collège de filles de Remiremont, 39, au lycée d'Epinal.

Le Secrétaire chargé du groupement des boursiers réunit ces derniers, les entraîne à de nouvelles études et à l'action coopérative.

Le secrétaire des coopératives scolaires est leur agent de liaison et de renseignements, l'organisateur de leurs services d'achat et de vente, l'animateur de leur enseignement professionnel et ménager.

Et c'est peut-être ici que nos Offices départementaux de la Coopération à l'école et notre Office Central auront le rôle le plus important à jouer.

Les lois de 1919 relatives à l'organisation de l'enseignement technique et de 1925 relative à la taxe d'apprentissage peuvent servir les coopératives scolaires. L'application de ces lois est en effet loin d'être généralisée. M. Labbé, Directeur général de l'Enseignement technique, écrivait récemment : « une seule chose est sûre, cours ou écoles, le nombre de centres est actuellement tout à fait insuffisant. Il serait sans doute utile qu'il y eût pour les créations un plan d'ensemble, une collaboration entre l'initiative privée et l'Etat, et pour l'Etat entre ceux qui le représentent ».

L'Office départemental de la Coopération à l'Ecole peut élaborer ce plan et réaliser cette collaboration comme l'ont fait pour l'enseignement cinématographique nos Offices régionaux, comme le fera demain notre Société des loisirs, pour satisfaire d'autres besoins. Un bon nombre de coopératives scolaires ont créé des cours professionnels et ménagers, mais comme les coopératives sont restées jusqu'à présent des œuvres de l'école, isolées les unes des autres, elles n'ont pas cherché à faire reconnaître leur action, ni sollicité en conséquence des subventions de la Direction de l'Enseignement technique, ni des versements au titre de la taxe d'apprentissage.

L'Office Central de la Coopération à l'Ecole étant reconnu comme une association créatrice de cours professionnels, cours de perfectionnement, cours d'artisanat rural, cours d'enseignement ménager, œuvres du trousseau, etc... pourra, par ses sections départementales, assurer la gestion de cours et d'œuvres, en suivre l'enseignement, les examens, les résultats, en assurer les relations avec les commissions locales professionnelles, solliciter les subventions des communes et de l'Etat, les versements au titre de la taxe d'apprentissage et répartir les ressources selon les besoins.

M. Labbé, que nous avons déjà cité, disait de l'enseignement ménager qu'il « crée entre les femmes de toutes les conditions un lien précieux » parce qu'il « donne une leçon d'humanité et de solidarité ». Il nous apparaît comme le complément indispensable de l'enseignement de la Coopération. Et on peut en dire autant du petit enseignement professionnel, en particulier des cours d'artisanat rural et d'enseignement agricole.

La Coopération a, dans ce domaine, un rôle magnifique à jouer ; nous sommes certains du concours actif de toute l'Université, si d'une part, nous apportons une organisation et une méthode et, de l'autre, une collaboration laissant aux inspecteurs, aux professeurs et aux instituteurs leur liberté d'action.

Au Conseil de l'Office Central siègent le Directeur et la Directrice des Ecoles Normales Supérieures et plusieurs Inspecteurs généraux de l'Instruction Publique. Tous les Directeurs de l'Enseignement au Ministère nous encouragent; l'Inspecteur général, Directeur de l'Enseignement de la Seine a tenu à présider lui-même notre Office départemental et à s'employer auprès du Comité départemental de l'enseignement technique pour nous faire reconnaître le droit aux subventions. C'était déjà sur son avis favorable, que nous avions obtenu une allocation annuelle de 8.000 francs de la Ville de Paris.

Je regrette de ne pouvoir nommer les Inspecteurs d'Académie, proviseurs, Directeurs d'Ecole Normale, Inspecteurs primaires, Professeurs, instituteurs déjà intéressés à notre action et faisant partie de nos Conseils.

La Coopération à l'Ecole telle que nous la comprenons peut devenir une organisation permanente de l'école et des œuvres post-scolaires, capable de créer en chaque commune, par la Coopérative scolaire, un centre d'intérêts et un foyer comme le sont déjà, là où elles existent, les coopératives de consommation et les coopératives de production.

Pour cette action, de quelles ressources disposons-nous ?

Le rapport du Conseil Central au Congrès indique qu'en 1929 nous avons encaissés 72.000 francs dont 23.000 des organisations centrales, 4.400 des Fédérations régionales, 27.000 des Sociétés coopératives, 1.000 des départements et 16.000 des communes. Ce qui ne représente pas même un millier de francs par département.

Il est évident que si nos moyens financiers ne s'accroissent pas très rapidement, nous ne pourrons pas remplir le vaste programme que nous nous sommes tracé.

Que faudrait-il par département ?

Pour l'enseignement de la Coopération : leçons spéciales d'initiation et documentation	1.000 fr.
Pour les récompenses et bourses de voyage d'études.....	5.000 »
Pour l'Amicale des boursiers, contribution aux voyages et aux publications	1.000 »
Pour les encouragements aux coopératives scolaires.....	3.000 »
Pour la participation à l'enseignement professionnel et ménager	10.000 »
Total par département.............	20.000 fr.

Soit, en y ajoutant les frais de fonctionnement de l'Office Central, de son bulletin de renseignements, de son journal *Le Coopérateur Scolaire*, de ses publications, plus les dépenses pour l'enseignement dans les Universités et dans les grandes écoles, ainsi que les bourses à accorder dans l'enseignement supérieur, un budget, pour la France entière, d'au moins 2 *millions*, ce qui paraît immédiatement impossible, mais reste réalisable par étapes.

Nous ne songeons pas, en effet, à organiser toute la France en 1930; fixons-nous dix ans, et chiffrons notre effort.

A dix départements chaque année, l'effort n'est plus que de 200.000 fr., car il faut considérer que nous n'aurons, dans la plupart des cas, qu'une avance à faire : les Offices départementaux trouveront rapidement les ressources, lorsque, grâce à notre concours financier initial, ils auront commencé à fonctionner.

L'exemple des Académies de Paris, Lille et Nancy est une suffisante indication : les subventions sont venues dès que nous avons pu présenter des résultats.

Il faut compter également avec les ressources des coopératives scolaires existantes : elles garderont (ce qui est nécessaire à leur existence), la libre disposition de leurs fonds et leur entière autonomie dans les

Offices départementaux et dans l'Office Central, mais en participant aux services communs des Offices, elles fourniront à ces derniers très rapidement de précieux moyens d'action.

Les centres d'achat pour le matériel les centres de vente de plantes médicinales et de travaux d'élèves, les services de publication, les services de voyages, etc... vivront certainement à bref délai sans concours extérieur.

Mais pour l'enseignement de la Coopération, chaque fois que l'on absorbera un département nouveau, les crédits devront venir des sociétés coopératives. Le concours de l'Etat, des départements, des communes et des particuliers ne s'obtiendra qu'ensuite.

Pour ce qui concerne l'enseignement professionnel et ménager, il est possible de recevoir, dès la première année, en subvention de la Direction de l'Enseignement Technique, 50 % du montant des dépenses engagées. Puis, au cours de l'année suivante, d'en récupérer encore 40 %, par des versements particuliers au titre de la taxe d'apprentissage.

Notre effort sur l'enseignement professionnel et ménager consistera donc essentiellement en une avance récupérable jusqu'à concurrence de 90 %, — mais, il faut absolument commencer par faire les avances.

En demandant au Mouvement Coopératif français d'élever sa « règle d'or » jusqu'à 200.000 fr. pour l'année prochaine, je ne crois pas être taxé d'exagération.

Plusieurs sociétés affectent déjà 0,01 % de leur chiffre d'affaires au service de l'enseignement coopératif. Si cet exemple était suivi, nous obtiendrions aisément les 200.000 francs nécessaires.

C'est pourquoi je propose au Congrès de prendre en considération le vœu suivant :

Considérant les résultats obtenus en quelques années par la Commission nationale pour l'enseignement de la Coopération et l'utilité des services qu'elle a créés en collaboration avec l'Université;

Considérant que son action doit s'exercer plus largement et plus profondément par l'Office Central de la Coopération à l'Ecole, déjà créé, et par les sections départementales en formation;

Invite les sociétés coopératives à examiner la forme sous laquelle elles pourraient apporter à l'Office Central de la Coopération à l'Ecole les ressources indispensables.

Le Congrès recommande plus spécialement la mesure déjà adoptée par un certain nombre de sociétés et qui consiste à ouvrir aux frais généraux un chapitre « enseignement » en y affectant 0.01 % du chiffre d'affaires.

Le Président. — La parole est à Darves.

Intervention de DARVES

Darves. — J'arrive à un bon moment. Le Président, un peu fatigué, ne pense plus au règlement.

Le Président. — Je vous demande pardon, il a été dit que les rapporteurs pourraient parler vingt minutes, or, les trois rapporteurs ont parlé vingt minutes.

Darves. — Ou quarante.

Le Président. — Je vous demande pardon...

Darves. — Rassurez-vous, je ne veux pas en abuser, ayant voyagé toute la nuit. Je vais abréger et essayer de dire l'essentiel d'une façon ramassée en dix minutes.

Ce qui manque, à mon sens, dans le rapport moral, vient d'une confusion sur ce qu'est la Fédération en elle-même. Qu'est-ce que la Fédération ? Est-ce son bureau ? Est-ce son Comité Central ? N'est-ce pas au contraire l'ensemble des sociétés coopératives ?

Si la Fédération, c'est l'ensemble des sociétés coopératives, j'aurais lu avec beaucoup d'intérêt l'exposé de la situation actuelle en France du Mouvement coopératif, de son avance ou de sa régression pendant cette année. Or, ceci, nous ne l'avons pas trouvé dans le rapport moral. Est-ce surprenant ?

L'annuaire qui nous est envoyé par la Fédération est d'une insuffisance criante. Je me suis amusé à le feuilleter pour chercher des renseignements précis qui ont été fournis par un certain nombre de sociétés que je connais bien. *La Fraternelle*, de Saint-Quentin, est donnée comme faisant quatre millions de chiffre d'affaires, bien qu'elle soit gangrenée par l'esprit de classe, alors qu'elle a dépassé ses treize millions. La *Ménagère*, de Grenoble, figure à deux rubriques avec deux chiffres d'affaires différents. Donc, si les renseignements ne nous sont pas donnés, c'est qu'ils n'ont pas été coordonnés et peut-être n'ont jamais été aux mains du Comité Central.

Je suis donc bien obligé de regarder ce que contient le rapport moral et qui est secondaire.

Je vous apporterai ici l'état d'esprit d'un certain nombre de petites coopératives dont les dirigeants luttent, passant une partie de leurs nuits, passent leurs Dimanches à faire des comptes ou des inventaires, ceux qui sont l'âme de la coopération.

Sur le terrain théorique, lorsqu'ils voient le genre de distraction de nos secrétaires, lorsqu'ils voient qu'au Conseil National Economique, des questions brûlantes qui se posent pour la coopération, sont négligées, lorsqu'ils voient que notre camarade Poisson qui est vice-président de cet organisme s'occupe de tout autre chose que de la coopération, ils ne peuvent être que découragés. Sans doute, nous serions très heureux d'avoir un calendrier poissonien ; mais nous estimons qu'un sou est un sou, que nous donnons aux camarades qui ont la responsabilité de la direction de notre Fédération une tâche déterminée et que cette tâche lorsqu'ils se laissent entraîner à faire autre chose, ils l'abandonnent.

C'est dans les petites coopératives qu'on trouve des illusions quelquefois difficiles à détruire.

Un camarade me disait récemment : Il nous arrive une sale histoire; nous avons défendu les consommateurs contre les patrons laitiers coupables du délit de coalition. Les patrons laitiers ayant été acquittés, c'est la coopérative qui est poursuivie, mais nous avons derrière nous le service juridique de la F. N. C. C. et nous avons confiance en lui pour nous défendre.

J'ai eu beaucoup de peine à montrer à ce camarade que le service juridique c'est à peu près comme le courrier de l'avocat dans les journaux de mode et qu'on ne pouvait pas en attendre des services sérieux.

Passons à une autre question. Il y a des choses qui ont été commencées et qui sont très bien dans leur principe, mais qui sont faites en petit. Il y a par exemple la question des conseils techniques. Ce serait très bien si c'était établi d'une façon permanente et nous serions disposés à supporter des frais supplémentaires à condition d'avoir en retour des avantages correspondants.

Lorsqu'une Société a besoin de conseils techniques il faut étudier la chose sur place, le temps nécessaire.

Tout à l'heure j'entendais notre camarade Simiand faire un rapport sur son école qui est également une institution très bonne. Et je pensais à ce qui se faisait autrefois dans l'artisanat français : le tour de France.

N'y aurait-il pas là possibilité, pour les élèves de l'école technique, de faire aussi leur tour de France, c'est-à-dire de faire des stages rétribués dans diverses Sociétés, non seulement pour acquérir les connaissances pratiques qui leur sont nécessaires mais encore pour prendre contact avec les militants en faisant bénéficier de leur savoir les camarades qui les emploient et qui n'ont que l'expérience.

Il y a là une chose qui peut être réalisée.

Il y aurait encore beaucoup à dire sur un véritable enseignement de la coopération pour des coopérateurs, c'est un point sur lequel nous reviendrons, je me contenterai de dire que ce n'est pas la coopération qui bénéficie de la bienveillance du Ministère de l'Instruction Publique, c'est le Ministère de l'Instruction Publique qui bénéficie de la bienveillance de la Coopération. Pour toutes ces tâches il faudrait que l'activité des secrétaires ne soit pas gaspillée au dehors et qu'on ait au centre un personnel plus important qui ne figure pas seulement pour 95.000 francs dans les frais généraux.

J'en arrive au point essentiel. On ne nous dit pas où va la coopération, quelle est sa situation en France ; si elle se développe ou si elle est en voie de régression, et pourquoi ?

Il y a une nécessité économique, par suite de la lutte de plus en plus ardente dans le commerce, par suite de la concentration du commerce privé, à posséder une organisation technique sérieuse. Cette nécessité je ne la nie pas. Mais il faut en voir toutes les conséquences et ne pas fermer volontairement les yeux sur elles.

Il y a une mentalité que j'ai trouvée assez répandue dans les hautes sphères des dirigeants de la coopération et je m'excuse auprès de trois membres du Comité Central de citer leur opinion.

Qu'est-ce qu'un directeur ? Jusqu'à présent, c'était pour nous le meilleur camarade qui s'était formé peu à peu dans la coopérative et qui arrivait, après avoir acquis pendant un certain temps de l'expérience, à avoir une connaissance de l'affaire suffisante pour pouvoir la diriger humainement et techniquement. Je vois Drémont sourire, c'est en effet un peu à lui que je songeais en donnant cette définition.

Au lieu de cela, on nous dit qu'il faut avoir des techniciens. Et quels techniciens recherche-t-on ? Je chercherai mes références dans le Comité Central.

Lorsque je faisais le reproche de ne pas chercher surtout parmi les fils des coopérateurs les bénéficiaires de nos bourses de voyage et que je disais que lorsque dans un lycée on donne une bourse coopérative, elle va peut-être au fils d'un gros commerçant, Bugnon me répondait : « Mais nous avons besoin des fils de commerçants pour en faire des dirigeants chez nous », je pense qu'ils nous apporteront surtout l'esprit paternel, l'esprit de lucre et s'ils viennent chez nous, c'est parce que des avantages sérieux leur seront donnés et non par dévoûment coopératif.

La seconde opinion est de Yung, exprimée au Congrès de la Fédération des Alpes : « On est ladre, disait-il, dans le Mouvement Coopératif. Et il citait une coopérative de la banlieue parisienne, *La Revendication de Puteaux*, où un cordonnier, camarade dévoué, était payé huit cents francs par mois, ajoutant : Si à sa place on met un technicien payé beaucoup plus cher le rendement sera meilleur ».

Peut-être aussi que si, à la place des Equitables Pionniers de

Rochdale, on avait mis de gros commerçants, le développement de l'affaire aurait été meilleur, mais il reste à savoir ce qu'il subsisterait de l'esprit coopératif en Angleterre.

Un troisième avis qui me paraît l'aboutissement des premiers c'est celui que m'a donné notre ami Bernier. Il me disait : Ce qui manque dans la Coopération, c'est la continuité et le contrôle ; ah ! si nous avions des directeurs qui soient durables, indépendants des assemblées générales et pécuniairement responsables, les choses iraient mieux.

Bien entendu, ajoutait-il, s'ils acceptent les responsabilités, il faut qu'ils soient intéressés à l'affaire et reçoivent un fort pourcentage sur les bénéfices. Je pense que ce sont là des conditions qui transforment la société coopérative en une mise en régie et la mettent entre les mains d'un individu qu'on ne pourra pas renvoyer même si les résultats sont insuffisants, si on n'a pas la possibilité de lui verser un dédit.

C'est une tendance extrêmement dangereuse ; mais c'est une tendance dont je comprends l'origine parce qu'elle va dans le sens de la technicité nécessaire.

Cependant il ne faudrait pas substituer l'esprit commerçant à l'esprit coopératif qui anime les militants de petites sociétés.

Qu'arrive-t-il en effet ? Les Assemblées générales sont le cauchemar de ces directeurs soit-disant techniciens. Une assemblée générale bien réussie c'est celle où personne ne pipe mot, c'est celle ou le directeur tient dans sa poche un certain nombre de mandats qui lui permettent d'écouter avec un sourire que nous connaissons bien les critiques qui lui sont apportées. Que lui importe d'être critiqué ? Il sait qu'il a sa vie assurée.

Pour notre part, nous estimons que plus il y a de critiques dans une assemblée générale, plus cela prouve que l'esprit coopératif vit à la base et n'a pas été tué par le développement même de l'entreprise.

Or, si l'entreprise se développe, les assemblées doivent être tenues au deuxième degré et les questions que l'on discute sont d'un ordre trop élevé pour les coopérateurs qui militent dans la Coopération.

Ainsi, le contrôle s'évanouit et l'esprit de contrôle disparaît. Devant l'impossibilité du contrôle, le désir du contrôle s'en va.

Et alors, on a des Sociétés importantes, qui, comme *L'Union*, d'Amiens, essayent d'absorber les Sociétés voisines, jettent d'un côté et de l'autre leurs tentacules.

Il y a une autre question tout à fait importante. Je voudrais bien savoir si on pense ce qu'on dit. Lorsque notre camarade Poisson est allé en Russie il a fait des déclarations tout à fait nettes, d'accord avec son idéal ancien. Lorsqu'il disait là-bas que nous voulions le renversement de la Société actuelle pour l'édification d'un ordre nouveau, je crois qu'il le pensait et que ce n'était pas un geste diplomatique comme le salut à la Romaine d'Albert Thomas. Mais alors, camarades, le chemin que vous prenez est mauvais. En vous enfermant dans votre Tour d'Ivoire, en ne vous liant pas étroitement au mouvement général de la classe ouvrière qui est le levier révolutionnaire d'où sortira cette transformation, en laissant de côté cette classe ouvrière, vous vous trompez de route, elle se désintéressera de vous, elle fera la révolution sans vous, peut-être même contre vous si vous avez introduit dans votre Coopération beaucoup de fils de commerçants.

Je m'adresse maintenant à ceux qui n'ont pas cet idéal, à ceux qui pensent que la Coopération se développe normalement et que nous n'avons qu'à nous frotter les mains.

A ceux-là, je dis : Attention ! Les entreprises que vous fondez sont bâties sur le sable, elles n'ont pas de base. Le jour où la lutte sera menée contre vous sérieusement, vous serez emportés. Car la lutte, à l'heure actuelle, n'est pas sérieuse ; nous sommes dans la période où le petit commerce est broyé entre deux meules, nous et le gros commerce. Le jour où nous resterons face à face, il sera facile au gros commerce, par une politique de dumping, d'écraser l'une après l'autre nos sociétés et nos Fédérations ; il lui sera facile de nous avoir commercialement. Et alors, ceux que vous avez attirés à vous par la ristourne, ceux que vous avez alléchés avec des dividendes de huit pour cent, vous lâcheront. Le jour où la concurrence se fera plus âpre, le jour où vous serez obligés, pour lutter, de diminuer vos œuvres mutualistes, ce jour là vos sociétaires vous lâcheront parce que vous n'aurez pas su créer chez eux la conscience coopérative.

Il y a mieux. Vos directeurs, que vous avez achetés à prix d'or, le jour où, pour réduire vos frais généraux, vous diminuerez le salaire que vous leur donnez, c'est la maison d'en face qui vous les prendra.

Pour moi, j'estime qu'il est nécessaire de réveiller dans ce pays l'esprit coopératif qui s'endort ; j'estime qu'il faut contrebalancer le développement technique par le développement de l'esprit coopératif, et pour cela, apportez une attention sérieuse aux petites sociétés, au moment où ces petites sociétés n'ont pas encore été touchées par le développement. Il faut les empêcher de tomber parce qu'elles sont les ilots de résistance du Mouvement Coopératif.

Croyez-vous, camarades, qu'il n'y ait pas une différence entre les camarades qui viennent dans un Conseil d'Administration pour toucher telle ou telle somme et ceux qui passent leurs nuits et leurs Dimanches à discuter les affaires de la Coopération, à faire des inventaires et au besoin à coltiner des sacs ? Est-ce que vous ne pensez pas que ceux-ci sont coopérateurs plus sérieux que les premiers ?

Je vous le dis, tout ce qui est bâti sur la solidarité dure, tout ce qui est bâti sur l'intérêt individuel est caduc. Si vous voulez que la Coopération se développe, si vous voulez qu'elle vive d'abord, qu'elle triomphe ensuite, il faut la mettre résolument au service de la classe ouvrière qui doit la reconnaître comme sa chose.

Mais pour cela, il ne faut pas faire venir ici un représentant du Gouvernement. Il faut choisir. Si vous voulez vivre, vous ne vivrez que soutenus par la classe ouvrière dans son ensemble, et si vous voulez être soutenus par la classe ouvrière, soutenez-là, soutenez-là dans ses luttes quotidiennes, soutenez-là dans son œuvre d'émancipation totale.

Le Président. — La parole est à Hainaut.

Intervention de HAINAUT

Hainaut. — Camarades, connaissant la situation actuelle des dirigeants de la Fédération Nationale des Coopératives de Consommation, leurs tendances, leurs glissades vers le Gouvernement capitaliste, connaissant les reniements révolutionnaires de nos dirigeants coopérateurs, nous avons rédigé une résolution qui critique l'attitude de la Fédération Nationale et de l'Alliance Coopérative Internationale.

Nous n'admettons point que les dirigeants capitalistes donnent des ordres à la Coopération. Nous pensons au contraire que ce sont les coopérateurs révolutionnaires restant sur leurs plate-formes politiques.

qui doivent diriger le mouvement ouvrier non seulement en France mais dans le monde.

C'est pourquoi nous tenons à vous signaler tout de suite que nous ne donnons pas notre confiance à ceux qui trahissent les intérêts du prolétariat.

Voici la résolution que nous avons préparée :

Considérant que la Société des Nations est l'instrument de l'impérialisme chargé de la préparation d'une nouvelle guerre dont tous les frais seront supportés par la classe laborieuse de notre Pays;

Considérant d'autre part que la politique poursuivie par les dirigeants coopératifs associés à tous les gouvernements bourgeois, apparaît comme contraire aux intérêts vitaux et permanents du prolétariat national et international;

En conséquence, le Congrès invite tous les dirigeants du Mouvement Coopératif national et international à rompre toutes relations avec les gouvernements bourgeois et la Société des Nations.

Il s'agit de savoir si nous voulons recommencer l'opération de 1914 à 1918, si nous devons marcher les armes à la main contre le Gouvernement des Soviets, contre la Russie prolétarienne qui s'est libérée de tous les capitalismes dont vous avez vu un élément ce matin vous apporter le salut du Conseil National Economique.

Nous disons que nous devons nous séparer de tous ces gens et lutter contre l'impérialisme.

Le Président. — La parole est à Gaston Lévy.

Intervention de Gaston LÉVY

Gaston Lévy. — Je veux répondre à notre camarade Pourquié en ce qui concerne la question qu'il semble avoir posée tout à l'heure au Congrès, relativement à la Banque des Coopératives.

Je pourrais ne répondre à cette question-là qu'à l'Assemblée générale de la Banque ; mais comme elle a trait aux conditions dans lesquelles les sommes provenant du fonds de dotation sont réparties, je crois qu'il est préférable de répondre devant le Congrès.

Auparavant, je voudrais dire un mot sur un petit incident qui a été soulevé par un congressiste, lorsque notre ami Simiand était à la tribune à propos d'un jeune homme sorti de l'école technique, auquel on aurait proposé un emploi à la Banque des Coopératives qui paraissait inférieur à ses capacités.

Voici exactement ce qui s'est passé : Ce jeune homme est âgé de dix-huit ans. Lorsqu'il est sorti de l'école technique, la Banque des Coopératives qui s'efforce chaque fois qu'elle le peut de recruter son personnel parmi les jeunes gens sortis de cette école, ayant demandé un employé, les dirigeants de l'école lui envoyèrent ce jeune homme.

Celui-ci est venu mais nous a tenu le langage suivant : Je viens chez vous parce qu'il n'y a pas de place ailleurs, et si je prends une place ce ne pourra être que provisoirement.

Dans de telles conditions, nous n'avons pu proposer à ce jeune homme que le salaire normal de la corporation. Ce jeune homme n'a pas cru devoir accepter. Je le regrette, parce que, quel que soit le sentiment qu'il pouvait avoir, rien ne prouve qu'il ne serait pas resté parmi nous.

J'ajoute que je suis prêt à examiner encore la situation pour lui permettre d'entrer à la Banque des Coopératives et d'y rester longtemps, à condition qu'il le veuille bien. Mais si ce jeune homme ne doit entrer à la Banque que pour s'en aller au bout de quelques mois, ce ne sera pas une preuve de gratitude.

En ce qui concerne la question posée par notre camarade Pourquié, l'explication sera également très claire.

De quoi s'agit-il ? D'abord il semble que notre camarade Pourquié aurait pensé que la Banque des Coopératives pouvait avoir quelque prévention à l'égard de sa Société, parce que ceux qui sont à la tête du Conseil d'Administration ne pensent pas comme l'Administrateur-délégué de la Banque.

Je pense que c'est une injure gratuite, et la meilleure des preuves je veux la fournir devant le Congrès, comme je l'ai fournie tout à l'heure à Pourquié qui a bien voulu la reconnaître fondée.

La Fraternelle, de Saint-Quentin, a fait une demande de prêt au Ministère du Travail, et la Commission d'attribution des prêts a donné son assentiment. Je n'ai pas à dire ici quels étaient ceux qui siégeaient; mais la vérité, c'est que tous les représentants du Mouvement Coopératif ont voté pour l'attribution du prêt.

Vous connaissez l'importance du fonds de dotation. L'année dernière, le Congrès a voté une résolution demandant qu'il soit augmenté, et nous avons fait des efforts dans ce sens. Toutes les Sociétés savent que, quelles que soient les attributions faites, il se passe un temps relativement long entre le moment où le prêt est accordé et le moment où il est versé.

La Banque des Coopératives est intervenue par une lettre écrite à nos camarades de Saint-Quentin pour leur dire : Vous avez demandé un prêt ; en attendant le moment où ce prêt pourra vous être versé, la Banque des Coopératives est disposée à vous faire l'avance qui vous est nécessaire.

Est-il exact, Pourquié, que vous ayez reçu cette lettre ?..

Un Délégué. — Eh bien ! répondez.

Gaston Lévy. — Est-ce exact ?.. Pourquoi ne répondez-vous pas ?

Pourquié. — C'est exact. Je n'avais pas compris.

Gaston Lévy. — Est-il exact que la Banque des Coopératives vous ait écrit pour vous offrir de vous faire l'avance des sommes qui vous étaient nécessaires en attendant le versement du prêt ?

Pourquié. — Oui, c'est exact.

Drémond. — Pas dans le même sens. Ce n'est pas tout à fait exact. Voulez-vous me permettre un mot ?

Nous avons besoin d'argent pour nous étendre et nous avons demandé à la Banque de nous faire des avances, non pas sur le prêt, mais des avances qu'une Banque peut faire. Vous nous avez répondu que le Comité de la gestion de la Banque statuerait. Ce Comité acceptait de nous avancer 300.000 francs, mais pas sur le prêt. Si nous n'avons pas demandé ces 300.000 francs, c'est parce que nous n'en avons pas eu besoin. Cela n'a pas de corrélation avec le prêt.

Gaston Lévy. — Pourquié a dit tout à l'heure qu'on avait fait des difficultés pour le prêt parce que la Société n'était pas dirigée par des amis de l'Administrateur-délégué de la Banque.

Quand une Société demande des fonds à la Banque et que la Banque accepte sur ses propres fonds de faire une avance à cette Société, on ne peut pas dire que la Banque a des préventions contre elle.

Drémond. — Il y a des choses qui pourraient prêter à discussion.

Gaston Lévy. — Veux-tu me laisser finir. J'ai voulu indiquer par cet incident qu'il n'y avait aucune prévention de la part de la Banque puisque le Comité des Censeurs, sur une proposition émanée de moi-même a accordé le prêt et était disposé à accorder un prêt supplémentaire en attendant que le versement de l'Etat soit effectué. Par conséquent, pas de prévention de notre part.

Maintenant de quoi s'agissait-il ? *La Fraternelle,* de Saint-Quentin, est une association coopérative qui, comme beaucoup d'autres, lorsqu'on lui demande de mettre ses statuts au point, de façon à éviter des difficultés dans l'avenir, ne le fait pas. C'est ainsi qu'elle a dans ses statuts un article qui dit qu'il ne sera pas possible au Conseil d'Administration de donner un nantissement sans décision de l'Assemblée générale.

Dans beaucoup de sociétés coopératives, surtout depuis que le fonds de dotations existe et que l'on sait que, pour bénéficier d'un prêt du Ministère du Travail, il faut donner un nantissement, les statuts ont été modifiés, permettant au Conseil d'Administration de donner ce nantissement sous la seule condition d'avoir à en rendre compte à l'Assemblée générale au lieu d'avoir à se faire autoriser par elle.

La Fraternelle, de Saint-Quentin n'a pas pris cette précaution, si bien que lorsqu'elle demande un prêt, il faut qu'elle obtienne de son Assemblée générale l'autorisation pour le Conseil d'Administration de donner le nantissement.

La Fraternelle, de Saint-Quentin, a bien demandé cette autorisation ; mais elle l'a demandé en 1928. Comme le prêt a été accordé vers la fin de 1929, avant même que le Ministère du Travail ait dit que la somme pouvait être mise à la disposition, la Banque a écrit à *La Fraternelle,* de Saint-Quentin, pour lui dire : Nous pensons que, conformément à la pratique, vous avez fait renouveler par votre Assemblée générale de 1929 l'autorisation donnée en 1928 à votre Conseil d'Administration.

Voilà toute l'histoire.

L'Assemblée générale n'avait pas été informée de ce point et l'autorisation de nantissement n'a pas été renouvelée. Nous n'y pouvons rien.

Actuellement le prêt n'est pas encore mis à notre disposition. Les efforts que nous pouvons faire, nous les ferons ; mais il est possible qu'au moment où il s'agira d'apporter au Ministère du Travail le nantissement, on nous dise : ce nantissement vous n'avez pas le droit de le faire, parce que la délibération a été prise par une Assemblée générale qui a été suivie d'une autre Assemblée générale qui ne l'a pas renouvelée.

Et j'ai surtout pris la parole pour dire une fois de plus aux Sociétés qui sont ici représentées que si leurs Statuts ne permettent pas au Conseil d'Administration de donner lui-même un nantissement, il est important qu'à chaque Assemblée générale, en même temps que les résolutions d'usage concernant les affaires qui peuvent être traitées par les Administrateurs avec la Société, on prenne une résolution qui autorise, tant que les statuts ne sont pas modifiés, le Conseil d'Administration à donner un nantissement. De sorte que quand la question se posera de donner ce nantissement, tout soit en règle et qu'il n'y ait pas de retard que l'on imputerait à la Banque.

Voilà les renseignements que je tenais à donner au Congrès pour montrer premièrement qu'il n'y a aucune prévention de notre part à l'encontre de *La Fraternelle,* de Saint-Quentin, pas plus que de n'importe quelle Société coopérative quelle que soit l'opinion de ceux qui la dirigent ; deuxièmement, qu'en ce qui concerne le point particulier, nous avons essayé de prévenir nos camarades, pour qu'ils ne se trouvent pas dans une situation plus mauvaise au moment de toucher leur prêt ; troisièmement, pour demander aux Sociétés de se souvenir de cet incident et de s'éviter à l'avenir toutes difficultés en pareil cas.

Le Président. — La parole est à Garnier.

Intervention de GARNIER

Garnier (de *La Famille Nouvelle*). — Camarades, mes camarades de la minorité coopérative ont posé la question de principe de l'aide aux luttes ouvrières. Est-ce qu'à l'origine, la Coopération, grâce à ses Pionniers est née à la suite de luttes ouvrières contre le patronat ? Nous devons donc souligner ici le principe de l'aide à la classe ouvrière chaque fois qu'une bataille éclate entre le patronat et le travail, sous le signe de la rationalisation. A cet effet, nous ne concevons pas la question ainsi qu'elle a été posée au Comité général de l'Union parisienne, cela consistant à aider seulement les membres de la Société Coopérative et les camarades de la direction régionale disaient : « Oui, en principe, nous pouvons envisager l'aide aux coopérateurs lorsqu'une bataille se produit, mais nous ne pouvons rien faire pour les non coopérateurs ».

Nous estimons que cette méthode est absolument stérile. Supposez que cinq cents ouvriers soient en grève, parmi eux, cinquante seulement seront coopérateurs, donc aidés par la Société coopérative et pourront résister ; mais les quatre cent cinquante autres qui ne recevront rien du tout seront vaincus dans la lutte et l'aide de la coopérative sera restée sans efficacité.

Est-ce à dire que les coopérateurs doivent vider leur caisse pour les luttes ouvrières ? Non, ce n'est pas le principe qui est posé. La coopérative doit aider ; mais nous avons des petites Sociétés qui ont des difficultés à vivre. Alors se pose le principe que, pour aider la classe ouvrière dans ses luttes, il faut faire des fêtes, faire des collectes et des souscriptions, etc..., dans toutes les régions pour appeler la classe ouvrière dans les coopératives.

Vous voulez au contraire que les ouvriers viennent à la coopérative qui ensuite les aidera. Camarades, c'est la solution la plus paresseuse et nous la repoussons.

La Famille Nouvelle est entrée dans la voie que je vous indique ; elle a aidé nos camarades dans la lutte ; elle l'a fait pendant six mois avec la coopérative d'Halluin.

La Famille Nouvelle a eu des délégués sur place pour acheter et distribuer les vivres, ces camarades étant plus qualifiés que les membres des Comités de Grèves pour effectuer des achats et des distributions.

Nous posons le principe devant le Congrès et nous demandons que les camarades représentant les coopérative en prennent bonne note.

En conséquence, je dépose la résolution suivante :

Considérant que les cotisations des organisations coopératives adhérentes à la F. N. C. C. s'élèvent annuellement à environ 650.000 francs;

Considérant que la Coopération est inséparable du mouvement de classe qui se dresse contre l'application de la rationalisation capitaliste, qui tend à la réduction des salaires source de grèves, lock-outs et chômage,

Le Congrès appelle toutes les masses organisées dans les coopératives à appuyer les revendications économiques et politiques de toute la classe ouvrière;

Il les invite à créer des caisses de secours, destinées à soutenir les grévistes, les lock-outés et les chômeurs, d'accord avec les comités de grève locaux et régionaux.

A cet égard la F. N. C. C. est invitée à prélever sur le montant des cotisations annuelles, la somme de 100.000 fr. qui servira à la constitution d'une Caisse de Secours Nationale, en vue de venir en aide aux caisses régionales et locales défaillantes, le cas échéant.

LE PRÉSIDENT. — Je donne la parole à A.-J. Cleuet.

Intervention de A.-J. CLEUET

CLEUET. — Je voudrais retenir quelques instants l'attention du Congrès sur la question de l'application éventuelle aux gérants de nos succursales des prescriptions de la législation du travail.

Cette question vient d'être mise à l'ordre du jour du Conseil Supérieur du Travail, où j'ai l'honneur de représenter les consommateurs comme délégué de la Section de Consommation du Conseil Supérieur de la Consommation.

Je ne veux pas vous infliger sur cette question un peu terre à terre un long discours ; d'ailleurs, je n'en ai pas le droit d'après le règlement de nos délibérations. Et puis, il y a un aspect de la question extrêmement complexe pour lequel il faudrait un homme de la valeur de Ramadier pour l'exposer devant vous, je veux parler de la situation juridique du gérant de succursale.

Jusqu'ici, le régime a été celui de la liberté à peu près absolue. Sans doute un certain nombre de jugements sont intervenus en la matière à propos du cautionnement, d'accidents du travail, mais en ce qui concerne la réglementation du travail, c'est-à-dire l'application de la journée de huit heures et l'application du repos hebdomadaire aux gérants de succursales, c'était la liberté.

Ce que recherche actuellement le Conseil Supérieur du Travail c'est de déterminer si les gérants de nos succursales, comme ceux des Sociétaires à succursales multiples, sont placés dans une situation de subordination quelconque. C'est le criterium qui va servir au Conseil Supérieur du Travail pour décider si nos gérants doivent être soumis à la journée de huit heures et au repos hebdomadaire.

La Fédération nationale, comme toutes les grandes organisations économiques commerciales a été consultée sur la question. Elle a donné à la Commission Permanente du Conseil Supérieur du Travail son assentiment en ce qui concerne l'application aux gérants de la loi sur les accidents du travail, de la loi sur les cautionnements et de la loi dont l'application est prochaine sur les Assurances sociales. Ce sentiment est catégorique en faveur de l'application de ces mesures.

Mais, en ce qui concerne la réglementation du travail, la Fédération Nationale a fait les plus expresses réserves sur la concurrence qui ne manquerait pas de s'exercer à l'occasion de la fermeture obligatoire à des heures où parfois notre clientèle de coopérateurs peut venir s'approvisionner, parce qu'elle est surtout composée de travailleurs qui ne sont libres précisément qu'aux heures des repas et les Dimanches et jours de fête.

Notre situation va être difficile parce que j'ai l'impression que le Conseil Supérieur du Travail va accepter dans sa session de novembre prochain un texte dont voici un extrait en ce qui concerne la réglementation du travail :

Pour l'application de la réglementation du travail résultant du Livre II du Code du Travail, les personnes définies ci-dessus doivent être considérées comme des employés bénéficiant de cette réglementation si les conditions de travail, d'hygiène et de sécurité de l'établissement ont été fixées par le fournisseur ou le déposant des marchandises ou soumises à son agrément.

C'est-à-dire que la réglementation du travail sera appliquée aux gérants des succursales de quelque nature qu'elles soient si ceux qui fournissent des marchandises interviennent au sujet de cette réglementation, soit par le contrat même qui est signé par le gérant à son entrée dans la maison, soit par des notes de service. Il sera alors considéré comme un employé et la réglementation du travail sera intégralement appliquée.

Ce que nous craignions à la Fédération Nationale et ce que je crains lorsque je vais avoir à exercer mon mandat au Conseil Supérieur du Travail, c'est que cette formule qui paraît large et très libérale soit difficilement applicable dans nos sociétés, alors que dans les sociétés dites à succursales multiples il sera sans doute plus facile d'avoir un contrat montrant qu'aucun lien de subordination n'existe entre le directeur de la maison et le gérant de la succursale.

Il suffit d'ailleurs de lire le journal *l'Epicier*, défenseur des petits épiciers, pour voir quelle campagne il mène en faveur de la proposition qui a été déposée au Conseil Supérieur du Travail, de façon à obtenir une réglementation qui certainement nous gênera dans l'exercice de nos fonctions commerciales et par répercussion gênera également les consommateurs.

Je m'efforcerai de défendre dans toute la mesure possible les conceptions de la Fédération Nationale mais je ne serai pas fâché que d'ici là les Sociétés ainsi informées veuillent bien faire connaître à la Fédération Nationale leur opinion exacte et précise sur la question et d'une façon générale m'adressent une documentation sur ce point.

Le Président. — Notre ami Simonnet, qui est un peu fatigué, renonce à la parole et se borne à déposer une résolution ainsi conçue :

Le dix-septième Congrès de la Fédération Nationale des Coopératives de Consommation, considérant que la législation actuelle ne permet pas aux sociétés coopératives à forme civile de se transformer en sociétés à forme anonyme; considérant que ces empêchements sont de nature à nuire à l'intérêt du Mouvement Coopératif, à son développement et à l'intérêt des consommateurs; demande à la F. N. C. C. d'étudier un projet de loi à soumettre au Groupe Parlementaire de la Coopération, simplifiant les formalités actuelles de transformation des sociétés.

Cette résolution est renvoyée à la Commission.

Le Président. — La parole est à Grillot.

Intervention de GRILLOT

Grillot (de *La Bellevilloise*). — Le Congrès International de Vienne a mis à son ordre du jour la question des Pionniers de Rochdale.

Le Président. — Cette question est à l'ordre du jour de la séance de demain.

Grillot. — Je pense que, sans vouloir rappeler toute l'histoire des Pionniers de Rochdale, on peut tout de même en extraire le premier principe et, ce principe est net. Dans quelles conditions la Société des Pionniers de Rochdale a-t-elle été fondée ? A la suite d'une grève. Par conséquent, dès le début, la coopération dans sa première manifestation a été un acte de la lutte des classes dont elle est issue ; c'est donc par conséquent une faute de vouloir la détourner du sens qu'elle a pris dès les premiers jours, alors surtout que la lutte de classes prend une vigueur qui ne pourra que s'accentuer de plus en plus.

Vouloir éluder la question serait une erreur. Poisson nous a dit un jour que la Coopération devait s'inspirer de l'intérêt général, mais l'intérêt général, n'est-ce pas l'intérêt du plus grand nombre, et le plus grand nombre c'est la classe ouvrière. Par conséquent, on ne peut pas sortir de là. La catégorie de gens à qui on doit s'intéresser, c'est la classe ouvrière, et ses intérêts ne sortent pas du problème de la lutte des classes. L'intérêt général ne peut être compris autrement, car je serais curieux de savoir comment on peut concilier l'intérêt de l'employeur et celui de l'employé, l'intérêt du patron et celui de l'ouvrier.

Sans insister davantage là-dessus, je dis donc encore une fois que la lutte des classes est à l'origine de la coopération ; partout elle existe, partout elle se développe. Elle s'aggravera encore du fait de la crise du capitalisme, crise qui, à cause de la surproduction, entraînera le chômage et la misère d'une part, la rationalisation d'autre part, et aggrave ainsi davantage et chaque jour la lutte des classes.

Ceux qui luttent dans cette bataille quotidienne tombent victimes de la répression capitaliste qui se manifeste de plus en plus d'une façon particulièrement brutale. Nos dirigeants l'utilisent dans l'Indo-Chine où déjà quatre condamnations à mort ont été prononcées et les journaux de ce matin nous apprennent que l'on vient d'en prononcer encore six autres. Je vous demande par conséquent, et ne pas le faire serait renier les principes de Rochdale, de ne pas abandonner ceux qui sont tombés dans cette lutte et de les défendre effectivement et activement. A cet effet je vais vous donner lecture de la proposition que je vous demande de voter :

Le Congrès réprouve et proteste de toutes ses forces contre la répression forcenée, exercée par les gouvernements bourgeois, contre tous les militants révolutionnaires frappés pour leur participation aux batailles de classes, provoquées par la crise politique et économique mondiale.

Le Congrès envoie son salut à tous les emprisonnés, victimes de la répression capitaliste, et invite le Conseil Central de la F. N. C. C. à verser au Secours Rouge International la somme de 10.000 francs à titre de solidatité prolétarienne agissante.

Il invite également toutes les Coopératives à accomplir leur devoir de classe en s'associant, dans la mesure de leur prospérité, à l'acte de solidarité de la F. N. C. C.

Un Congressiste. — Vous n'y allez pas doucement !

Grillot. — On voit bien que votre activité ne vous expose jamais à la répression ; vous auriez un autre air si vous sortiez d'un séjour à la Santé.

Le Président. — La résolution sera renvoyée à la Commission désignée à cet effet.

Le Président. — La parole est à Richard, de Saint-Etienne.

Intervention de RICHARD

Richard. — La crise que traverse dans certaines régions le Mouvement Coopératif nous fait un devoir de demander au Conseil Central les motifs pour lesquels la propagande n'a pas été intensifiée.

Nous avons demandé dans plusieurs Congrès l'intensification de la propagande et nous avons manifesté des craintes qui, malheureusement, ont l'air aujourd'hui de vouloir se réaliser.

Nous avions fait la proposition que les procès-verbaux et les résolutions du Conseil Central soit insérés dans le journal *Le Coopérateur.*

On nous en avait laissé entrevoir quelque espérance ; il n'en a rien été et nous renouvelons aujourd'hui cette proposition.

Nous avions demandé en outre au Congrès de Royan, et la Commission des résolutions et le Conseil Central avaient paru nous donner satisfaction, d'examiner la question de la patente basée sur la valeur locative. Cette loi, vous le savez est une loi ancienne, la patente est basée sur une location de vingt-cinq mille francs, chiffre que, maintenant, dépassent beaucoup de Sociétés et nous en subissons les graves conséquences.

Nous n'avons rien trouvé dans le rapport concernant cette question.

Nous avions aussi posé la question de la suppression de la taxe de 18 % sur les intérêts aux emprunts. Vous savez qu'il est retenu dix-huit pour cent sur l'intérêt payé aux emprunts. Nous estimons que l'argent prêté par les coopérateurs à leur organisation ne doit pas supporter cet impôt.

Je sais que la Commission des Dégrèvements l'a un peu réduit ; mais nous n'avons pas demandé une réduction, nous en avons demandé la suppression. J'espère que le Conseil Central fera le nécessaire.

Je reviens à une proposition que Ramadier a faite. Il disait que, pour la loi sur le statut de la coopération, il fallait frapper du poing sur le bureau. Je vous demande de donner mandat au Conseil Central de frapper fort s'il le faut.

Nous demandons que les résolutions prises soient exécutées ou tout au moins qu'on donne les raisons pour lesquelles elles ne le sont pas.

Le Président. — Je donne la parole à Georges Yung.

Intervention de Georges YUNG

Georges Yung. — Camarades, je suis le dernier orateur inscrit ; je ne vais pas en abuser pour vous retenir longtemps.

Je voudrais vous donner quelques explications très courtes sur la loi des Assurances sociales qui vient d'être votée et sur son application.

Nous avons essayé dans le *Coopérateur de France* et dans l'*Action Coopérative* de vous donner le plus rapidement et le plus complètement que nous avons pu les directives essentielles au sujet de cette loi.

Il y aura des règlements d'administration publique et des décrets qui suivront. Nous vous en donnerons connaissance au fur et à mesure.

Je dois vous indiquer tout de même dès maintenant, que, depuis qu'on a parlé de la loi sur les Assurances sociales, le Mouvement Coopératif a essayé, avec l'aide de toutes les autres organisations ouvrières, de faire, puisque le mot est à la mode, un front unique pour l'application de cette loi. Nous avons constitué un Comité d'entente des Assurances sociales avec les Syndicats ouvriers, la Mutualité, la Coopération agricole, la Chambre Consultative des Associations Ouvrières de production et la Fédération des Retraités.

Une partie de ce Comité d'Entente a préconisé la constitution de Caisses primaires d'Assurés spontanés appelées *Le Travail*.

Où en sommes-nous ?

Pas seulement nous, mais beaucoup d'autres organisations ont essayé d'organiser des caisses. Dans la réalité il n'y a à l'heure actuelle dans le pays que les caisses d'origine mutualiste, les caisses dites départementales et, pour une petite partie seulement, nos caisses *Le Travail*.

Nous avons obtenu un certain succès ; le nombre des adhésions atteint environ 120.000. C'est bien, mais nous estimons que ce n'est pas encore suffisant. Ces caisses *Le Travail* fonctionneront normalement à partir du 1er juillet, et en particulier à partir de cette date la caisse autonome qui a été créée pour les retraites recevra la Caisse Fédérale que nous avons créée en 1913 pour les besoins du Mouvement Coopératif. Elle comptera par conséquent à l'origine 120.000 adhérents et probablement davantage.

Je ne comprends pas encore l'intervention de notre camarade Pourquié de Saint-Quentin, nous disant tout à l'heure que cela avait été une sorte de duperie. Il y a, en effet, longtemps que nous avons donné connaissance au Congrès de la constitution de notre Comité d'Entente des Assurances sociales et de sa composition.

Si les amis de Pourquié ne sont pas venus à l'origine au Comité d'Entente des Assurances sociales ce n'est pas de notre faute, c'est parce qu'ils ne l'ont pas voulu.

J'attire l'attention des Sociétés sur le fait que la plus grande partie des assurés seront affiliés aux caisses départementales. Il importe de ne pas négliger le fonctionnement de ces Caisses. A l'origine, elles reçoivent un Conseil d'Administration provisoire qui durera jusqu'au 1er octobre. Il est important pour les Sociétés, d'essayer, d'accord avec les organisations ouvrières, de faire pénétrer quelques coopérateurs dans ces Conseils d'Administration provisoires. Pour les Départements où il est trop tard, il sera possible, au 1er octobre, au moment des élections des Conseils d'Administration définitifs des Caisses départementales de se préoccuper de faire entrer des Administrateurs de Sociétés coopératives dans ces Conseils.

C'est utile parce que nos Sociétés pourront jouer un grand rôle dans l'application de la loi, un rôle bienfaisant en ce qui concerne les divers organismes d'hygiène sociale qui pourront être institués, en ce qui concerne la défense du consommateur de soins, parfois contre nous, mais nous l'espérons en collaboration souvent avec les syndicats médicaux, et également la défense des consommateurs de produits pharmaceutiques, d'accord avec les pharmaciens chaque fois que ce sera possible, mais contre eux si c'est nécessaire.

Il importe aussi aux coopérateurs de pénétrer dans ces Conseils parce qu'il y aura à gérer une fortune collective qui sera capitalisée dans des conditions indiquées par la loi, mais avec un pourcentage de la liberté de remploi laissé aux Conseils d'Administration, bien entendu sous un certain contrôle.

Il importe que les sommes recueillies provenant des cotisations des coopérateurs assurés soient utilisées autant que possible dans le sens de nos aspirations générales et en particulier pour la défense de la santé publique.

Enfin, nous avons donné des indications aux sociétés en ce qui concerne l'application de la loi aux employés des sociétés coopératives pour qui cela ne fait pas grand doute, mais surtout aux gérants des sociétés coopératives. Nous avons donné à cet égard dans *L'Action Coopérative* les renseignements que nous possédons à l'heure actuelle.

Il n'est pas sûr, après les discussions qui doivent avoir lieu au Conseil Supérieur du Travail et qui auront lieu à la Direction de la Mutualité et des Assurances Sociales, qu'il n'y aura pas de modifications. Nous suivrons attentivement et vous donnerons aussitôt que possible les indications nécessaires pour l'application de la loi.

Ce qui est certain c'est qu'il y a lieu dès maintenant de faire les déclarations.

Je suis mandaté par le Conseil Central pour déposer devant le Congrès une résolution traduisant notre volonté d'une application loyale de la loi, en ce qui concerne nos employés et nos gérants. Pour cette loi sociale comme pour toutes les autres, nous ferons tous nos efforts pour que ses bienfaits soient efficaces. Nous veillerons, en même temps, à empêcher nos adversaires de la tourner en ce qui les concerne. Ce serait, en effet, aller à l'encontre des intérêts ouvriers et, en même temps, exercer contre notre Mouvement un nouvel élément de concurrence déloyale.

Voici la résolution que le Conseil Central vous demande de voter :

Le Congrès recommande aux sociétés l'application entière et loyale, dans les conditions mêmes fixées par le législateur, de la loi sur les Assurances Sociales, aux employés de coopérative, y compris les gérants.

En particulier, il demande à la F. N. C. C. de tenir les sociétés au courant des dispositions particulières aux gérants qui pourraient être prises par la direction des Assurances Sociales.

Conformément à presque toutes les législations et à nos revendications concernant l'administration des organismes d'assurances par les assurés eux-mêmes, il recommande de ne pas déroger au principe du paiement de la cotisation par les trois intéressés : l'employé, le patron et l'Etat.

Discours de E. POISSON

E. POISSON. — Chères Coopératrices et chers Coopérateurs, mon intervention, au nom du Conseil Central, pour répondre aux différentes observations ou critiques qui ont été faites, sera extrêmement brève.

Elle sera brève car, en vérité, il n'a pas été apporté de critiques sérieuses à l'action de la Fédération Nationale et celles qui ont été faites émanent d'une petite minorité d'opposants que nous connaissons bien.

UN DÉLÉGUÉ. — Elle deviendra la majorité.

E. POISSON. — C'est un espoir. Malheureusement pour vous, il diminue d'année en année.

Sur les critiques d'ordre général, je veux répondre d'un mot à notre ami Richard.

Il y a un point sur lequel il a attiré avec raison notre attention et sa critique est justifiée. Je veux parler de la réforme de la loi des patentes. Nous n'avons pas apporté une attention suffisamment soutenue à l'examen de ce problème et je donne à Richard l'assurance que le Conseil Central et le Groupe Parlementaire de la Coopération s'en occuperont d'une façon sérieuse.

A propos de la deuxième observation présentée par lui en ce qui concerne l'extension de la propagande, s'il s'agit de la propagande générale, je pense que nous avons fait l'effort nécessaire et j'y reviendrai d'un mot tout à l'heure. Mais il est incontestable que, dans certaines régions, où les progrès de nos concurrents sont le plus marqués, il est indispensable que la Fédération Nationale intensifie sa propagande

En ce qui concerne la Fédération à laquelle appartient notre ami Richard, les promesses que j'ai faites devant le Congrès Régional ont eu l'approbation de la Commission administrative et du Conseil Central. Elles seront par conséquent appliquées dans les conditions que j'ai indiquées.

Notre ami Richard m'a encore posé une question sur les procès-verbaux. Il me permettra de lui dire, comme je l'ai dit au Congrès Régional, que nous avons le désir de rendre compte le plus souvent possible de l'action du Conseil Central et de ses résolutions principales, et que par des extraits dans *L'Action Coopérative* et par des articles généraux dans *Le Coopérateur de France,* le Mouvement Coopératif tout entier sera tenu au courant.

Ceci dit, je pense que notre ami Richard aura satisfaction.

Un mot très rapide pour la minorité. La minorité ne croît pas, elle tend, au contraire, à décroître. Elle est à peu près telle qu'elle était autrefois, sauf qu'elle se cristallise matériellement et quelquefois même intellectuellement d'année en année. C'est un fait que je constate.

Je ne dis rien là d'extraordinaire. Je crois que je pourrais reprendre le discours que j'ai fait l'année dernière, celui que j'ai fait il y a deux ans, celui que j'ai fait il y a trois ans en réponse à nos amis, et on verrait que j'ai à répondre exactement sur les mêmes points, exactement sur les mêmes questions que l'on renouvelle toujours.

Cependant, il y a un point qui est maintenant éclairci. Il y avait une équivoque. Nous disions : Nous sommes pour la Coopération ouverte à tous les consommateurs, quels qu'ils soient, d'où qu'ils viennent, sans nous inquiéter de leurs opinions politiques, philosophiques ou économiques. Et, face à face à cette conception qui a assuré le succès du Mouvement Coopératif français et qui ouvre les possibilités de son avenir, on opposait une conception dont nous disions toujours qu'elle était d'essence politique, attachée aux idées d'un parti politique déterminé, le Parti Communiste. Voilà ce que nous disions et voilà ce qui a été nié et je vois ici quelques têtes chevronnées qui se rappelleront qu'on niait absolument que l'opposition fût dirigée par un parti politique.. Aujourd'hui, c'est chose reconnue, Jégou l'a dit, d'autres l'ont écrit.

Un Délégué. — C'est exact.

Poisson. — Nous en prenons acte.

Un Délégué. — Parce que...

Poisson. — Non, non, non. Vous avez parlé tout à l'heure.

Le Président. — Chacun son tour, camarade.

Poisson. — Vous avez parlé tout à l'heure et vous avez dit ce que vous avez voulu. Vous ne représentez pas le dixième du Congrès et vous avez envoyé à la tribune huit ou neuf orateurs. Vous ne pouvez pas vous plaindre. Vous avez pu, pendant des heures, non seulement développer vos conceptions, mais exécuter les ordres politiques que vous avez reçus.

Par conséquent, notre position est très simple. Nous sommes pour le Mouvement Coopératif placé en dehors des préoccupations de partis et nous proclamons bien haut que si vos conceptions avaient quelque chance de progresser, vous aboutiriez à la mort de la Coopération française.

Si, d'après vous, elle doit être l'instrument d'un parti...

Un Délégué. — De la classe ouvrière.

Poisson. — Est-ce que vous êtes capable d'écouter ? Quand j'expose ces idées, je suis quelquefois ardent, je fais de la polémique; mais, pour le moment, il me semble que je m'en tiens uniquement à des idées et qu'il faut que votre susceptibilité soit bien grande pour que vous ne puissiez pas, je ne dis pas les comprendre, mais au moins les écouter.

Nous disons que c'est condamner à mort la Coopération française que d'en faire ce que vous voudriez qu'elle fût : l'instrument d'un parti politique. Et je dis que la Coopération ne doit pas être plus l'instrument de votre parti politique que celui d'aucun autre parti politique.

Un Délégué. — Celui de Tardieu.

Le Président. — N'interrompez pas.

Poisson. — Même les interruptions, qui sont hors de cause, fortifient ma théorie. Je dis que la sphère où vous voudriez enfermer le Mouvement Coopératif ne servirait qu'à l'étouffer. S'il devenait l'instrument d'un parti politique, il pourrait fermer ses portes.

Mais alors il faudrait être loyal et honnête. Il faudrait dire : La Coopération n'est ouverte qu'à ceux qui appartiennent à tel parti politique. Il y aurait une Coopération libérale, une Coopération catholique, une Coopération royaliste, une Coopération communiste.

Mais il faut le dire. Il faut dire à ceux qui viennent là qu'ils y sont pour servir d'instrument à un parti. Dites-le et vous verrez immédiatement le résultat dans vos propres organisations.

Un Délégué. — Tant que Tardieu sera au pouvoir...

Le Président. — La parole est à Poisson.

Poisson. — Le camarade de Tours qui à l'heure actuelle m'interrompt et qui est venu à cette tribune, me permettra de lui dire qu'au lieu de s'occuper de Tardieu, la coopérative *l'Union* ferait mieux de s'efforcer de n'être pas l'organisation que nous connaissons et qu'elle devrait chercher les moyens utiles à son développement.

Je dis qu'il y a un point nouveau dans la discussion d'aujourd'hui.

Je ne répondrai pas aux questions qui ont été posées à propos d'impérialisme ou de la campagne d'Indochine, ou de la lutte contre tel ou tel ministère. Il en est qui, très facilement, pourraient se passionner pour ou contre; ils montrent un esprit admirable de tolérance en vous écoutant, sinon avec bienveillance, du moins, permettez-moi de le dire, avec une ironie presque intéressée.

Nous savons très bien ce que vous voulez. Vous montez à la tribune les uns après les autres, pour lire des ordres du jour foudroyants où le régime capitaliste prend « quelque chose pour son rhume ». Mais vous savez très bien que quand vous êtes revenu à votre place, l'économie capitaliste et l'impérialisme ne s'en portent pas plus mal.

Un Délégué. — Avec votre complicité.

Poisson. — Vous pouvez essayer de m'interrompre, cela ne me gêne pas, au contraire. Vous savez bien que si je ne vous avais pas, je vous créerais pour animer un peu nos congrès.

Pour la première fois, un seul de vos orateurs, je le dis tel que je le pense, au lieu de rabâcher les mêmes choses, au lieu de répéter les mots d'ordre, a fait une tentative. C'est celui qui a été le plus méchant, mais il a tout de même fait un effort. C'est notre camarade Darves, de Grenoble. Et à lui je veux répondre et répondre sérieusement.

Je n'insisterai pas sur le fait qu'il semble n'avoir pas un très bon caractère et qu'il se montre un peu atrabilaire à l'égard des personnes. Je l'excuse d'autant plus facilement qu'il aime les mathématiques et que j'ai toujours eu un faible pour les mathématiciens à cause de la finesse de leur esprit et aussi parce qu'ils sont souvent dans les nuages et se montrent plutôt des poètes que des réalistes.

Ceci m'amène à entrer directement dans une discussion très courte. Notre ami Darves a dit : Prenez garde, c'est bien... Il n'a peut-être pas dit que c'était bien, mais je force légèrement sa pensée. — C'est bien de créer des organisations puissantes; mais est-ce que vous ne croyez pas qu'il y a quelque chose de supérieur à l'organisation matérielle; ne pensez-vous pas qu'il faut surtout sauvegarder l'esprit coopératif et que le Mouvement Coopératif doit avant tout rechercher un idéal ?

Je ne crois pas avoir mal interprété votre pensée.

Et alors vous nous dites : Avec vos grandes organisations, où vous mettez à la base l'intérêt des consommateurs, l'intérêt des directeurs et l'intérêt même des employés, avec cette idée que de mouvement repose sur l'intérêt, vous risquez que l'organisation capitaliste qui repose elle-même sur l'intérêt et dispose de forces formidables, ne puisse vous balayer comme un fétu de paille, ne laissant rien derrière vous, parce que vous aurez tué l'esprit coopératif.

Camarade Darves, je ne nie pas que, dans son origine d'abord, le Mouvement Coopératif ait pour base la foi, le sacrifice et l'idéal; je n'ignore pas que dans son origine cette foi et ce sacrifice se sont d'abord manifesté parmi les ouvriers des grandes cités tentaculaires et dans les branches de l'économie les plus évoluées au point de vue industriel. Je n'ignore pas que chez les Pionniers de Rochdale où chez les Canuts de Lyon, la coopération a trouvé son élan. Elle l'a trouvé parmi ceux qui étaient les plus malheureux, les plus déshérités et souvent les moins instruits de la société. Le Mouvement coopératif, s'adressant à tout le monde et voulant englober l'humanité entière, a eu à son origine même ses racines dans le monde du travail, parmi les plus déshérités d'entre les hommes.

Mais la reconnaissance que nous leur gardons ne doit pas nous empêcher de voir l'évolution des choses. Aujourd'hui, je le montrerai d'un mot tout à l'heure, il faut conserver l'esprit coopératif, mais il ne faut pas se contenter de l'esprit coopératif. Parallèlement à l'esprit coopératif, il est indispensable de posséder une organisation réaliste. A l'heure actuelle, si nous ne possédions pas cette organisation réaliste, adaptée à l'évolution économique du moment, si nous n'avions pas des institutions aussi bien organisées que celles du capitalisme, vous pourriez garder l'esprit mais il ne resterait rien de vos sociétés.

De tout cela, la preuve est faite en France et dans le monde. Elle est faite par ces centaines, ces milliers de petites sociétés coopératives et même de grandes où les administrateurs ont donné leur temps, leur argent, jusqu'à leur vie tout entière à la coopération, venant le soir, y passant leurs Dimanches tout comme si elle avait été leur propriété la plus privée.

Oui, mais ces sociétés ont dû subir l'assaut de l'évolution capitaliste, et que deviennent-elles ? Elles meurent. De temps en temps il en est qui renaissent de leurs cendres ; mais chaque fois qu'il en disparaît une c'est l'esprit coopératif des fondateurs ou des anciens coopérateurs qui se fait plus petit et ils deviennent de moins en moins nombreux.

Voyez combien d'organisations coopératives sont mortes depuis cinquante ans, et voyez que là où la coopération a succombé matériellement parce qu'elle ne pouvait pas résister à la concurrence capitaliste évoluée, il est presque impossible pour de longues années, de faire revivre des sociétés nouvelles.

Si donc l'esprit coopératif est nécessaire, des organisations évoluées ne sont pas moins utiles.

Ah ! vous pourriez avoir des intellectuels. Je crois que dans les rangs du Parti Communiste il reste encore quelques intellectuels. Mais il faut comprendre que c'est une conception tout à fait fausse que de penser que des organisations capables de progrès ne sont pas aujourd'hui une nécessité.

Camarade Darves, la Coopération est une œuvre de justice. Elle doit contenir l'esprit de justice. Mais il faut qu'elle soit en même temps une œuvre de progrès économique, sans quoi le progrès continuera sa marche et votre justice sera écrasée.

Nous voulons le triomphe commun et uni de la justice et du progrès dans toute la coopération.

Si aujourd'hui nous nous dressons en face des sociétés à succursales multiples et en face du commerce privé, c'est aussi, — mathématicien apprenez-le — une force que la psychologie et c'est par elle qu'il faut attirer à nous l'ensemble des consommateurs.

Voilà pourquoi il faut faire évoluer les sociétés coopératives et les faire grandir dans le cadre où elles peuvent lutter. Voilà pourquoi il leur faut des techniciens et des techniciens à tous les échelons ; voilà pourquoi il faut des gérants instruits de leur métier, des comptables professionnels pour qu'il y ait une comptabilité bien tenue, alors que vous le savez, vous, le mathématicien, que beaucoup de sociétés, auraient besoin d'une comptabilité bien au point ; il faut aussi des techniciens pour diriger, comme il faut, des professeurs pour enseigner. Vous le savez bien, voyons, il ne suffit pas d'avoir de la bonne volonté. Moi, je suis plein de bonne volonté en matière de mathématique ; est-ce que vous me mettriez à votre place, demain, dans votre Chaire. De même qu'il y a des techniciens qui sont professeurs de mathématiques, de même il y a des techniciens qui sont des directeurs de coopératives, d'autres qui sont des employés de telle ou telle capacité.

Il faut concevoir, il est vrai, que la coopération doit garder l'esprit coopératif ; mais alors se pose la question : Quel esprit coopératif ?

Là, vous avez manqué de précision géométrique ou arithmétique.

Au fond, ce que vous voulez, ce n'est pas un véritable esprit coopératif, c'est-à-dire un esprit d'émancipation, agissant dans le cadre coopératif, recherchant en lui-même ses possibilités d'action et ses forces de création d'idéal. Ce qu'il vous faut, ce n'est pas un esprit coopératif, force de réalisation.

La coopération ne vous suffit pas. C'est ailleurs que vous allez chercher, pour le Mouvement qu'elle représente, vos directives d'action.

Quel est l'esprit coopératif que vous voulez ?

DARVES. — Vous demandez beaucoup de choses, c'est sans doute que vous me permettrez de répondre.

POISSON. — Non. Vous avez parlé. Maintenant c'est mon tour. Ce n'est pas à vous que je pose des questions, c'est aux membres du Congrès qui décideront sur ce que nous disons l'un et l'autre et qui choisiront.

Je me permets d'indiquer que, pour vous, l'esprit coopératif, c'est celui qui fait de la coopération une arme entre d'autres armes, destinées à la lutte des classes, à la lutte de la classe ouvrière contre la classe capitaliste.

Je n'ai rien à renier de mes idées de jeunesse ; j'ai la prétention de rester ce que j'ai toujours été et de garder, comme dit l'autre, mon éternelle jeunesse. Et j'entends continuer à rechercher par tous moyens, la réalisation d'une transformation sociale et humaine.

UN DÉLÉGUÉ. — Au Conseil National Economique ?

POISSON. — Je ne réponds plus aux stupidités.

LE MÊME DÉLÉGUÉ. — C'est impoli.

POISSON. — C'est peut-être impoli, mais quand je discute sérieusement et qu'on vient me parler d'une chose qui n'a rien à faire dans la discussion, j'ai le droit de dire cela.

A cette conception, j'oppose la nôtre et je montre que précisément, ce que nous voulons ce n'est pas déclarer qu'en dehors de nous il n'y a rien. J'ai toujours pensé que, dans la langue française, il fallait se servir du mot juste ; je ne le fais pas toujours, mais je m'efforce de le faire. Pour ma part, je n'emploie jamais le mot neutralité.

J'emploie toujours le mot indépendance. Je suis pour l'indépendance totale du Mouvement coopératif à l'égard des autres mouvements économiques, politiques ou sociaux. Mais je sais fort bien qu'en dehors des problèmes de production et de consommation, il y a autre chose dans la vie. C'est ainsi qu'il y a à l'heure actuelle, peut-être un jour en sera-t-il autrement, mais enfin, il y a, en ce moment, les Pouvoirs publics. Et puis, en dehors de l'Etat et des Pouvoirs publics, il y a des forces morales, il y a des problèmes qui peuvent être inspirés par la coopération, des problèmes d'enseignement, des problèmes de justice.

Mais je ne suis pas assez naïf pour penser qu'on puisse, en dehors des problèmes économiques que la coopération peut résoudre, nier l'existence d'autres questions.

Ainsi, face à vous, je vous dis : L'esprit coopératif que nous voulons développer dans le sens de créer une puissance d'idéal : Oui.

Mais à la condition que cet idéal ne se mélange pas à d'autres mouvements qui seraient dangereux pour lui.

Ce que vous voulez, c'est nous associer à tous les mouvements du prolétariat contre le capitalisme, mais ce que vous entendez par prolétariat, permettez-moi de vous le dire, c'est une partie du prolétariat ; et votre conception politique est celle d'une partie du prolétariat.

Il y a dans l'histoire de notre pays, non seulement le travail ouvrier, mais le travail paysan. Il existe en France, et pour longtemps encore probablement, beaucoup plus de paysans que d'ouvriers. Cela ne veut pas dire que parce qu'ils sont plus nombreux, ils doivent avoir raison. Mais ni les uns ni les autres, ne peuvent prétendre à eux seuls, représenter l'intérêt général. L'intérêt général est précisément différent de l'intérêt des catégories, même de l'intérêt des catégories de producteurs. Et quand nous voulons, aujourd'hui, créer une économie coopérative, je suis de ceux qui emploient le moins possible, le terrain de reconstitution de l'économie classique des consommateurs ou des producteurs.

En vérité, nous considérons un monde nouveau, c'est le monde de l'économie coopérative ; tout le monde y sera consommateur, car les besoins humains sont à la base de la vie économique ; mais tout le monde aussi devra donner sa part de production dans la production générale.

Dans cette pensée, qu'il me soit permis de vous dire que cette économie coopérative, nous voulons la pénétrer de la passion de la justice, sans négliger pour cela la question de l'intérêt.

L'intérêt et la justice ne sont pas incompatibles ; la coopération le marque tous les jours et à tous les instants. Voilà pourquoi nous continuerons à vouloir, comme vous, conserver l'esprit, mais l'esprit dans le cadre de la coopération.

J'en ai pour ainsi dire fini.

DARVES. — Voulez-vous me permettre une question ?

POISSON. — Soit.

DARVES. — Si véritablement vos idées d'aujourd'hui sont vos idées anciennes comme vous le déclarez, pensez-vous que par l'extension des sociétés coopératives, vous arriverez à mettre la main sur l'économie totale du pays ?

POISSON. — Je vois, mon cher Darves, qu'entre nous, il y a une différence considérable. Vous vous placez peut-être à un point de vue scientifique supérieur à nos volontés ; mais je dis que je vois dans la coopération, dans les limites mêmes que je viens de tracer à grandes lignes, la solution totale des problèmes économiques. Non pas qu'on puisse penser que, pour certains services publics, dès maintenant constitués, la coopération puisse être une solution, par exemple, en créant des coopératives de chemins de fer à côté des chemins de fer qui existent à l'heure actuelle ; mais la gestion par les usagers qui est à la base de la coopération, même la gestion avec la collaboration des producteurs serait valable, non seulement dans le domaine coopératif, mais dans le monde entier. En matière de Postes, de Télégraphe, de Téléphone, croyez-vous impossible de concevoir ces grands services d'Etat, gérés par les intéressés eux-mêmes, par les représentants des usagers avec la collaboration des producteurs ? J'avais cru que cette conception était la vôtre, à vous, partisan de la transformation sociale, quoique membre du Parti Communiste.

Je me suis trompé. Mais alors, je crois non seulement avec la force de ma passion, mais à la lumière de l'expérience, que, beaucoup plus rapidement que par d'autres moyens, on réalise tous les jours un monde économique nouveau par la coopération. On ne le promet pas, on le réalise ; la réalisation est peut-être lente et modeste, mais tout de même on forge quelque chose ; on crée et on établit. La coopération est un organe de réalisation et à mesure qu'elle grandit, elle réalise tous les jours son idéal. Voilà ma réponse.

DARVES. — Votre voyage en Russie ne vous a rien appris.

POISSON. — Il m'a appris que l'équilibre de la consommation et de la production est un problème à côté d'autres problèmes et qu'il attend sa solution. Voilà ma réponse.

Et maintenant, deux mots pour terminer. Je m'excuse d'avoir fait, pour ainsi dire, une petite conférence sur l'économie coopérative et sur mon idéal. Mais après tout, nous nous retrouvons une fois par an. N'est-il pas bon que nous passions par dessus les mesquineries et que nous nous abstenions de nous arrêter aux défauts de telle boutique coopérative de tel quartier ? Est-ce que ce n'est pas une occasion pour nous de communier dans l'esprit coopératif, afin de rentrer chez nous encouragés, avec plus de foi pour travailler à la réalisation de l'idéal coopératif dans la formule sociale la plus riche, la plus souple et la seule qui, à travers ce vingtième siècle, en France et dans le monde, ait pleinement réussi, comme dit Charles Gide, sans faire couler ni une larme ni une goutte de sang.

J'oubliais de dire, à propos des economats que la Fédération nationale, poursuivra et accentuera la lutte, non seulement contre les économats des chemins de fer, mais contre tous les économats.

La séance est levée à 18 heures 30.

DEUXIÈME JOURNÉE

Troisième Séance

VENDREDI 30 MAI 1930, à 9 heures du matin

La séance est ouverte sous la présidence de E. Buguet, assisté de Desmoulins, de l'Union des Coopérateurs de la Creuse et de Philippe, de la C. R. B. N. d'Alençon.

Vote sur le Rapport du Conseil Central

Le Président. — Je donne la parole à Maurice Camin, qui va faire connaître au Congrès le résultat du vote sur le Rapport du Conseil Central.

Maurice Camin. — Voici le résultat du vote sur le Rapport du Conseil Central qui a été émis par les Fédérations Régionales :

Nombre de mandats : 6.742 ; Pour : 6.380 ; Contre : 337 ; Abstentions : 25.

Le Président. — L'ordre du jour appelle le Congrès à examiner la question de l'Organisation des Loisirs. Je donne la parole à A. Fauconnet, rapporteur.

L'Organisation des Loisirs

A. Fauconnet, *rapporteur*. — L'année dernière, au Congrès de Royan, notre camarade Albert Thomas et moi-même, déposions un rapport concernant l'organisation des loisirs. A la suite de cette discussion, le Congrès demandait au Conseil Central de présenter au prochain Congrès un Comité National des Loisirs constitué, avec un programme minimum d'action.

A la suite de cette décision, plusieurs réunions ont été organisées.

Au cours de la première réunion, à laquelle avaient été convoqués un certain nombre de militants coopérateurs, nous avons eu à examiner ce que pouvait être le Comité National des Loisirs, quelle forme d'action il pouvait préconiser et d'autre part, quels moyens nous devrions employer pour faire partager notre point de vue à l'ensemble des militants du Mouvement coopératif.

A la suite de cette réunion, plusieurs sous-commissions ont été désignées avec mission d'examiner différentes questions. Nous étions au mois d'octobre.

Une deuxième réunion a eu lieu quelques mois plus tard. Au cours de cette réunion, nous eûmes à examiner les statuts provisoires du Comité des Loisirs. Ces statuts ont été discutés et différentes modifications nous ont été demandées, puis, les camarades rapporteurs des sous-commissions qui avaient été désignés, firent un exposé sur le travail de ces sous-commissions. Enfin, cette deuxième réunion décida de nommer un Conseil d'Administration provisoire, composé par les membres de la Commission Mixte du Mouvement Coopératif, qui serait chargé de présenter à une réunion qui devait avoir lieu en mai, des statuts définitifs et des propositions pour la constitution du Conseil d'Administration du Comité National des Loisirs. De plus, cette réunion demandait qu'on puisse envisager la création soit de plusieurs sociétés, soit de plusieurs offices.

Ainsi donc, le Conseil d'Administration a constitué officiellement le Comité National des Loisirs.

Les statuts ont été envoyés à toutes les sociétés, peut-être un peu tard car nous avons été très surchargés de travail; d'abord par l'Assemblée Générale de notre société, ensuite par les différents Congrès auxquels nous devions assister.

Tout de suite, je vous indiquerai que l'article premier fixe le but de la fondation dans les termes suivants :

L'établissement, dit Comité National des Loisirs, fondé en 1929, a pour but l'organisation des loisirs familiaux, individuels et collectifs, par la création notamment de centres de vacances, voyages, excursions, centres de culture intellectuelle, éducation physique, amélioration du foyer, etc., etc..

Ses moyens d'action comprennent des institutions et associations permettant la réalisation du programme d'activité du Comité; l'organisation de manifestations, conférences, publications de bulletins, brochures, plaquettes, gravures artistiques, moulages, création de services juridiques, etc...

Quant au reste, les statuts sont établis suivant le type exigé par les pouvoirs publics pour permettre ultérieurement la reconnaissance d'utilité publique du Comité National des Loisirs.

Toutefois les statuts indiquent également que ce Comité sera doté d'un fonds de 20.000 francs, offert par la Fédération Nationale des Coopératives de consommation.

Je dois signaler en passant que le Conseil Central a eu à se prononcer sur la proposition du Comité provisoire et qu'il a ratifié la décision qui lui était présentée.

Ainsi donc, officiellement, les statuts sont déposés et le Comité National des Loisirs dispose d'une dotation de 20.000 francs offerte par la Fédération Nationale des Coopératives de Consommation.

Le Comité d'administration provisoire a eu à se préoccuper également de la désignation des membres du Conseil d'Administration, d'autant plus que l'article 5 des statuts est ainsi conçu :

L'établissement est administré par un conseil de 33 membres, dont 21 nommés chaque année par le Conseil d'Administration de la Fédération Nationale des Coopératives de consommation, organisme fondateur, et les douze autres désignés de la manière suivante...

Ces douze membres du Conseil sont nommés pour deux ans et renouvelés par moitié tous les ans.

Ce qui indique que le Comité National des Loisirs, fondé par la Fédération Nationale des Coopératives de Consommation, restera toujours sous son contrôle et ne pourra par conséquent pas échapper au Mouvement coopératif.

Le Conseil d'Administration provisoire a eu à se préoccuper de la composition du Conseil d'Administration définitif.

Ne croyez pas qu'il a cherché les futurs membres du Conseil d'Administration exclusivement dans le monde coopératif. Il a pensé que le Comité National des Loisirs devait être surtout représenté par des personnalités connues ou ayant des connaissances techniques et pouvant nous aider utilement dans toutes les actions futures que nous aurions à entreprendre pour l'utilisation des loisirs. C'est ainsi qu'il a eu l'idée de faire appel à des artistes dramatiques ou lyriques, à des cinéastes, à des personnalités s'occupant de radioffusion, de tourisme, à des professeurs d'université, à des directeurs de musée. De même on a fait appel à des représentants de l'organisation syndicale, à la C. G. T. ; enfin, on a fait appel à une personnalité s'occupant plus particulièrement de musique et de spectacle populaire.

A l'ensemble de ces personnalités, le Conseil d'Administration provisoire a cru devoir proposer à l'Assemblée du Comité des Loisirs d'adjoindre également les membres de la Commission administrative du Mouvement coopératif.

C'est ainsi que sur la proposition du Conseil d'Administration provisoire l'Assemblée Générale Constitutive du Comité National des Loisirs a ratifié la liste des personnes qui lui était soumise pour constituer le Conseil d'Administration définitif qui est ainsi composé : Albert Thomas, Directeur du B. I. T., Président ; Dautry, Directeur des Chemins de fer de l'Etat ; Justin Godard, ancien Ministre, Sénateur du Rhône ; Léon Jouhaux, Secrétaire Général de la C. G. T. et Lainé, industriel, Vice-Présidents ; Auguste Fauconnet, Secrétaire Général ; A. Guillevic, Secrétaire-adjoint ; MM. G. Lévy, Cleuet, Poisson, Camin, Yung, Prache, Brot et Buguet, représentant les organismes centraux du Mouvement coopératif ; MM. Charles Auray, Sénateur de la Seine ; Clément-Camus, A. Lièvre, E. Grenier, Ch. Dulin, Gémier, René Bathon, Albert Wolf, Gustave Charpentier, Abel Gance, Villermoz, Deffert, Bouglé, Locquin, Huart, Dulot, Roussel, Rolland Marcel, Lapierre, Million, Dubreuil et Radiguer, membres.

Je dois vous dire que l'Assemblée Générale du Comité National des Loisirs a ratifié les propositions faites par le Conseil d'Administration provisoire.

De plus, nous avons eu à examiner le programme minimum d'action immédiate du Comité National des Loisirs. C'est ainsi que fût proposée à l'Assemblée la constitution d'un Office Technique pour les Loisirs Sportifs.

Cet Office Technique s'est déjà réuni à plusieurs reprises. Il est composé de sportifs et de docteurs.

La liste suivante, présentée à l'Assemblée Générale, a été ratifiée unanimement :

Charles Duray, Henry Pâté, Drs Belin du Coteau, Richard, Jeudon, Chaille-Bert, Houdré-Boursin, Rodet, Grigouroff, MM. Alphonse Loyau, Marcel Delarbre, A. Bontemps, J. Laignel, Tessier et A. Guillevic.

La Commission s'est déjà réunie. Elle a fait une déclaration ; elle a indiqué quelle était sa méthode de travail et ce qu'elle entendait proposer aux sociétés qui feraient appel à ses services.

Je n'ai pas l'intention de vous lire cette déclaration, car je sais que notre ami Albert Thomas va prendre la parole après moi et que notre ordre du jour est très chargé. Mais prochainement, les sociétés coopératives seront saisies de différents documents qui leur feront connaître quelle est exactement l'action de l'Office.

Un règlement a été également créé par l'Office.

Il est entendu que toutes les propositions qui pourraient êtres faites par l'Office Technique des Loisirs Sportifs seraient préalablement soumises au Conseil d'Administration et que les décisions de l'Office ne seraient applicables qu'autant que le Conseil d'Administration les aurait ratifiées.

Un autre Office a été créé, c'est l'Office de Culture Générale.

Vous n'ignorez pas, camarades, que dans la région parisienne un centre de culture générale a été organisé et fonctionne depuis plusieurs années. Vous savez aussi que le Centre de Culture Générale a pour objet de favoriser la visite des Musées, des usines, des Etablissements publics sous le contrôle et avec le concours d'ingénieurs, de chefs d'entreprises ; la visite de monuments historiques, en un mot de faciliter des excursions et de permettre aux participants de recevoir des renseignements beaucoup plus étendus sur ls services publics et sur les richesses artistiques de la capitale.

Nos camarades ont pensé que cette action pouvait être étendue à différentes villes de France et qu'il serait possible, avec le concours de différents camarades, de créer plusieurs centres de culture générale et de former ainsi entre les coopérateurs d'une même société, des liens qui ne pouraient que renforcer la propagande coopérative.

A la suite de cette proposition, un règlement du centre de culture a été établi. Il reflète exactement le règlement de l'Office des Sports.

Il a été proposé à l'Assemblée que l'Office des Centres de Culture Générale soit composé de la manière suivante : M. Clément-Camus, Mme Bélime-Laugier, MM. Bonnier, Bouglé, G. Bourgin, Mlle Bourrat, MM. Breton, Dubreuil, Flory, Fuster, Mme Alice Jouenne, MM. Lainé, Locquin, Luc, Mauss, Ozannon, Pauly, Mme Philery, MM. Raveaux, Mario Roques, Rolland Marcel, Simiand, Taillandier, Vasseur.

A cet effet, nous avons déjà demandé à plusieurs militants des villes de provinces, s'ils étaient disposés à nous apporter leur concours pour la création de ces différents centres de Culture Générale.

Déjà un certain nombre de camarades nous ont répondu et nous les en remercions bien vivement. De plus, avec le concours de notre ami Bugnon, nous pourrons, grâce au concours des universitaires, favoriser la création de centres de Culture Générale, dans un certain nombre de villes.

Actuellement, nous avons des réponses pour une vingtaine de villes. Nous pensons donc, très prochainement, réaliser notre premier projet qui tend à la constitution de Centres de Culture Générale dans plusieurs villes sur lesquelles s'est porté notre choix.

Le Comité National des Loisirs a eu à se préoccuper également d'autres formes d'action. Il n'a pas cru devoir recourir à des Offices pour certains loisirs, notamment en ce qui concerne les voyages, les excursions et les vacances.

Pour les voyages, le Comité National des Loisirs a pensé qu'il y avait intérêt à créer une agence de voyage et d'excursions, agence à laquelle pourraient faire appel tous les groupements et même les individualités.

Cette agence se propose d'organiser pour son propre compte, des excursions dans l'ensemble du pays, et même des voyages à l'étranger.

L'agence est constituée et a demandé à la Fédération Nationale de lui confier le soin d'organiser le voyage qui sera fait à Vienne à l'occasion du Congrès International du Mouvement Coopératif.

La Commission administrative lui a donné cette autorisation et les pourparlers se poursuivent actuellement pour organiser ce voyage dans les meilleures conditions et montrer que l'agence ainsi créée est capable de répondre à tous les besoins qu'elle aura à satisfaire.

La Société est naturellement une société coopérative. Les statuts sont de caractère coopératif. Une voix par membre, quel que soit le nombre des actions.

Le Conseil d'Administration est désigné par la Société avec une clause de dévolution conformément à l'esprit coopératif.

La Société est constituée avec un capital de 2.000 francs souscrit par la Commission des Œuvres Sociales de l'Union des Coopérateurs de Paris.

Le Comité National des Loisirs s'est préoccupé de proposer à l'Assemblée Générale de la Société, un Conseil d'Administration. Lors de la réunion constitutive de l'agence de voyage, nous avons proposé au nom du Conseil Central, les membres du Conseil d'Administration et nous avons eu la satisfaction de voir que nous étions suivis par l'ensemble des fondateurs.

Le Conseil d'Administration est composé des camarades Lévy, Cleuet, Poisson, Grenier, Tavernier, Buguet et votre serviteur.

Enfin, à cette même réunion, nous avons eu à examiner la question des vacances. C'est une vieille question qui déjà a été étudiée dans le Mouvement coopératif, puisqu'elle avait été posée au Congrès de Lyon, dans un rapport présenté par notre camarade Berland et par notre regretté camarade Isidore Lévy. Nos camarades avaient, à cette époque, apporté toute la documentation justifiant la création d'une société nationale de vacances.

En fait, nous n'avons fait que reprendre les arguments qui avaient été développés par eux. Nos camarades préconisaient la création d'une société nationale de vacances de la façon suivante : Demander à toutes les socités coopératives qui ont des établissements de vacances de fusionner tous ces établissements et de créer ainsi une société nationale.

Cette décision avait été votée par le Congrès ; malheureusement lorsqu'il a fallu la raliser on a rencontré des difficultés juridiques qui n'ont pas permis de l'appliquer.

Aussi, le Comité National des Loisirs croit-il devoir vous proposer la création d'une société de vacances, société coopérative qui ferait appel non seulement aux sociétés coopératives possédant des établissements en utilisant simplement le concours des sociétés coopératives ou le capital actions versé par les sociétaires. Nous avons pensé que s'il fallait s'en tenir à ces moyens financiers, le développement de la Société Nationale de Vacances serait par trop lent et n'aurait que des résultats à trop longue échéance. Aussi, avons-nous songé à faire appel non seulement aux sociétés coopératives, mais aux collectivités : communes, établissements publics, voire même aux industriels que la question pourrait intéresser et qui seraient disposés à faire des apports pour leur propre personnel.

Il a été prévu que nous ferions appel à ces différentes collectivités en leur demandant de s'associer à notre action et de nous permettre, par leurs apports financiers de créer les établissements dont nous avons besoin.

Pour favoriser ces apports, le Comité National des Loisirs organise prochainement un voyage dans la Charente-Inférieure, c'est-à-dire dans un département où le Mouvement coopératif possède déjà plusieurs établissements.

Nous voulons montrer aux coopérateurs et aux collectivités ce que peut faire le Mouvement coopératif et nous espérons les inciter ainsi à nous apporter leur concours pour nous permettre un développement plus rapide que celui que nous obtiendrions si nous nous contentions des seules ressources coopératives.

Le Comité National des Loisirs a proposé à l'Assemblée constitutive de cette société, la composition du Conseil d'Administration. Nous avons eu la satisfaction de voir ces propositions acceptées.

C'est ainsi, que le nouveau Conseil de cette société sera composé par nos amis : Albert Thomas, Poisson, Cleuet, Lévy, Perrot, Duchemin, Lièvre et votre serviteur.

Ce n'est qu'à la suite du voyage que nous devons faire très prochainement que nous pourrons avoir une idée à peu près exacte de ce que pourra être l'activité de la Société Nationale de Vacances pour son programme futur.

Indépendamment de la constitution de ces sociétés ou de ces Offices, le Comité National des Loisirs, a envisagé la création d'autres Offices, notamment d'un Office des Jardins ouvriers.

Il nous faudra naturellement trouver les éléments qui nous permettront par la suite de créer cet Office et de le mettre à la disposition des camarades possédant des jardins.

L'Office des Jardins aura pour objet de renseigner la multitude des coopérateurs possédant un petit coin de terre sur les moyens les plus favorables à la culture et à l'amélioration du rendement ; il donnera des indications pour perfectionner l'art de bien cultiver et surtout pour rendre agréable le petit jardin familial.

Pour atteindre ce but, l'Office prévoit l'édition d'un bulletin périodique qui sera envoyé à tous les adhérents.

L'Office recherchera les maisons de commerce susceptibles de fournir aux sociétaires les plants, les graines, ainsi que les instruments aratoires, aux meilleures conditions possibles.

Camarades, l'Office des Jardins n'est pas encore créé. Nous pensons qu'après le Congrès, nous trouverons les éléments nécessaires et que très prochainement nous aurons à enregistrer la création de cet Office.

D'autre part, nous entendons développer dans l'esprit de nos adhérents, le goût de la décoration du foyer.

Là également, le Comité National des Loisirs se propose de faire appel à des camarades compétents.

Enfin, le Comité National des Loisirs entend étudier l'organisation de vastes manifestations populaires ou de fêtes populaires. Il fera naturellement appel aux artistes dont nous avons demandé la collaboration et qui sont au Conseil d'Administration du Comité National des Loisirs.

C'est ainsi que nous allons aboutir peu à peu à la constitution d'un vaste réseau d'organismes, qui fera que le Mouvement coopératif aura constitué un Comité National des Loisirs vraiment digne de lui.

Je n'ai pas besoin de vous dire que la constitution de ce Comité a eu une très grande répercussion dans la presse ; tous les journaux en ont parlé. Dans la grande majorité, ils ont été sympathiques à notre action, quelques-uns seulement ont montré du pessimisme, d'autres, en très petit nombre, ont essayé de tourner en dérision l'action que nous voulons réaliser. Si l'ensemble du Mouvement coopératif, si les militants coopérateurs veulent faire un effort, s'ils veulent mettre à la disposition du Comité National des Loisirs leur compétence et leur dévouement, nous sommes persuadés que dans un terme qui n'est pas très éloigné, nous aurons créé au sein du Mouvement coopératif un organisme qui facilitera les militants dans la besogne de propagande qu'ils auront à poursuivre chaque jour pour le développement de l'idée qui nous est chère, c'est-à-dire l'idée coopérative.

Gérard. — Je ne pose pas de question sur l'exposé fait par Fauconnet; mais je m'étonne d'entendre nommer, comme membres des différents Conseils d'Administration, les mêmes personnes qui ont déjà à accomplir un travail considérable. Je me demande comment elles pourront assumer la nouvelle charge qui va leur incomber.

Fauconnet, *rapporteur*. — Lorsque nous avons eu à examiner la composition des Conseils d'Administration des différentes sociétés, nous avons eu d'abord la préoccupation de réunir des camarades représentant les organismes centraux du Mouvement coopératif ; nous nous sommes surtout préoccupés de rechercher des camarades ayant des capacités administratives qui leur permettent de suivre attentivement la marche de leur société. Nous avons recherché également des camarades susceptibles d'être réunis très facilement.

Comme l'indique très justement Gérard, les camarades qui ont été choisis font partie déjà de sociétés coopératives et y remplissent des fonctions plus ou moins importantes ; et ils dépensent beaucoup d'activité dans les organisations coopératives. Mais précisément à cause de cela ce sont des camarades que nous pouvons toucher beaucoup plus facilement ; on peut réunir un Conseil d'Administration à neuf heures du matin et, à dix heures, s'occuper d'autre chose. Voilà les préoccupations qui nous ont guidé.

Naturellement, nous aurions pu faire appel à beaucoup d'autres camarades ; mais, sur l'ensemble, bien peu auraient pu assister aux séances du Conseil d'Administration. C'est la seule raison qui nous a incité à faire appel plus particulièrement aux représentants du Mouvement coopératif pour composer le Conseil d'Administration, et, tout au moins au début, pour lancer notre Société.

Gérard. — Tu sais bien que je n'attaque aucun des camarades dont il s'agit. Mais je crois qu'il leur sera impossible de faire le travail dont ils vont être chargés. Pratiquement, il arrive que lorsque nous nous réunissons et que nous avons parmi nous des camarades comme ceux qui ont été nommés tout à l'heure, depuis le matin jusqu'au soir on joue cette comédie qui consiste à changer de bureau toutes les cinq minutes.

Il faut que nous trouvions des hommes. Nous avons des camarades qui accomplissent les besognes importantes de la coopération ; il faut que nous en ayions d'autres qui soient susceptibles de les remplacer le cas échéant.

A. Fauconnet. — J'entends bien, Gérard, qu'il faut que nous trouvions des hommes nouveaux. Mais nous avons constitué la Société avec un capital de 20.000 francs et nous avons fait appel à une vingtaine de camarades. Sur ces vingt camarades nous sommes obligés d'en prendre huit pour constituer le Conseil d'Administration. Nous n'avions pas le choix.

Par la suite, lorsque vous aurez tous donné votre adhésion à la Société Nationale de Vacances, lorsque tous les militants coopérateurs adhéreront à notre organisation, le choix sera beaucoup plus facile et nous pourrons donner satisfaction à notre camarade Gérard. Pour l'instant, nous avons fait comme nous avons pu étant dans l'obligation de prendre les camarades fondateurs de la Société.

Le Président. — Je donne, maintenant, la parole à notre ami Albert Thomas.

Discours d'Albert THOMAS

Albert Thomas, *rapporteur.* — Camarades, ma tâche devient très simple. Je pensais qu'il y aurait peut-être quelque discussion à instituer sur les méthodes que nous avons suivies ou sur les raisons qui ont inspiré notre action. Je m'aperçois qu'il n'en est rien, qu'on discute de quelques détails qui ont leur importance mais que l'œuvre des loisirs aurait en quelque manière cause gagnée devant le monde coopératif.

Je ne m'attarderai donc pas à souligner cette année encore l'intérêt d'une œuvre d'organisation des loisirs ; je ne m'attarderai pas à évoquer les progrès qui ont été accomplis par les organisations coopératives des pays voisins, quelquefois même avec l'intervention gouvernementale. Il est inutile que je fasse devant un Congrès comme celui-ci un discours académique. Je ne referai donc pas, même pour les compléter, nos interventions de Royan.

Mais je voudrais à mon tour insister très brièvement sur l'œuvre qui a été accomplie depuis le Congrès de Royan et dont Fauconnet donnait tout à l'heure le détail.

Nous avons constitué un Comité National des Loisirs. Nous avons appelé au sein de ce Comité des représentants des divers mouvements, et s'il m'est permis de reprendre l'expression de Fauconnet, des techniciens des loisirs.

Nous avons été heureux de constater avec quelle sympathie, avec quelle amitié parfois, même avec quel enthousiasme l'initiative de la Fédération avait été accueillie.

Au lendemain de l'établissement de la journée de huit heures, en 1919, une première réunion de cette nature avait eu lieu. Et puis, les bonnes volontés se sont dispersées, après quelques réunions les uns et les autres sont retournés à leurs occupations quotidiennes et se sont efforcés de développer seuls leurs initiatives.

Il avait manqué en 1919 ce que seul le Mouvement coopératif puissant d'aujourd'hui peut donner : la base matérielle pour une organisation intellectuelle et morale comme celle des loisirs.

Nous avons repris cet effort. Déjà à trois ou quatre reprises, les camarades se sont réunis et ont apporté leurs idées ; nous avons profité aussi de quelques expériences des camarades de l'étranger. Nous avons ainsi essayé de faire vivre l'œuvre dont a rêvé le Congrès de Royan.

Camarades, je ne veux pas m'attarder, je le répète, à considérer ce que nous avons aujourd'hui en France et à décrire les expériences qu'au cours de quelques voyages j'ai pu rencontrer à l'étranger. Notre ami Guillevic connaît l'école ouvrière de gymnastique, à Leipzig. J'y suis retourné il y a peu de semaines pour voir ce que nous pouvions tenter en France.

Hélas ! nous serons encore loin pendant quelque temps de réunir tous les moyens nécessaires pour entretenir d'une façon permanente quelque cent ou cent cinquante moniteurs, comme on voit à l'Ecole de Leipzig, afin de les répandre dans toutes les sociétés et dans tout l'ensemble du pays. J'ai entendu les docteurs expliquer comment pouvait s'organiser, sans esprit de compétition et sans esprit de record, l'éducation sportive et physique de la classe ouvrière. En Allemagne, il y a déjà à ce jour 90 bureaux de consultations sportives pour le monde ouvrier, 90 médecins occupés dans les divers centres à suivre au jour le jour le développement physique de tous les adhérents des Sociétés.

Nous sommes loin d'une institution de cette nature ; mais nous avons du moins la satisfaction de nous savoir déjà bien orientés, et de sentir au sein de la Commission Nationale la volonté de tous les camarades de s'inspirer des expériences qui sont faites autour de nous pour créer l'œuvre que le Congrès de Royan a voulue.

Nous sommes partis de nos expériences et ce sont ces expériences que nous tentons d'élargir. Ce sont nos établissements de vacances qui vont servir de base et de modèle à la Société de Vacances à constituer ; ce sont nos premières tentatives sportives qui vont inspirer la création d'un Office des Sports ; de même, ce sont les premiers centres de culture générale qui ont été institués que nous voulons répandre dans tout l'ensemble du pays et créer dans tous les grands centres urbains.

Voilà les conditions à la fois ambitieuses et réalistes dans lesquelles nous avons commencé notre travail.

Camarades, notre œuvre se présente, à l'heure actuelle, sous un double aspect. Il y a d'une part des Sociétés Coopératives pour le développement de telle ou telle forme de loisir ; il y a, d'autre part des Offices comme par exemple l'Office des Centres de Culture ou l'Office des Sports.

Nous les aurions peut-être multipliés si nous avions senti toutes prêtes des initiatives possibles. Si nous n'avons créé ni l'Office des Jardins ouvriers ni tel autre Office, c'est que nous n'avons pas encore à côté de nous les camarades déjà expérimentés, déjà techniciens qui seraient capables de grouper eux-mêmes tous les collègues pouvant s'intéresser à l'œuvre.

Mais il sera facile de développer les Offices, il sera facile de trouver à Paris ou ailleurs les bonnes volontés capables de nous aider à développer, par la coordination des efforts, telle ou telle forme d'utilisation des loisirs.

Il est beaucoup plus difficile de développer les Sociétés. Vous en savez quelque chose, vous qui vivez l'activité coopérative quotidienne.

L'essentiel, c'est d'abord d'avoir un petit noyau de militants ; mais ensuite il faut que les capitaux répondent à l'appel, il faut que la masse ouvrière et populaire intéressée participe à l'œuvre de la Société Coopérative.

C'est pourquoi nous avons dû nous montrer prudents pour la fondation des premières Sociétés.

Je l'ai dit et Fauconnet l'a dit avant moi : tant au sein de la Commission Nationale des Loisirs qu'au sein des diverses sociétés, nous avons rencontré déjà des sympathies actives. La presse a été favorable, les techniciens ont assisté régulièrement aux réunions, les Sociétés ont pu être constituées. Les camarades que l'on met à toutes les sauces, comme on le signalait tout à l'heure, sont venus, mais avec la pensée certaine qu'une fois qu'il aura été répondu à l'appel, d'autres bonnes volontés pourront se consacrer au développement des Sociétés.

Camarades, c'est là que nous en sommes. Nous avons créé les cadres : nous avons cherché à créer le plus de cadres possibles, de façon à marquer toute l'extension que nous voulions donner à l'œuvre des loisirs. Nous avons la conviction, après les premières bonnes volontés rencontrées, qu'il est possible de faire cette œuvre dont la Coopération Française a besoin.

C'est à l'ensemble de la Fédération à répondre, maintenant qu'il a été lancé un certain nombre de circulaires, maintenant que l'adhésion morale et enthousiaste du rêve de Royan a été acquise, maintenant que nous pouvons le considérer comme réalisé puisqu'il n'y a eu aucune contestation. Il importera de passer à l'action, il importera de souscrire, il importera surtout de faire que notre œuvre d'organisation soit vivante dans chacune des sociétés, que les opérations soient coordonnées, que les masses de consommateurs soient intéressées par l'œuvre des loisirs et qu'enfin nous n'ayons pas simplement créé un cadre qui resterait vide sans la vie dont nous voulons l'animer.

C'est dans cet esprit, camarades, que je veux me joindre à Fauconnet pour demander à tous les membres du Congrès, de retour dans leurs sociétés, de bien vouloir nous aider comme il convient.

On n'a pas fait ce matin les reproches que j'ai entendus hier dans les discours généraux. On n'a pas parlé des collaborations extérieures que nous avons songé à accueillir pour le Mouvement Coopératif et pour la création de nos sociétés spéciales. Il faut que nous en reparlions.

Dans les Sociétés de Vacances, oui, nous avons l'intention de faire appel à des capitaux qui ne sont pas des capitaux coopératifs. Oui, pour reprendre une formule fameuse, il faut aller chercher l'argent où il se trouve. Et il y a un certain nombre de concours qui, pour une œuvre comme celle-là, sont tout à fait nécessaires.

Mais il importe de bien marquer le souci constructif et juridique de ceux qui nous ont aidés dans la conception de ces sociétés.

Nous avons créé la Société Coopérative de Vacances. Elle reste société coopérative, fonctionnant dans sa pleine indépendance, gérée sous le contrôle des intéressés.

Mais à côté, il y a des capitaux participant à l'œuvre commune. C'est là que l'ingéniosité de nos juristes nous a aidés tout à la fois à donner à ces capitaux les garanties nécessaires et à maintenir la direction par le Mouvement Coopératif lui-même et par la Société de Vacances.

On a employé le moyen classique du Syndicat d'Obligataires qui verra les comptes de la Société. Les obligations auront leur intérêt. Le Syndicat d'Obligataires pourra défendre les intérêts des Obligataires, mais la conduite de la Société, l'administration de la Société restera exclusivement entre les mains du Mouvement Coopératif.

C'est ainsi que nous traduisons dans les faits et dans les réalités juridiques l'esprit même qui animait hier tout le Congrès.

Avec Poisson, je répondrai que nous sommes jusque dans le détail soucieux de l'autonomie et de l'indépendance du Mouvement Coopératif et de la gestion coopérative. Mais, en même temps, à l'heure même où nous créons ces institutions nouvelles, nous avons tous la conviction et la preuve que l'appareil coopératif ne doit pas simplement se développer dans le cadre même des petites sociétés où il s'est formé, mais que déjà, à l'heure actuelle, il est capable de rayonner et d'agir sur la collectivité tout entière.

C'est dans cet esprit que nous voulons créer, faire vivre et prospérer notre organisation des loisirs. C'est dans cet esprit que nous voulons manifester la force naturelle de l'organisation coopérative, son influence et son rayonnement dans le Pays.

Nous le constations au Congrès de Royan, il n'y a pas eu en France depuis dix ans, d'organisation de loisirs, ni du côté de l'Etat, ni du côté des institutions dont on pouvait attendre un effort. La Fédération des Coopératives de Consommation est capable aujourd'hui de créer ce Mouvement.

Lorsque nous avons établi nos statuts, des juristes nous ont dit : Vous n'avez pas le droit de vous instituer Commission *Nationale* des Loisirs. Il paraît que des dispositions législatives empêchent que l'on use de cette épithète. Nous avons dit : Passons toujours. Le jour où la Coopération aura montré que son organisation est véritablement nationale, le jour où, à défaut de toutes les autres initiatives, à défaut de l'activité gouvernementale, qui n'a su se manifester ni comme en Finlande, ni comme en Tchécoslovaquie, ni comme en Allemagne, la Fédération aura montré qu'elle est capable d'organiser les loisirs, ce jour-là, l'épithète « *Nationale* » ne pourra plus être contestée pour la commission que nous avons fondée.

Un dernier mot. Nous avons conscience, les uns et les autres, lorsque nous nous attelons à l'œuvre des loisirs, lorsque nous y consacrons quelques bribes d'un temps déjà bien occupé, nous avons conscience d'être vraiment dans le sens du grand Mouvement Coopératif traditionnel.

La Coopération a pour mission de rendre pour tous les hommes la vie plus aisée et plus belle; la Coopération est, pour tout homme, un instrument permettant de développer en lui toutes ses facultés d'homme; la Coopération, en aidant ainsi chacun des membres de la collectivité à se sentir capable de devenir un homme, en plaçant auprès de lui tous les instruments dont il pourra se servir pour cultiver son corps et son esprit, la Coopération alors sera capable de montrer que sur sa base matérielle solide elle fera resplendir l'esprit coopératif qui est sa raison d'être, et en ayant pour tout homme marqué ce qu'est la valeur du sentiment et de la pensée coopératifs, elle aura par là fait œuvre, non seulement d'éducation présente mais de révolution passée.

Le Président. — Après le magnifique exposé de notre ami Albert Thomas, je pense que la question des loisirs est réglée, et s'il n'y a pas d'observations je vais passer la parole à notre ami Leclercq qui va parler de la rationalisation.

La Rationalisation

Leclercq. — Camarades, au Congrès de Royan une résolution a été votée qui donnait mandat au Conseil Central, comme suite au rapport de nos camarades Cleuet et Poisson, de créer une Commission de Rationalisation.

Le Conseil Central a créé cette commission, en faisant appel aux compétences techniques des organisations coopératives, du Magasin de Gros et de la Fédération Nationale.

Je voudrais que vous me permettiez de dire qu'il ne faut pas écraser les membres de la Commission de Rationalisation sous l'appellation de Techniciens. Qu'ils sortent de la Coopération ou qu'ils aient appris la technique commerciale en dehors des organisations coopératives, tous les membres de la Commission de Rationalisation prétendent à un titre plus beau que celui de technicien. Ils sont, avant tout, des militants de la Coopération et c'est en tant que militants de la Coopération spécialisés dans l'étude des questions d'organisation commerciale que tous ont travaillé.

Ceci dit pour bien marquer que si nous nous sommes penchés sur des problèmes qui demandaient un examen d'un point de vue strictement commercial, nous n'avons pas perdu de vue l'idéal coopératif qui nous anime tous.

Pour débuter dans ses travaux, la Commission de Rationalisation avait en quelque sorte devant elle un programme tout tracé. En effet, dans des conférences tenues en dehors des assises du Congrès de Royan, les nombreuses sociétés représentées à ces conférences avaient décidé de poursuivre l'étude de deux questions dont l'importance avait été soulignée par l'Exposition Coopérative de Royan. Ces deux questions sont celles de l'organisation collective d'une comptabilité-matière des entrepôts coopératifs, et celle de la création d'un type de boutique coopérative.

J'éliminerai tout de suite le premier point, puisque sur cette question de la comptabilité-matière les travaux ne sont pas encore terminés et par ailleurs, dans le rapport moral de la Fédération, le Conseil Central indique dans quel sens on est prêt d'aboutir.

En ce qui concerne la boutique coopérative c'était le premier travail auquel il fallait s'atteler puisque tous les militants avaient reconnu, à la suite de la présentation de boutique faite par notre ami Vinsous à l'Exposition de Royan, qu'il y avait non seulement utilité mais nécessité même d'étudier une installation de boutique qui soit pour les sociétés coopératives, à la fois un instrument perfectionné de répartition des marchandises, et qui serve également comme arme de publicité au Mouvement Coopératif.

Et pour utiliser cette puissance de publicité nous avons donc examiné principalement la question de la façade de la boutique coopérative.

Je vous dirai tout de suite que lorsque nous avons abordé la deuxième question, celle de l'intérieur du magasin, nous avons pensé qu'il était des problèmes beaucoup plus importants que celui-là et que c'était une question à laisser en suspens pour les études de l'avenir.

Je ne m'appesantirai pas longuement sur la façade coopérative que nous avons déterminée, puisque la Fédération Nationale a donné sur ce point toutes les indications aux sociétés. Je me bornerai simplement à faire un appel au nom de la Commission de Rationalisation, auprès des sociétés, pour que, ce qui n'est encore à l'heure actuelle qu'un projet devienne demain une réalité et que les coopératives, dans les limites de leurs possibilités, adoptent la façade qui a été déterminée, ce qui pourra être très profitable au développement et au rayonnement de la Coopération.

Dans la présentation de notre boutique, une innovation a été apportée : nous avons adopté un titre national.

Mais, nécessairement, donnant à la boutique un titre national, nous avons été dans l'obligation de sauvegarder en quelque sorte le prestige de ce titre et de mettre à l'autorisation de son emploi des conditions permettant à l'ensemble des coopératives rendues solidaires de conserver un certain contrôle.

En effet, s'il est regrettable que dans une région une coopérative sombre, généralement les répercussions fâcheuses de cette disparition ne se font pas sentir au loin. Mais s'il disparaissait demain une boutique portant l'enseigne « Les Coopérateurs », ce ne serait plus alors une faillite régionale, ce serait en quelque sorte une faillite nationale. Il importe donc que nationalement les coopératives exercent sur le fonctionnement des sociétés utilisant le titre, un contrôle qui est vraiment nécessaire.

Voilà les raisons qui nous ont amenés à fixer les conditions d'utilisation de la boutique coopérative.

Mais nous n'avons pas voulu unifier seulement l'enseigne. Nous avons voulu aussi tirer de la façade le maximum de publicité auprès des consommateurs. Dans ce but, nous avons créé un meuble porte-affiches qui, en dehors de l'indication du titre de la Société permettra l'apposition d'une affiche de publicité nationale, de sorte qu'au lieu, dans l'avenir, d'organiser des ventes-réclame ou des publicités régionales, on pourra les organiser nationalement.

Nous avons été par là-même obligés en quelque sorte d'étudier la question d'une marque nationale. Qui dit publicité nationale entend immédiatement comme un écho les mots : « Marque Nationale ».

Nous possédions jusqu'à ce jour, non pas une mais deux marques nationales : la première marque M. D. G., connue dans toutes les vieilles sociétés, et la marque plus récente « Le Coopérateur ».

Certes, une grosse publicité a été faite jusqu'à ce jour, en faveur des produits M. D. G. Mais cet effort de publicité demeurera intact parce que la marque nationale « COOP » a été remise entre les mains du Magasin de Gros et que, sur tous les articles sortant de ses usines il y aura à la fois la marque nouvelle et l'indication M. D. G.

Nous avons créé une marque nationale pour supprimer toutes les marques coopératives différentes employées par les grosses sociétés pour les principales denrées de l'alimentation. Nous avons voulu réunir ainsi leur effort individuel de publicité.

Mais, avoir une marque nationale, cela signifie garantir par là-même, la qualité des produits livrés sous son pavillon. Et pour accorder le maximum de sécurité, quant à son emploi, nous l'avons remise entre les mains du Magasin de Gros qui a seul le pouvoir de décider si un produit pourra être livré à la consommation sous la marque coopérative.

Sur la composition et la forme de cette marque, vous êtes dès maintenant fixés puisqu'elle a figuré sur le tract de la Fédération. D'ailleurs, notre ami Vinsous a orné notre tribune d'une représentation artistique de la marque nationale et le Magasin de Gros a généreusement distribué un savon, première réalisation des produits « COOP ».

Je vous demande de répondre à l'appel qui vous sera adressé sous peu par la Fédération. Cet appel aura trait à la souscription en faveur de l'affiche nationale que nous avons éditée, dont malheureusement nous ne possédons pas d'exemplaire à vous soumettre, affiche qui est destinée à faire la publicité en faveur de notre nouvelle marque nationale.

Vous avez vu déjà que nous ne nous sommes pas contentés d'établir une marque nationale, mais que, par le choix des attributs qui y figurent nous lui avons donné un caractère international et nous espérons qu'un jour la marque deviendra la marque coopérative mondiale.

Voilà, camarades, quelles sont les principales réalisations auxquelles nous avons déjà abouti et que vous connaissez.

Egalement, nous avons informé, il y a quelques mois déjà, les sociétés de développement de la mise au point d'une brochure destinée à leurs gérants, brochure dans laquelle nous avons condensé toutes les indications nécessaires au bon fonctionnement d'une succursale.

Nous n'avons pas pu réaliser l'édition d'une brochure commune à toutes ces sociétés, car il y a dans les règlements administratifs différents une impossibilité matérielle à le faire. Seulement, nous avons réussi à constituer un recueil qui réunit tous les éléments permettant aux sociétés de développement de composer une brochure à l'intention de leurs gérants, leur fournissant tous les renseignements commerciaux, administratifs ou juridiques qu'il leur est indispensable de connaître.

Je voudrais, maintenant, vous parler des réalisations qui sont à l'étude.

Nous étudions, poursuivant le programme d'application de la marque nationale « COOP », la présentation des différents paquetages qui seront mis sous peu en circulation par le Magasin de Gros.

A la suite de la nouvelle loi sur les vins, nous avons mis à l'étude la question des appellations nouvelles des vins. Nous espérons réussir, au cours d'une prochaine réunion, à la suite du rapport de notre camarade Vaxclaire, à donner aux sociétés coopératives les indications sur les appellations qu'il nous sera légalement permis d'employer.

Nous poursuivons également la standardisation des paquetages et, puisque j'ai parlé des vins, nous pousuivons la standardisation des bouteilles et des litres en des types conformes à la loi nouvelle.

Là encore il est à peu près certain que notre effort, joint à beaucoup d'autres, notamment à ceux du Conseil National Economique, nous permettra d'établir des types de bouteilles qui présenteront pour les sociétés coopératives le gros avantage d'unifier le type des emballages mis en circulation dans les succursales, ce qui rendra beaucoup plus facile la reprise des emballages de toutes provenances.

Nous avons ensuite à l'ordre du jour une question extrêmement importante, que nous n'avons pas encore réglée, parce que nous avons estimé qu'il était préférable d'attendre encore quelque temps. Cette question, c'est celle des contrats de gérance.

Notre camarade Cleuet a parlé de la question de l'application des lois sociales aux gérants des sociétés coopératives, question actuellement en instance devant le Conseil Supérieur du Travail. Elle soulève des difficultés qui peuvent être graves pour celles-ci.

Pourquoi ? Ce n'est pas que la Coopération s'oppose à l'application des lois sociales aux gérants de succursales; mais nous entendons, sur ce point, qu'il ne soit pas fait deux régimes, l'un intéressant le petit épicier, qui sera libre d'ouvrir et de fermer sa boutique quand il le voudra, l'autre s'appliquant aux boutiques des sociétés coopératives.

C'est pour obtenir l'égalité de traitement et les conditions d'ouverture de magasin égales pour tous que la Fédération Nationale continue son effort.

Lorsque le règlement qui est en instance devant le Conseil Supérieur du Travail sera établi, vers le mois de novembre, nous reviendrons sur cette question et nous donnerons aux sociétés les indications nécessaires pour qu'elles puissent rédiger comme il convient les contrats liant les gérants aux sociétés coopératives de développement.

Nous avons abordé aussi l'étude d'une question, mais qui ne sera pas résolue de sitôt, c'est celle des entrepôts communs.

Vous n'ignorez pas, camarades, qu'en ce qui concerne les articles tels que la mercerie, les chaussures, les articles de ménage, les sociétés coopératives ne peuvent exploiter ces rayons dans de bonnes conditions que si elles sont suffisamment importantes pour constituer des stocks qui ne pèsent pas trop lourdement sur l'économie générale de la société et qui permettent un ravitaillement suffisant des succursales pour la satisfaction des besoins des coopérateurs qui, de plus en plus, veulent trouver dans la boutique coopérative tous les produits qu'ils désirent.

C'est, pour les sociétés coopératives, même les plus importantes, un problème difficile à résoudre, parce que les articles en question représentent pour elles un stock très lourd, correspondant au moins à six mois et même un an de vente.

On peut estimer qu'il y aurait intérêt à constituer pour l'approvisionnement de ces rayons des entrepôts communs aux sociétés coopératives, même aux grosses sociétés coopératives de développement. Il en résulterait un avantage appréciable, celui de la réduction des stocks immobilisés, en même temps qu'un approvisionnement plus facile, une rationalisation et une standardisation des types mis en vente et la possibilité d'éditer des catalogues communs qui, répandus largement dans les succursales, permettraient une vente plus facile avec des immobilisations plus réduites. Voilà quels sont les avantages que l'on pourrait retirer de cette création.

Mais nous ne nous dissimulons pas les difficultés d'une telle réalisation qui bouleverse les habitudes prises depuis longtemps. Chaque société considère en effet qu'elle doit assurer elle-même l'installation, le fonctionnement et le contrôle de ses propres servics. Il importera dans l'avenir, pour arriver à une réalisation définitive, d'abandonner un peu cet esprit particulariste, d'avoir au contraire l'esprit plus large et de penser que, dans l'intérêt général du Mouvement Coopératif nous devons toujours rechercher des solutions permettant des créations apportant une réduction de nos frais d'exploitation et des facilités d'approvisionnement pour nos sociétaires.

Etudiant la question de la création d'entrepôts communs pour certains articles, nous sommes amenés, et vous voyez qu'au fur et à mesure qu'une question est abordée il s'en présente immédiatement d'autres, nous sommes amenés, dis-je, à étudier le problème de l'entrepôt-type. Non point de la détermination d'un entrepôt-type du point de vue de sa présentation extérieure, car le problème n'est pas du tout le même que pour les boutiques, et créer un entrepôt-type ce n'est pas pour en faire un meilleur moyen de publicité, mais la détermination de l'organisation intérieure qui doit constituer une arme de travail. Et nous savons que cette arme de travail qu'est l'entrepôt coopératif doit répondre à certaines conditions d'exploitation propres à chaque région. Nous ne voulons donc pas déterminer d'une façon précise et complète comment doit être constitué l'entrepôt-type parfait; mais nous voulons réunir une documentation sur cette question.

Lermier. — Je demande au Président d'user de son autorité pour faire cesser les conversations particulières, de façon que les camarades qui s'intéressent au discours de Leclercq puissent l'entendre. Le Président pourrait demander aux camarades que ces questions n'intéressent pas, d'aller continuer leurs conversations en dehors de la salle.

Le Président. — Je suis tout à fait d'accord avec notre ami Lermier et je prie tous les camarades présents dans la salle de vouloir bien faire silence.

Leclercq. — Je dis que nous devons réunir sur cette question une documentation qui, mise au service de toutes les sociétés, ne pourra que leur procurer des avantages.

Si nous examinons comment, à l'heure actuelle, les sociétés étudient et organisent leurs entrepôts, nous voyons que, d'une façon générale, elles se contentent de leur expérience individuelle. Qu'il s'agisse du matériel de mise en litres ou des camions destinés à transporter la marchandise, on fait continuellement des expériences dont les résultats ne profitent qu'à une seule société.

Nous avons voulu que de toutes ces expériences éparpillées il résulte pour tous un enseignement collectif, et nous travaillons à constituer, aussi bien sur la question des matériaux employés pour la construction d'un entrepôt que sur la disposition rationelle des différents services de cet entrepôt, une documentation suffisante qui permette de donner les meilleures indications aux sociétés coopératives qui feront appel à l'expérience de leurs camarades.

Nous avons également étudié une question qui est un peu en dehors de l'organisation intérieure des sociétés coopératives. Bien organiser les coopératives, c'est déjà un résultat; mais il faut aussi faire au dehors la propagande pour faire connaître les bienfaits de la Coopération. C'est là un problème qu'il convient de résoudre. Aussi avons-nous mis à notre ordre du jour la question de l'organisation de la publicité coopérative, et dans notre esprit, si nous voulons surtout étudier la publicité commerciale, nous entendons également ne pas séparer l'idéal coopératif du commerce coopératif et nous voulons faire une publicité qui soit à la fois une publicité commerciale et une publicité de propagande.

Nous avons, les uns et les autres, tenté et parfois réussi, une certaine publicité commerciale, par des ventes-réclame ou par des avantages accordés à certains moments ou dans certaines conditions aux acheteurs des sociétés. Nous avons fait porter principalement notre effort sur l'accroissement des achats des clients habituels des magasins coopératifs. Nous avons peut-être un peu trop perdu de vue que le but de la Coopération c'était faire du recrutement, et nous étudions à l'heure actuelle les moyens de réaliser une publicité commerciale qui soit aussi une publicité de recrutement.

Parce que, si nous voulons que la Coopération grandisse, il ne faut pas seulement chercher à augmenter les achats des sociétaires actuels, il faut s'efforcer d'amener dans la boutique coopérative de nouveaux sociétaires dont la puissance d'achat est nécessaire à notre développement.

Certes, la chose sera difficile à réaliser parce que nous devons tenir compte de ce qui se fait autour de nous. La Coopération ne peut pas ignorer les tentatives faites par le commerce privé pour attirer la clientèle. Bien que nous ne voulions pas nous inquiéter des concurrents ou de droite, ou de gauche, nous ne pouvons pas rester indifférents devant les moyens employés par eux, surtout lorsque nous voyons que ces moyens consistent à utiliser le prestige du mot Coopération, pour tenter d'attirer dans les sociétés à succursales multiples une clientèle qui afflue de plus en plus dans nos magasins coopératifs.

En examinant les moyens de publicité employés par nos concurrents, nous sommes amenés à considérer que leur plus grande puissance de publicité est à l'heure actuelle le timbre-prime.

Je n'ai pas besoin d'insister sur la différence qu'il y a entre une succursale coopérative et la succursale d'une société capitaliste. Il n'y a pas seulement la différence d'enseigne ; il n'y a pas seulement cette différence que, dans la société à succursales multiples, si on prend pour mot d'ordre le mot servir, on oublie de le faire suivre du complément qui nous paraît nécessaire : servir les intérêts des consommateurs. Le mot servir peut aussi bien se comprendre du point de vue des actionnaires de la société capitaliste : servir des dividendes.

Notre mot d'ordre serait plutôt rendre ou restituer, ristourner les bénéfices qui, de l'autre côté, sont indûment prélevés sur la consommation.

Dans cette question de différence entre les magasins coopératifs et les magasins capitalistes, il y a donc surtout la ristourne distribuée par les Sociétés coopératives, tandis que de l'autre côté on ne procure aux consommateurs que l'avantage illusoire des primes.

Adversaires résolus des primes, nous ne pouvons cependant pas nous désintéresser de l'étude de cette question et en tout cas, nous ne pouvons pas nier l'attraction de ce timbre-prime qui est distribué par les sociétés à succursales multiples.

Si nous étudions la question, ce n'est pas pour la résoudre dans le sens de créer dans nos sociétés un service de prime. La Coopération doit demeurer elle-même et nous savons que sur ce point nous n'avons pas à imiter les méthodes capitalistes. Nous voyons même à l'heure actuelle que ce sont les maisons capitalistes qui essayent d'employer nos méthodes, et que parmi ces maisons, il en est une, l'*Epargne*, qui remet aux consommateurs un livret sur lequel sont inscrits ses achats, et qui lui donne droit à certaines remises.

Nous avons donc à nous inquiéter de maintenir entre le commerce capitaliste et la coopération ce fossé infranchissable entre la ristourne et la prime.

Quel que soit le moyen à employer, nous devons nous garder de faire naître un doute dans l'esprit du consommateur. Il ne faut pas, pour attirer chez nous les consommateurs alléchés par la prime, employer des moyens qui rejettent de nos magasins les coopérateurs. Il ne faut pas que ce que nous cherchons à gagner d'un côté, nous le perdions de l'autre. Il ne faut pas que nous laissions croire à nos Sociétaires que nous cessons d'être de véritables coopératives. Si nous faisions cela, aucun de nous d'ailleurs n'y songe, ce serait un très grand danger.

Mais je le répète, cette réserve faite, il faut que nous nous efforcions d'attirer à nous une clientèle qui par ignorance jusqu'à présent a préféré le timbre-prime à la ristourne.

Certaines coopératives ont résolu en quelque sorte le problème. Ce sont les sociétés qui, donnant aux coopérateurs une ristourne élevée, peuvent distribuer aux consommateurs non sociétaires des timbres d'achat leur donnant droit à une certaine remise en espèces. C'est un moyen de faire entrer des sociétaires nouveaux dans la grande famille des coopérateurs.

Dans certaines régions, ce moyen combat efficacement l'attrait du timbre-prime distribué par les sociétés capitalistes.

Ce moyen est-il le meilleur ? Il faut étudier la question, et, avec l'expérience des camarades de toutes les régions de la France, je pense que nous pourrons faire sur ce point un effort de propagande qui aura pour résultat l'augmentation du capital des sociétés et du nombre des Sociétaires.

Ainsi que je viens de l'indiquer nous avons longuement examiné, dans notre programme d'étude, nous avons tout au moins déterminé les différents points qui constituent en quelque sorte la société coopérative elle-même. Partis de la boutique type coopérative nous arriverons, lorsque nous aurons terminé notre cycle, à avoir établi une coopération type.

Et si à ce moment là nous avons à déterminer comment devra être instituée cette coopération type, qu'il me soit permis de faire non pas une anticipation mais tout au moins un examen de l'avenir.

J'ai le plus grand respect pour les petites sociétés coopératives autonomes ; mais je ne partage pas à ce point de vue l'opinion qui a été défendue hier après-midi à cette tribune et je ne pense pas qu'on puisse raisonnablement défendre cette thèse qu'il est souhaitable pour le Mouvement coopératif de maintenir dans notre pays cet éparpillement des forces coopératives que représentent les petites sociétés autonomes répandues encore dans les différentes régions.

Il est certain que lorsque la coopération a commencé à s'installer en France, les conditions économiques étaient complètement différentes de celles que nous connaissons aujourd'hui. Il ne serait plus possible en ce moment de rebâtir le Mouvement coopératif français en employant les mêmes méthodes, parce qu'il s'est opéré dans le commerce capitaliste une première concentration qui a été marquée par le développement des sociétés à succursales multiples. Essayez de créer une société coopérative autonome : l'ouverture d'un magasin de société à succursales multiples lui rendra bien vite la vie impossible parce que ce magasin en lutte continuelle vendra non seulement au prix de revient mais au dessous du prix d'achat.

Ce sont là des choses dont il faut tenir compte pour la nécessité des fusions entre les petites sociétés, fusions qui se sont déjà réalisées dans bien des cas et qui conduisent à l'examen d'un deuxième degré de fusions, celles à réaliser même entre certaines sociétés de développement.

Hier, notre maître Charles Gide nous a indiqué le rôle de la coopération dans les périodes de baisse. Il a montré que, en présence de la baisse des prix, la société coopérative devait participer à cette baisse et la favoriser dans l'intérêt général des consommateurs.

Mais pour participer à la baisse des prix, il importe que nous possédions des organisations commerciales qui soient capables de la faire et nous savons que la rapidité de rotation des stocks dans les petites sociétés est beaucoup moins grande que dans les sociétés de développement.

Les sociétés de développement renouvellent leurs stocks plusieurs fois dans l'année, alors que dans les sociétés autonomes les stocks représentent des mois et des mois de vente. Il en résulte également en raison de l'insuffisance de leur organisation commerciale, que celles-ci ne réalisent pas, dans les périodes de hausse, les bénéfices (il faut bien employer ce mot bien qu'il soit impropre) qui leur permettraient d'appliquer immédiatement la baisse et parfois même de la devancer

C'est une des nombreuses raisons pour lesquelles nous devons poursuivre cette politique de fusion des petites sociétés au sein des grandes sociétés de développement.

J'ai dit aussi tout à l'heure que nous devons opérer, comme le commerce capitaliste, cette concentration au deuxième degré que représente déjà dans certaines régions la fusion entre différentes sociétés coopératives de développement.

Je voudrais parler maintenant non plus comme rapporteur de la Commission de Rationalisation mais plutôt comme délégué de *l'Union* d'Amiens qu'on a mise en cause hier. Je crois qu'il est indispensable de saluer de cette tribune la fusion qui a été critiquée mais qui a été accomplie par *l'Union des Coopérateurs du Laonnois*. Nous devons nous féliciter de ce geste qui, à nos yeux, est symbolique.

Il a été accompli par une Société de développement déjà importante, ayant une situation financière satisfaisante, pouvant encore vivre et même prospérer durant de longues années. Il a été accompli avec la meilleure foi coopérative. Nos camarades du Laonnois se sont de bon cœur jetés dans les bras de *l'Union*, d'Amiens. Mais soyez rassurés, si *l'Union*, d'Amiens, a tendu ses bras tentaculaires à nos camarades de Laon, ce n'était pas pour les étouffer. Si nos camarades sont venus à nous, c'est qu'ils étaient uniquement guidés par l'intérêt supérieur des sociétaires, et je pense qu'on ne discutera pas la foi coopérative d'une société comme l'*Union*, d'Amiens, qui revendique avec fierté et avec joie d'avoir été de création ouvrière.

Il y a peut-être certains camarades qui craignent lorsque la Coopération étudie les moyens techniques de son développement, une certaine déviation de la route coopérative. Je vous assure, camarades, que les ouvriers syndiqués d'Amiens qui ont fondé il y a trente-huit ans *l'Union* n'ont pas eu cette crainte, et on ne peut que les féliciter d'avoir donné au Mouvement coopératif de consommation une société qui a été créée par eux et qui n'appartient qu'à eux. Et si l'on interrogeait à l'heure actuelle ceux qui ont été dans notre ville les pionniers du Mouvement coopératif, qui ont créé *l'Union*, qui l'on fait vivre avec leurs deniers et leurs sacrifices, et qui ont eu ce geste admirable de dire : Nous possédons une œuvre dont nous pouvons être fiers, dont nous pourrions conserver uniquement pour nous les avantages, mais nous entendons en faire profiter les autres consommateurs, nous la mettons au service de l'intérêt général, — si on interrogeait, dis-je, ces vieux militants je ne pense pas qu'il s'en trouve un seul pour regretter son geste et pour dire que nous avons opéré une déviation de leur Société en faisant d'elle une organisation fonctionnant dans les meilleures conditions commerciales.

Si nous entendons défendre l'intérêt des consommateurs, si nous entendons défendre plus particulièrement l'intérêt des ouvriers qui composent la grande majorité des coopérateurs, nous entendons les défendre en leur apportant des avantages, et le meilleur avantage que nous pouvons apporter à la classe ouvrière c'est encore de lui fournir les denrées au prix de revient les plus réduits.

Prenons garde, lors de l'inévitable lutte économique, lorsque nous serons attaqués, nos œuvres sociales seront insuffisantes à nous défendre.

Et dans l'avenir nous n'aurons pas à craindre la concurrence des sociétés capitalistes si nous savons nous organiser rationnellement. L'avenir appartiendra à l'organisation qui possédera le prix de revient économique le plus bas, prix de revient qui est constitué par deux éléments : le prix d'achat des marchandises et les frais généraux de l'organisation.

Le prix d'achat des marchandises, on ne saurait reprocher à la coopération de ne pas s'en être inquiété puisque, grâce aux efforts incessants du Magasin de Gros et à la politique nouvelle des bureaux d'achats, nous sommes sur ce point mieux placés que la plupart de nos concurrents.

En ce qui concerne nos frais généraux, on ne saurait nous critiquer de rechercher les moyens scientifiques de les réduire, puisque nous donnons pour but à notre activité l'intérêt général des consommateurs.

Oui, nous voulons rationaliser notre Mouvement; oui, nous voulons rechercher si, dans certaines régions de notre pays, comme le Nord par exemple, il n'y aurait pas intérêt à fusionner entre elles des sociétés coopératives importantes certes qui, opérant dans un rayon d'action qui se confond, ont constitué des entrepôts trop nombreux. Nous estimons qu'il serait souhaitable que ces sociétés se réunissent, non pas pour constituer des sociétés coopératives tentaculaires, mais pour constituer des sociétés qui, travaillant avec des entrepôts réduits et concentrés, verraient leurs frais généraux diminuer.

Oui nous avons un but, c'est de poursuivre la rationalisation de nos organisations pour être mieux armés dans la lutte.

Et si nous devons chercher les meilleurs moyens de nous armer contre nos concurrents, il faut conclure encore que notre meilleure arme sera la ristourne.

Je ne crois pas trahir la pensée des sociétés coopératives, même de celles qui ne distribuent pas de fortes ristournes, en proclamant qu'il faut réduire les frais généraux pour permettre soit la distribution de ristournes élevées, soit la vente à des prix inférieurs à ceux du commerce privé.

C'est le but que nous avons donné à l'étude des différents moyens de rationaliser notre Mouvement, et ce but correspond à l'intérêt général des consommateurs.

Je me suis peut-être étendu trop longuement sur cette question. J'ai voulu indiquer que les perspectives d'avenir de la rationalisation coopérative (qui n'a pas été créée parce qu'on a mis le mot à la mode mais qui est poursuivi depuis de longues années), j'ai voulu indiquer que ces perspectives d'avenir étaient très grandes.

Qu'il me soit permis maintenant de conclure.

Je crois que nous ne trouverons dans la rationalisation des résultats que sous trois conditions :

D'abord, si les sociétés coopératives savent et veulent appliquer les résolutions prises ;

En second lieu, si nous donnons à notre effort ce double but : L'intérêt des consommateurs et le développement de la coopération ;

Enfin, si nous savons rester nous-mêmes et si nous savons accentuer même le fossé qui sépare à l'heure actuelle les sociétés coopératives de développement des sociétés capitalistes.

C'est sous cette triple condition que nous récolterons des résultats féconds.

En tout cas, c'est pour réaliser une coopération toujours plus grande et plus prospère que nous travaillons et c'est animés par une foi coopérative dont nous ne donnons à personne le droit de douter et que nous portons en nous comme un flambeau dont nous protégerons la flamme contre toutes les adversités que nous travaillons.

J'ai le sentiment que nous sommes dans la bonne voie et nous marchons vers l'avenir avec une confiance inébranlable dans les destinées de la Coopération.

Le Président. — La parole est à Marcel Brot.

Marcel Brot. — Chers coopérateurs. Ce n'est que sur un point d'apparence peu importante de l'exposé de notre ami Leclercq, que je voudrais, avec une obstination qui ne désarmera pas, attirer l'attention du Congrès.

Il s'agit de la question des ventes à primes.

Déjà, au Congrès de Nîmes, à l'occasion d'un rapport sur la propagande et la publicité, j'avais signalé les inconvénients qu'il y avait pour les sociétés coopératives à pratiquer même accidentellement un procédé de ce genre. Et le Congrès, dans une résolution unanime, avait peut-être, sans y prêter trop d'attention, condamné le procédé comme anticoopératif.

Nos adversaires du commerce privé ont, depuis cette époque, développé d'une façon considérable ce moyen de vente ; nous avons vu également se développer la publicité par le système des concours commerciaux. Nous avons vu aussi de plus en plus des sociétés coopératives glisser sur cette pente, et, trop préoccupées sans doute de la vente par n'importe quel moyen, oublier les règles les plus élémentaires de la coopération.

Je m'empresse d'ailleurs de dire que ces sociétés sont de toutes les tendances et que même parmi celles qui ont à leur tête des camarades qui condamnent comme trop tiède la politique de la Fédération Nationale, il s'en trouve qui pratiquent la vente à primes.

Je pense, par conséquent, qu'il est temps d'attirer l'attention de ceux qui ont la charge commerciale de nos sociétés coopératives pour leur indiquer qu'il y a des procédés qu'ils ne peuvent pas employer.

Je n'ai pas à vous démontrer longuement que le système de la prime est essentiellement basé sur la tromperie du consommateur, tromperie en ce qui concerne la valeur de l'objet qui lui est remis, et que par conséquent, nous dérogeons complètement lorsque nous nous livrons à ce genre d'opérations, à la triple règle de poids exact, de prix juste et de qualité loyale.

Nous devons mettre en garde également les sociétés coopératives contre le système de la prime pratiqué directement par le fournisseur. Trop de sociétés coopératives en effet vendent des articles contenant un bon-prime dans le paquetage. Et alors que toute la politique du Mouvement Coopératif a été jusqu'ici d'essayer de faire échapper les consommateurs à la sujétion d'une marque, nos sociétés, en pratiquant ainsi, se condamnent à continuer l'article qu'elles ont commencé à vendre avec le bon-prime du fournisseur. Elles auront toujours, en effet, des ménagères qui, ayant commencé leur collection de bons-primes, réclameront sans cesse l'article en question.

Nous devons au contraire demander aux sociétés de garder pour leurs achats la liberté la plus complète.

Enfin, nous devons nous dresser contre le système tapageur des concours, par lequel on essaie d'incruster dans l'esprit des ménagères, telle ou telle marque, puisque nous sommes, je le pense, tous d'accord ici, pour essayer de remplacer de plus en plus les autres marques par la marque COOP ou M. D. G.

Ce sont les seules explications que je veux donner, sans aller plus loin. Mais je demande que cette question ne soit pas renvoyée, comme le propose Leclercq, à la Commission de Rationalisation.

La Commission de Rationalisation est constituée, et cela est logique, par ceux de nos camarades techniciens, et s'ils sont, comme ils le disent, des coopérateurs convaincus, ils ont, avant tout, la préoccupation de vendre et regardent peut-être d'un peu moins près aux moyens.

J'estime que la question de la prime est une question de politique coopérative et que le Conseil Central doit garder pour lui les questions sur lesquelles la politique du Mouvement Coopératif doit être déterminée.

Je vais vous donner connaissance de la résolution que le congrès de la Fédération de Lorraine, Ardennes et Franche-Comté a adopté sur ce point. C'est une proposition de résolution pour le Congrès National.

Le Congrès National, constatant que le système des ventes à primes trompe le consommateur sur le véritable prix de la marchandise, et qu'il pousse les ménages pauvres à l'acquisition d'objets trop souvent inutiles et de valeur surfaite;

Recommande aux sociétés adhérentes de rejeter ces moyens de vente incompatibles avec les règles coopératives de bonne qualité, de poids exact et de juste prix;

Décide que la Fédération Nationale, au nom de l'intérêt de tous les consommateurs, s'associera aux demandes d'interdiction légale de tout système faussant la connaissance du prix réel des marchandises tel que la vente à primes, ainsi que les loteries et concours commerciaux;

Le Congrès charge le Conseil Central d'étudier les moyens d'associer dans leur défense contre ces procédés du commerce privé les sociétés locales et les sociétés de développement, notamment par l'organisation de ventes-réclame en commun.

Nous entendons surtout, par vente-réclame, la vente au même moment d'un seul article sur lequel une majoration très faible est prélevée puisqu'il n'y a pas stockage de la marchandise. Ces ventes, dans certaines grandes sociétés, ont toujours rencontré le plus grand succès et pourraient s'étendre à toutes les coopératives avec une publicité commune, étant faites par le Magasin de Gros.

Voilà ce que nous demandons.

Nous ajoutons, d'ailleurs, que nous considérons comme une erreur, non pas du point de vue coopératif, mais du point de vue commercial tout court, de se contenter, pour répondre aux adversaires, de copier servilement leurs formules. Les techniciens de la Coopération sont, à notre avis, suffisamment avertis et intelligents pour trouver dans le cadre des règles coopératives, les moyens de riposte convenables.

Sous ces réserves, je m'associe à l'avis donné ce matin par la Commission des Résolutions pour que le Conseil Central étudie la résolution déposée, et je précise que le Conseil Central, qui pourra prendre l'avis de la Commission de Rationalisation devra statuer lui-même en définitive, car il est le seul maître de la politique coopérative.

Le Président. — La parole est à Floiras.

Floiras, de *La Laborieuse*. — Je ne sais si c'est dans les attributions de la Commission de Rationalisation, ou plutôt dans celle de la Fédération Nationale, que se place le point sur lequel je voudrais dire quelques mots. Il s'agit des organisations de développement insuffisamment développées et des sociétés qui veulent étendre leur chiffre d'affaires dans un territoire insuffisamment déterminé. Je demande si la Commission de Rationalisation, qui s'occupe de beaucoup de détails, pourra nous donner prochainement les zones d'action des sociétés de la Fédération et notamment de *La Laborieuse*.

Le Président. — La parole est à Darves.

Darves. — Quelques mots seulement. Aujourd'hui nous parlons un peu boutique. Dans la proposition qui a été faite et qui indique une tendance qui dépasse à mon sens les nécessités, la tendance de centralisation à l'extrême et de rationalisation, des propositions ont été apportées.

Déjà, on nous dit que dans la Fédération du Nord, on envisage la fusion de puissantes sociétés de développement.

Sur ce point, je voudrais bien que l'autorité du Centre ne soit pas toujours aussi défaillante, que l'on ne se batte pas entre différentes organisations, que ce qui s'est passé pour Laon, où deux sociétés de développement se sont disputé une coopérative, ne se renouvelle pas.

L'intérêt du Mouvement veut que ces questions d'ensemble soient examinées avec l'autorité que nous déléguons aux camarades du Bureau et du Conseil Central et non pas par des rivalités de boutiques.

Ceci dit, j'estime que la formule apportée n'est pas la bonne et que c'est encore une fois une formule qui s'inspire de considérations techniques et non pas de considérations humaines.

Les différentes petites sociétés qui ont formé les grosses sociétés vivent dans des milieux différents, dans les milieux où les nécessités sont différentes, où les hommes sont différents. A tel endroit la ristourne réussira; à tel autre, ce sont les œuvres sociales qui seront le plus appréciées; à tel endroit vous êtes dans une cité ouvrière; à tel autre, c'était le cas pour Laon par exemple, vous êtes dans une cité où la proportion des fonctionnaires est plus grande.

Vous pouvez rationaliser la technique, mais vous ne standariserez pas les hommes et vous n'aurez pas le même milieu partout. Ce n'est donc pas une méthode unique qui peut convenir.

Ce que je proposerai, ce qui a été proposé déjà, c'est l'entrepôt commun. Là, oui, dans le domaine de l'achat on est obligé de rationaliser. On obtient des conditions meilleures lorsqu'on achète en gros. Là, oui, il y a possibilité de réduire les frais généraux. C'est une nécessité économique que je reconnais et devant laquelle il faut s'incliner, parce que, contre des faits, il est inutile de se taper la tête.

Mais à côté de cela, il faut laisser aux différentes sociétés, une certaine indépendance dans la répartition des bénéfices et dans le pourcentage qu'elles estimeront nécessaire d'ajouter au prix d'achat pour constituer le prix de vente.

En effet, selon ce que veut faire la société, selon les œuvres sociales qu'elle entend réaliser ou la ristourne qu'elle veut donner, elle fixera un prix de vente plus ou moins élevé et des majorations plus ou moins fortes.

Si vous acceptez cette manière de voir, vous aurez non seulement des préoccupations commerciales, mais la préoccupation de conserver aux différentes sociétés leur individualité.

Supposez par exemple que vous vouliez faire réunir, pour discuter des questions intéressant le Magasin de Gros, les coopérateurs d'une région importante. Croyez-vous que les camarades viendront dans cette assemblée générale, discuter avec ardeur ?

Si, au contraire, vous les réunissez pour leur faire discuter de telle ou telle œuvre sociale qui a été créée dans la localité, vous les intéresserez et ils viendront nombreux à votre réunion.

Je me suis méfié un peu lorsque j'ai vu qu'on voulait faire un type commun de boutiques coopératives. A Grenoble, nous avons peint la maison que nous avons fait construire, à la couleur qui nous était imposée. C'est donc que je n'y suis pas opposé en principe, mais j'ai vu là une arrière-pensée de créer en France une unité coopérative totale; j'y ai vu un premier pas qui prouve que nous avons des camarades à longue vue, qui se sont dit : lorsque nous aurons des boutiques de la même couleur, nous n'aurons plus qu'une petite difficulté pour faire décider que presque tout le monde prenne le titre : *Les Coopérateurs,* il n'y aura qu'à supprimer le sous-titre.

Si vous faites une Coopération où il n'y aura plus d'individualité locale, j'estime que vous aurez fait au mouvement un tort extrêmement grave et que le Mouvement Coopératif aura perdu tout intérêt.

Le temps presse et j'ai à dire deux mots sur deux questions.

On vient de nous dire que la ristourne c'est ce qui caractérise essentiellement la forme coopérative. Ce n'est pas exact. La ristourne est encore une nécessité parce que les gens sont actuellement poussés par leur intérêt personnel, et que la ristourne est encore à l'heure actuelle ce qu'il y a de mieux pour les retenir. Mais au point de vue de l'idée, dire que c'est ce qu'il y a de mieux, nous sommes en désaccord sur ce point.

J'estime que la ristourne collective aux œuvres de solidarité, pour les sociétaires malades, pour envoyer des enfants à la montagne, pour les grèves, est une forme bien supérieure, car au lieu de l'intérêt personnel, c'est l'intérêt collectif qu'elle a en vue.

Par conséquent, il ne faudrait pas trop dire que la ristourne est la caractéristique du Mouvement Coopératif, laissant ainsi entendre que c'est pour nous un idéal. C'est encore une nécessité, mais ce n'est pas un idéal.

Il est très bien de penser à l'organisation des Loisirs, aux jeux du cirque, mais à côté du cirque la plèbe de Rome réclamait le pain, et dans certaines régions où les salaires sont peu élevés, il n'y a peut-être pas la possibilité pour les ouvriers et pour les fonctionnaires de l'Etat d'attendre la fin de l'année pour avoir la ristourne, si cette ristourne devait avoir pour effet de maintenir les prix au niveau de ceux du petit épicier.

Il y a une politique du bas prix à faire dans certaines régions et il faut attirer notre clientèle par cette politique du prix.

Entre avoir un nombre réduit de consommateurs pouvant consommer beaucoup et un nombre large de consommateurs dont les possibilités de consommation sont minces, j'aime mieux le grand nombre, parce que c'est là que nous pouvons faire le recrutement coopératif, qui m'intéresse le plus, celui des plus exploités.

J'estime que la politique des bas prix est supérieure à celle des fortes ristournes, par le bien-être social qu'elle apporte. J'irai même plus loin : Il faut avoir une politique du crédit dans les coopératives. Cette politique du crédit devra être un peu comme celle du crédit agricole. Il faudrait déterminer combien sur cent personnes qui achètent à crédit, il y a de personnes malhonnêtes. Admettons que ce pourcentage ait été déterminé soit par l'usage, soit par des considérations psychologiques plus élevées. Si vous faites verser, par exemple, une somme de 50 francs à ceux qui veulent du crédit, et que vous fassiez un crédit de 300 francs, si vous avez un certain nombre de mauvais payeurs, les 50 francs qui ont été versés serviront de garantie pour les mauvais payeurs. En plus de cela, vous ferez verser 1 % à ceux qui bénéficient du crédit et je suis à peu près sûr, n'ayant pas beaucoup d'illusion sur le degré élevé de la mentalité humaine, mais croyant tout de même que ce degré est plus élevé chez les coopérateurs, je suis à peu près certain que ce 1 % suffirait à couvrir les risques; mais mon temps de parole est largement dépassé. J'aurai aussi un mot à dire au sujet du crédit accidentel.

Un Délégué. — Nous sommes dans la rationalisation.

Darves. — L'organisation du crédit est à l'ordre du jour de la Conférence Internationale. Il faudrait y penser. Ce sont nos camarades techniciens qui ont à s'occuper de l'organisation technique du crédit et à nous apporter des solutions précises et pratiques au lieu d'une étude confuse sans conclusions.

Le Président. — La parole est à Gaston Lévy.

Discours de Gaston LÉVY

Gaston Lévy. — Je pense que le Mouvement Coopératif français a l'habitude de passer au sein du Mouvement Coopératif international, comme un Mouvement qui remue les idées. Notre camarades Darves, qui m'a précédé à cette tribune nous a montré qu'en effet on peut remuer des idées. Seulement, ce qu'il y a d'un peu gênant pour ceux qui comme nous assistent à pas mal de congrès coopératifs et qui ont étudié l'histoire de la Coopération d'un peu près, c'est qu'on remue des idées qui sont vieilles de très longue date et qui ont depuis longtemps fait leurs preuves à l'inverse de ce qu'on désire.

Qu'est-ce que le camarade Darves nous a apporté de nouveau en ce qui concerne la rationalisation ? Le rapport de notre ami Leclercq nous a permis de trouver la suite logique des études positives qui avaient été faites par les congrès coopératifs précédents, depuis Bordeaux, où toutes les questions qui sont à l'heure actuelle en train de se réaliser, avaient été évoquées dans un rapport que nous avions présenté et qui devait servir de guide à l'ensemble des sociétés, non seulement pour persévérer dans la voie de transformation économique et sociale que représente la Coopération, mais pour développer le Mouvement. La suite aussi de notre rapport de Grenoble sur la production coopérative nationale, effort qui ne peut se réaliser que dans la mesure où l'écoulement des produits fabriqués par les organisations centrales, serait tout naturellement trouvé dans les sociétés coopératives.

Les méthodes de rationalisation qu'on vous propose : les boutiques peintes aux mêmes couleurs, le même titre, etc., sont des moyens d'attirer l'attention des consommateurs au moyen d'une publicité collective, pour leur faire comprendre que la Coopération se présente partout sous le même jour, même si les hommes qui dirigent la petite boutique ou la petite société, n'ont pas les mêmes conceptions.

Même type de boutique, même titre, même présentation des produits, pour que la Coopération continue à exercer son contrôle efficace sur les conditions dans lesquelles les consommateurs sont servis, voilà notre point de vue.

Où voyez-vous là-dedans une entrave à la liberté des sociétés qui veulent rester autonomes ?

Il est de notre droit et de notre devoir d'attirer l'attention de ces sociétés qui veulent rester autonomes, sur les dangers que présente pour leur organisation, cet égoïsme local qui aboutit dans bien des cas à la disparition du Mouvement Coopératif lui-même dans ces localités.

Il est de notre devoir de montrer à nos camarades le danger qu'il y a à rester isolé en face d'une concurrence qui devient de plus en plus organisée, de plus en plus concentrée et puissante.

Voyez-vous, camarade, pour pouvoir appliquer tout ce que vous avez indiqué, en ce qui concerne les œuvres sociales, en ce qui concerne le développement de la personnalité de nos coopérateurs, il y a une condition préalable qui sera toujours indispensable. Si vous voulez faire des œuvres sociales, si vous voulez grouper des gens autour de vous, si vous voulez attirer à votre Mouvement la masse des consommateurs, il faut d'abord que vous existiez et que vous persévériez dans votre existence.

Que les sociétés soient dirigées par des administrateurs pleins de bonne volonté, pénétrés de leur idéal, si elles n'ont pas de consommateurs pour faire vivre la boutique, vous pouvez prévoir dans vos statuts toutes les répartitions aux œuvres sociales que vous voudrez; s'il n'y a pas, à la fin de l'exercice, un chiffre de vente suffisant et des résultats qui vous permettent de faire des prélèvements pour vos œuvres sociales, vos œuvres sociales ne pourront pas vivre, ou c'est le capital même des sociétaires que vous serez obligé de leur attribuer.

Dans ces conditions, toutes les mesures que vous nous proposez ne peuvent avoir d'efficacité, que si d'abord, on vit.

Et alors, c'est le rôle de la Fédération Nationale et du Conseil Central, c'est le rôle du Congrès, de rechercher les meilleures méthodes pour que la vie des sociétés coopératives soit aussi forte qu'il est possible.

Les observations que vous nous avez faites ce matin, nous les avons entendues maintes et maintes fois : organisation du crédit, suppression de la ristourne, œuvres sociales plus larges, tout cela nous le connaissons.

Mais voulez-vous me permettre de vous dire, sans vous poser de questions, que les sociétés coopératives de développement, que vous qualifiez bien souvent d'organisations qui ont perdu le sens et la notion de ce que sont les principes coopératifs, ont, dans la plupart des cas, réalisé des œuvres sociales beaucoup plus importantes, beaucoup plus judicieuses, beaucoup plus utiles, par conséquent au développement et à la véritable publicité du Mouvement Coopératif, que la poussière de petites sociétés qui ont du mal à vivre, quand elles ne meurent pas avant d'avoir réalisé la moindre œuvre sociale.

Je ne donnerai pas d'exemple. Il me suffit simplement de constater l'œuvre accomplie nationalement avec l'appui de telles sociétés coopératives que vous avez pu voir l'année dernière à l'occasion du Congrès de Royan et qui est la démonstration éclatante que ceux que vous qualifiez peut-être un peu sévèrement d'hommes qui ne s'occupent que de questions matérielles, se préoccupent au contraire de préparer l'avenir, par une organisation meilleure en même temps que par la création d'œuvres sociales qui sont la gloire et l'honneur de la coopération française.

Le Président. — La parole est à Leclercq.

Leclercq, *rapporteur*. — J'indique tout d'abord mon complet accord avec ce qu'a dit Brot. D'ailleurs, la question de l'organisation des ventes-réclame est l'objet de nos préoccupations puisque, le mois prochain, la Fédération Nationale réunit à Paris, pendant deux jours, les directeurs des principales sociétés, en ce que nous appelons les journées techniques, pour étudier l'organisation des ventes-réclame collectives entre les différentes sociétés coopératives de France.

En ce qui concerne l'idée de ne pas laisser entre les mains des seuls techniciens la question du règlement de la vente à prime ou du ticket-prime, je dois dire qu'en toutes circonstances les décisions de la Commission de rationalisation n'entrent en application qu'après avoir été soumises au jugement du Conseil Central.

La Commission de rationalisation, dans l'esprit de chacun d'entre nous, ne saurait se substituer au Conseil Central, pour les directives à donner au Mouvement coopératif. Nous n'avons pas cette prétention. Nous sommes simplement une Commission chargée d'un travail positif qui rapporte devant le Conseil Central, les résultats de son travail, et c'est uniquement le Conseil Central qui décide l'application des décisions que nous avons prises, s'il juge qu'elles sont conformes à l'intérêt du Mouvement coopératif tout entier.

Je ne veux pas répondre à ce qu'a dit notre camarade Darves parce que nos amis ont déjà répondu. Je pourrai tout de même lui faire remarquer que s'il a fait un séjour assez court d'ailleurs, dans notre Picardie, il n'a pas compris l'esprit picard. En effet, personne n'a jamais pu nous accuser d'avoir mangé qui que ce soit. Je pense que toutes les sociétés de développement ont eu le souci de ne pas faire concurrence aux sociétés autonomes locales, et qu'en tout cas, lorsqu'une société de développement s'est installée dans un pays où existait une société autonome, elle l'a fait après avoir prévenu, bien à l'avance la société locale, et elle l'a fait surtout devant la carence de certaines sociétés.

Il importe tout de même, pour le Mouvement coopératif, d'examiner si l'on doit continuer à laisser répandre l'idée et les formules coopératives dans certains rayons d'action, par des sociétés qui ne se soucient pas du tout de l'idéologie coopérative et qui ne s'inquiètent pas du tout de venir en aide aux consommateurs.

Et c'est à l'honneur des sociétés de développement, de ne pas rechercher toujours des intérêts immédiats, de ne pas s'inquiéter uniquement de l'intérêt de la Société de développement, qui est souvent de ne pas étendre trop loin le rayon d'action parce qu'on crée des frais généraux supplémentaires, c'est à l'honneur des sociétés de développement de faire de la coopération, sur des points où, par la carence des sociétés locales, il y a un désert coopératif.

En ce qui concerne le fonctionnement des sociétés de développement, je ne voudrais pas apprendre à Darves qu'une société de développement est basée sur la cellule coopérative, c'est-à-dire la section. Partout où la société de développement fusionne et prend une société locale, cela ne fait nullement disparaître la vie coopérative dans la localité. C'est au contraire une propagande plus intense qui s'opère par suite de la puissance de la publicité commerciale qui est apportée par la meilleure répartition des produits. On a pu constater partout où une société autonome a été reprise par une société de développement, que le chiffre d'affaires s'est augmenté quand il n'a pas été multiplié par 3 ou par 5.

Par conséquent, les sociétés de développement ne peuvent pas être accusées de supprimer la coopération, puisque au contraire les faits sont là pour montrer qu'elles lui donnent une plus grande puissance de pénétration et de rayonnement.

Je voudrais aussi marquer un moyen qui ne peut être employé que par les puissantes sociétés de développement, et je reviens encore à notre société d'Amiens. Nous sommes cette année vraiment trop orgueilleux. Nous parlons beaucoup de nous et il faut nous en excuser. Mais enfin je dois tout de même marquer que c'est grâce à la création dans le département de la Somme d'une puissante société, qu'il a été permis de créer la colonie de vacances de Criel-sur-Mer. Cette colonie que connaît bien notre camarade Darves, est-ce que ce n'est pas une réalisation qui compte ? Et est-ce qu'il existait dans notre département une seule société autonome, même celle d'Amiens, qui aurait été capable de créer une œuvre si grandiose ? Certainement non.

La société de développement permet une concentration de la puissance, une concentration des moyens d'action et de propagande qui permet la création d'œuvres sociales dépassant de beaucoup les possibilités d'une société autonome.

Vous savez bien aussi Darves, que si nous sommes des Picards qui songeons à développer la coopération, nous n'avons songé à ce développement qu'après avoir fusionné les sociétés et être devenus capables de faire de l'extension coopérative. Cela nous a été permis grâce à notre ancienneté et surtout grâce aux fusions faites avec de petites sociétés autonomes qui ont rejoint *l'Union*, d'Amiens, alors qu'elles étaient en pleine prospérité.

La richesse collective de *l'Union*, de la Somme, n'est pas faite seulement de la richesse que nous avons constitué depuis la création de la Société de développement ou de celle de la société d'Amiens. Elle s'est formée aussi par les apports généreux de toutes les petites sociétés autonomes.

Vous savez très bien que nous avons une colonie de vacances et que nous en ouvrons les portes aux camarades des sociétés de notre Fédération. Vous savez que particulièrement en ce qui concerne *La Fraternelle*, de Saint-Quentin, de nombreux enfants de cette société profitent de notre colonie. Je pense bien qu'on ne nous reprochera pas de permettre aux enfants de cette localité, de profiter des avantages de la colonie de Criel dans le but d'attirer cette société à la fusion ! Je ne ferai pas à nos camarades de Saint-Quentin l'injure de croire qu'ils ont pu penser cela un seul instant.

Si je parle peut-être un peu trop longuement de la société d'Amiens, c'est parce que le camarade Darves nous connaît particulièrement, qu'il a été un Picard d'adoption et que les attaques qu'il a adressées à notre société en ce qui concerne Laon, n'auraient pas dû se produire de sa part.

J'arrive maintenant à la critique qu'a faite notre camarade contre les sociétés de développement.

Si l'on se reporte à une étude faite par la Fédération Nationale en ce qui concerne les avantages apportés par les petites sociétés aux consommateurs, et ceux que permettent les puissantes sociétés de développement, il y a une comparaison qui est tout à l'avantage des sociétés de développement. Cela se traduit par un avantage permis par les sociétés puissantes non pas en rivalité avec les sociétés autonomes mais par la concentration des forces coopératives.

Et puis, il ne faut pas nier le progrès. De deux choses l'une : ou bien la coopération c'est simplement la stagnation, ou bien la coopération c'est la marche vers le progrès et vers l'extension, c'est le remplacement progressif de l'économie capitaliste actuelle par l'économie collective. Si nous voulons remplacer les organisations capitalistes actuelles, il ne faut pas que notre organisation représente, pour les consommateurs, une régression. Si nous voulons, dans le cadre de la société actuelle, apporter pacifiquement cette transformation de la société capitaliste, il faut que nous apportions au consommateur des avantages et nous ne les lui apporterons qu'en appliquant le progrès.

Nous ne pouvons pas être contre le progrès et c'est le progrès social qui indique qu'il est nécessaire de développer les sociétés de fusion.

Vous nous avez fait aussi une remarque que la ristourne ne devait pas être le but final de la coopération. Nous sommes tout à fait d'accord sur ce point. Seulement, vous nous avez indiqué hier que vous aviez peur que nous perdions de vue la doctrine des Pionniers de Rochdale. Et alors je vous demande : Est-ce que la doctrine des Pionniers de Rochdale, ce n'est pas la ristourne à la consommation ? Ne nous accusez donc pas à propos de la ristourne, de n'être pas fidèles à la doctrine de Rochdale.

Quant à la lutte contre le commerce capitaliste au moyen des bas prix de vente, vous serez toujours battus sur ce terrain parce que le commerce capitaliste a parfois des armes que vous connaissez : la tromperie assez fréquente sur le poids et sur les appellations, et qu'il peut employer des moyens de démagogie des prix que les coopératives, dans leur volonté de moraliser le commerce, doivent absolument s'interdire.

Ne suivez donc pas le commerce capitaliste, ne copiez donc pas servilement ses méthodes.

Le principe coopératif, c'est le juste prix. Le juste prix, on le comprend de différentes façons, mais pour nous, entendez qu'il représente le prix de revient. Le juste prix, c'est le prix de vente diminué des avantages d'ordre social et des ristournes.

Et la puissance des sociétés coopératives sera d'autant plus grande sur les consommateurs, qu'elles pourront, entre le prix de revient et le prix de revente capitaliste, trouver la place d'une ristourne plus élevée.

On ne saurait nier la puissance d'attraction de la ristourne quand on voit des sociétés coopératives qui parfois n'ont pas les moyens d'attribuer des ristournes et qui cependant en distribuent, sans les prendre et pour cause, dans les résultats de leur exploitation.

C'est là qu'est le danger. Le danger, ce n'est pas la ristourne lorsqu'elle représente réellement des résultats acquis par la coopérative. Le danger de la ristourne c'est de répartir des ristournes fictives. C'est une pratique qui a comme résultat de conduire la société coopérative à la ruine.

Est-ce que c'est ce que nous voulons ?

Sur ce point, je pense qu'on ne peut pas adresser de reproches aux sociétés de développement dont nous faisons le panégyrique. Vos autres reproches sont tout aussi injustifiés, parce que ce sont les sociétés de développement qui souvent ont empêché la faillite de sociétés autonomes. S'il n'y avait pas de puissantes sociétés de développement on pourrait constater dans différentes régions de France, des faillites lamentables et répétées.

En ce qui nous concerne nous avons tout dernièrement empêché, que, dans notre ville, le prestige du titre coopératif ne soit diminué par une faillite, en faisant une fusion.

Voilà ce que permettent les sociétés de développement. Je n'ai pas à les défendre ici, mais j'ai simplement voulu montrer que nous travaillons à la rationalisation du Mouvement coopératif par des méthodes qui permettront à la fois de faire grandir la coopération et d'apporter aux coopérateurs des avantages accrus. Et nous justifions que c'est par la société de développement que nous pouvons le mieux obtenir ce résultat à l'heure actuelle.

Un Délégué. — Comment comprenez-vous le fonctionnement des sociétés de développement ?

Le Président. — Nous n'allons pas recommencer la discussion. Tout le monde est assez au courant du fonctionnement des sociétés de développement. Et si quelqu'un d'entre nous a besoin d'être renseigné à cet égard, ce n'est pas au sein du Congrès que cette question peut être agitée.

E. Poisson. — La question est très intéressante ; mais c'est à votre Fédération Régionale qu'il faut la poser.

Le Rapport de la Commission des Résolutions

Le Président. — La parole est à Gaston Prache, Rapporteur de la Commission des Résolutions.

Gaston Prache. — Camarades, la Commission des Résolutions a été saisie d'une vingtaine de textes différents. Elle a confié le soin à une sous-commission d'examiner attentivement ces textes et de lui faire ensuite ses observations. Une séance plénière de la Commission des Résolutions s'est tenue ce matin et je vous apporte le résultat de ces délibérations.

Il y a d'abord une série de vœux, émis au nom de la minorité coopérative, qui sont tous l'objet d'une proposition de rejet par la Commission des Résolutions.

C'est en premier lieu une proposition de subvention de 10.000 francs au Secours Rouge International. Ce vœu présentant un caractère extra-coopératif évident, la Commission des Résolutions propose au Congrès de le rejeter.

Le Président. — Pas d'observations ?.. La proposition de la Commission est adoptée.

Gaston Prache. — Une seconde résolution, relative à la rupture de l'Alliance Coopérative Internationale avec le Bureau International du Travail et de la rupture de la Fédération Nationale des Coopératives de Consommation avec le Conseil National Economique, et « toutes commissions extraparlementaires du gouvernement bourgeois », fait également l'objet, de la part de la Commission des Résolutions, d'une proposition de rejet. D'ailleurs, cette résolution tombe d'elle-même à la suite de l'adoption par le Congrès du Rapport du Conseil Central.

Le Président. — Pas d'observations ?... La proposition de la Commission est adoptée.

Un Délégué. — Est-ce qu'on peut prendre la parole sur les conclusions apportées par la Commission ?

Le Président. — Non, puisque tout le monde est d'accord.

Un Délégué. — Tout le monde n'est pas d'accord, je vote contre.

Le Président. — Que ceux qui sont contre les propositions de la Commission des Résolutions, le manifestent en levant la main.

Trois voix contre.

Gaston Prache, *rapporteur*. — Une troisième résolution intitulée « Résolution Coopérative » mais qui se termine par l'invitation d'appliquer dans nos sociétés le mot d'ordre classe contre classe, et signé de l'Union Nationale des Coopérateurs, fait également l'objet d'une proposition de rejet de la part de la Commission.

Le Président. — Je mets aux voix le rejet proposé par la Commission.

Adopté.

Gaston Prache, *rapporteur*. — On dirait que cela vous étonne de voir que vos propositions sont rejetées. C'est vraiment extraordinaire !

Un quatrième vœu a trait à la proposition de constitution d'une caisse nationale de chômage.

De l'avis de la Commission des Résolutions, ce vœu, de par son texte même, n'est pas étranger à des considérations d'ordre extra coopératif.

La Commission pense qu'il ne peut pas être adopté étant donné que chaque société coopérative ou même souvent chaque section de société de développement est libre de le faire dans l'avenir, comme elle a toujours pu le faire dans le passé, l'attitude qui lui convient lorsqu'elle se trouve sollicitée par un comité de grève pour lui accorder des subsides ou une aide quelconque.

Un Délégué. — Donnez une indication.

Gaston Prache, *rapporteur*. — Nous n'avons aucune indication à donner. Nous sommes trop respectueux de la liberté de chaque organisation primaire de notre Mouvement coopératif.

La Commission vous propose le rejet de cette résolution.

Le Président. — Je mets aux voix la proposition de la Commission.

Adoptée.

Gaston Prache, *rapporteur*. — Un autre vœu de la minorité a trait à une demande d'application de la représentation proportionnelle dans la délégation coopérative nationale, au Congrès International de Vienne, comme également à la représentation de cette minorité dans toutes les commissions statutaires de nos sociétés coopératives.

La Commission des Résolutions, prenant connaissance du fait que dans aucun mouvement coopératif national, pas même celui de nos camarades de l'U. R. S. S., la représentation proportionnelle n'est appliquée, pense qu'il n'y a pas lieu de créer ce précédent en France et propose au Congrès de rejeter purement et simplement la proposition qui lui est faite.

Le Président. — Je mets aux voix la proposition de la Commission des Résolutions.

Adopté.

Gaston Prache, *rapporteur*. — Voici maintenant la teneur de la résolution qui vous est proposée par le Conseil Central :

Le Congrès recommande aux Sociétés l'application entière et loyale, dans les conditions mêmes fixées par le législateur, de la loi sur les Assurances Sociales, aux employés de Coopératives, y compris les gérants.

En particulier, il demande à la F. N. C. C. de tenir les Sociétés au courant des dispositions particulières aux gérants qui pourraient être prises par la Direction des Assurances Sociales.

Conformément à presque toutes les législations et à nos revendications concernant l'administration des organismes d'assurances par les assurés eux-mêmes, il recommande de ne pas déroger au principe du paiement de la cotisation par les trois intéressés : l'employé, le patron et l'Etat.

Le Président. — Pas d'opposition ?.. Adopté à l'unanimité.

Gaston Prache, *rapporteur*. — Un vœu présenté au Conseil Central, au nom de la Fédération Régionale des Coopératives du Centre, dit ceci :

Le XVIIe Congrès de la Fédération nationale des Coopératives de Consommation,

Considérant que la législation actuelle ne permet pas aux sociétés coopératives à forme civile de se transformer en société coopératives à forme anonyme;

Considérant que ces empêchements sont de nature à nuire à l'intérêt du Mouvement coopératif, à son développement et à l'intérêt des consommateurs ;

Demande à la F. N. C. C. :

D'étudier une proposition de loi à soumettre au groupe parlementaire de la Coopération, simplifiant les formalités actuelles de transformation des sociétés.

La Commission propose au Congrès d'adopter ce vœu.

Le Président. — Pas d'opposition ?..

M. Cohu. — Les sociétés civiles des Mines ont été autorisées à se transformer en sociétés anonymes.

Gaston Prache, *rapporteur*. — Nous nous servirons de cet argument. En ce qui concerne les questions de territorialité coopérative — le rattachement du département du Cantal à la Fédération du Sud — l'accord entre les intéressés est fait. La Commission vous propose de ratifier cet accord.

Le Président. — Adopté.

Gaston Prache, *rapporteur*. — Nous arrivons à l'examen de la résolution qui a été défendue par notre camarade Brot concernant les ventes à primes, résolution présentée au nom du Congrès de la Fédération Coopérative Lorraine.

Il y a eu sur ce point un contretemps, je ne dirai pas fâcheux, puisque, en somme, notre camarade Brot, défendant sa résolution, connaissait déjà la position prise par la Commission des Résolutions à cet égard. Vous avez entendu Brot et vous avez entendu sur ce même sujet notre camarade Leclercq.

Nous pensons à la Commission des Résolutions qu'il est sage de confier au Conseil Central et à sa Commission de rationalisation, le soin d'étudier la question et d'indiquer au prochain Congrès quelles sont les directives que le Conseil Central pense donner sur ce point.

A cet effet le vœu suivant est proposé :

Le Congrès, ayant pris connaissance du vœu présenté par la Fédération Coopérative Lorraine, donne mandat au Conseil Central d'étudier la question des ventes à primes et de présenter au Congrès National de 1931, une résolution fixant l'attitude du Mouvement Coopératif Français à cet égard.

Marcel Brot. — La condamnation prononcée par le Congrès de Nîmes, subsiste tout de même.

Le Président. — Je mets aux voix le vœu présenté par la Commission des Résolutions.

Adopté.

Gaston Prache, *rapporteur.* — Vœu présenté par la Commission des Résolutions sur l'initiative de Bugnon à propos de l'Enseignement de la Coopération :

Considérant les résultats obtenus en quelques années par la Commission Nationale pour l'Enseignement de la Coopération et l'utilité des services qu'elle a créés en collaboration avec l'Université ;

Considérant que son action doit s'exercer plus largement et plus profondément par l'Office Central de la Coopération à l'Ecole, déjà créé, et par les Sections départementales existantes ou en formation ;

Invite les sociétés coopératives à augmenter l'aide financière qu'elles apportent à l'Office Central de la Coopération à l'Ecole, pour lui procurer les ressources indispensables qui doivent, au minimum, atteindre 200.000 francs annuellement.

Le Congrès signale comme moyens recommandables d'attribution à l'Office Central de la Coopération à l'Ecole, soit l'inscription aux frais généraux d'un chapitre « enseignement » avec affectation d'un pourcentage sur le chiffre d'affaires, soit l'affectation statutaire d'un pourcentage prélevé sur les bénéfices annuels, soit l'inscription régulière d'une cotisation par sociétaire.

Ceci étant donné, à titre indicatif, comme un des meilleurs moyens de donner à l'Office Central les subsides dont il a besoin.

Le Président. — Adopté.

Gaston Prache, *rapporteur.* — Sur le problème du pain, exposé à cette tribune par notre camarade Rolland, de la Fédération du Centre, la Commission des Résolutions vous propose d'adopter la résolution suivante :

Le Congrès, ayant pris connaissance d'une résolution émanant de la Fédération des Coopératives du Centre relativement à la question du pain, tient à affirmer l'importance qu'il accorde au problème du blé, de la farine et du pain. Il donne mandat au Conseil Central de la F. N. de mettre sans retard à son ordre du jour l'étude de ce problème.

Le Congrès invite aussi de façon pressante le groupe parlementaire de la Coopération à hâter, par tous les moyens en son pouvoir, le vote du projet de loi Chanal, favorisant les unions entre coopératives agricoles et coopératives de consommation.

J'ajoute d'ailleurs, pour nos camarades du Centre, que la Commission des Résolutions a été entièrement favorable à l'esprit de la résolution présentée par eux.

E. Poisson. — Il a été décidé, au point de vue de la forme, de créer non pas une société mais un Comité National où nous appellerions les producteurs et les consommateurs.

Le Président. — Sous le bénéfice de cette observation, le vœu est adopté.

Gaston Prache, *rapporteur.* — Sur la question des Economats, nous sommes saisis de deux propositions :

Une proposition émanant de l'Union Nationale des Cercles de Coopérateurs demandant à la Fédération Nationale d'accepter les bons offices de cette union en vue de mener à bien l'œuvre dont il s'agit.

La Commission des Résolutions vous propose de ne pas retenir ce vœu étant donné que l'Union des Cercles n'est pas un organisme du Mouvement coopératif proprement dit, mais, ainsi qu'il a été affirmé hier à cette tribune, l'expression nette d'un parti politique dont elle est l'organisme auxiliaire.

Par contre, la Commission vous propose de retenir l'intervention faite par nos camarades de la Fédération de l'Ouest sur la question des économats. Et, à cet effet, le vœu suivant a été rédigé, que la Commission vous propose d'accepter :

Le Congrès, rappelant diverses résolutions prises par lui au cours des précédentes sessions, affirme à nouveau la gravité que présente l'existence des économats, et constate l'impuissance légale actuelle à leur égard.

Il demande au Conseil Central de redoubler d'efforts pour tenter une collaboration avec les organisations professionnelles intéressées, afin d'aboutir à la transformation de tous les économats en sociétés coopératives de consommation, ou à leur suppression.

Le Congrès demande aussi aux sociétaires d'aider le Conseil Central dans cette tâche en lui facilitant ses enquêtes et son action.

Ceci pour rappeler l'enquête organisée par la Fédération Nationale des Coopératives de consommation et par plusieurs fédérations régionales.

Adopté.

En ce qui concerne le vote du projet de loi sur la coopération, la Commission des Résolutions vous propose d'adopter le texte suivant :

Le Congrès demande avec insistance au Conseil Central d'intervenir auprès du Conseil Supérieur et du groupe parlementaire de la Coopération pour faire cesser les atermoiements qui retardent le vote du projet de loi sur la Coopération, et d'obtenir enfin un texte légal, sauvegardant le véritable caractère coopératif.

Adopté.

Vœu relatif à l'insuffisance des crédits mis à la disposition des sociétés coopératives :

Le Congrès, rappelant d'une part ses vœux antérieurs, et d'autre part les promesses faites au Mouvement Coopératif par divers représentants des pouvoirs publics, considérant l'insuffisance toujours plus grande des crédits mis à la disposition des sociétés coopératives de consommation.

Demande que le fonds actuel de dotation soit augmenté d'une somme de vingt millions, et que les décisions d'attributions prises par la Commission de répartition reçoivent l'exécution la plus rapide possible.

Le Président. — Adopté.

Gaston Prache, *rapporteur*. — Vœu relatif à la question des patentes :

Rappelant avec insistance la résolution prise par le Congrès de Royan, le dix-septième Congrès demande instamment au Conseil Central de saisir le Groupe parlementaire de la Coopération, après étude par le Conseil juridique, de la situation des sociétés coopératives de consommation au regard de la loi sur les patentes, et d'obtenir l'extension à ces sociétés du bénéfice de l'article 10 de la loi du 3 mars 1928, modifiant les bases d'imposition et la patente de certaines catégories de contribuables.

Nous avons repris ici, intentionnellement, pour la seconde partie de la résolution, les termes mêmes de la résolution adoptée l'an dernier par le Congrès de Royan.

Le Président. — Adopté.

En ce qui concerne l'impôt sur le revenu des valeurs mobilières, la Commission des Résolutions vous propose d'adopter le texte suivant :

Le Congrès, considérant le régime d'exonération dont bénéficient les caisses d'épargne, les banques populaires, les caisses de crédit agricole et diverses autres institutions de crédit, quant à l'impôt sur le revenu des valeurs mobilières et des créances affirme à nouveau qu'il considère comme une simple mais nécessaire justice que les sociétés coopératives de consommation bénéficient aussi de cette exonération totale.

Le Congrès demande à cet effet au Conseil Central d'intervenir à nouveau pressamment auprès du Conseil Supérieur et du Groupe parlementaire de la Coopération.

Gaston Lévy. — Je voudrais bien qu'on ajoute un mot. Vous parlez de l'impôt sur le revenu des valeurs mobilières; il faut aussi ajouter les créances. En effet, les valeurs mobilières, ce sont les titres, et les créances comprennent les dépôts en banque.

Gaston Prache, *Rapporteur*. — Satisfaction est donnée à Lévy.

Le Président. — Adopté.

Pour la bonne bouche, nous avons réservé le vœu relatif à l'Ecole Technique :

Le Congrès, après avoir entendu le rapport sur le fonctionnement de l'Ecole Technique pour le personnel coopératif, tient à féliciter chaleureusement M. Simiand, directeur de l'Ecole, et ses collaborateurs, et à leur donner le témoignage le plus vif de sa satisfaction et de ses encouragements.

Prenant connaissance d'autre part de la situation financière difficile de l'Ecole et affirmant une fois de plus l'intérêt considérable que présente celle-ci pour le mouvement coopératif, le Congrès demande instamment à toutes les sociétés de faire le nécessaire pour verser chaque année à la F. N. C. C. la subvention autorisée de 80 % prélevée sur le montant de la taxe d'apprentissage payé par les sociétés.

Le Président. — Adopté.

Gaston Prache. — Nous en arrivons au renouvellement du Conseil Central et de la Commission de Contrôle.

Vous avez pris connaissance, dans le rapport, de la liste des membres renouvelables cette année. Je ne vous donnerai pas lecture des noms, vous les connaissez tous.

En ce qui concerne la Commission de Contrôle, il y a une modification concernant Jevais qui ne se représente pas. La Commission des Résolutions a été saisie de deux candidatures. L'accord a été facilement réalisé et la Commission vous propose la candidature de Mathieu, Directeur de l'*U. D. C. de Denain*, présenté par la Fédération du Nord.

Le Président. — Adopté.

La séance est levée à midi trente.

Quatrième Séance

VENDREDI 30 MAI 1930 (après-midi)

La séance est ouverte à 14 heures 30, sous la présidence de Larquier, de la *Coopérative Régionale des Charentes et des Deux-Sèvres*, assisté de Mlle Dubuc et de Mme Prache.

LE PRÉSIDENT. — Je donne la parole à Poisson.

POISSON. — Chères Coopératrices et chers Coopérateurs, il importe de vous indiquer dans quelles conditions va s'engager la discussion sur le Congrès International de Vienne et les différentes questions qui figurent à son ordre du jour.

Je rappelle, d'un mot, que le Congrès de l'Alliance Coopérative Internationale se tient tous les trois ans. Il a siégé pour la dernière fois à Stockholm. Nous devons aujourd'hui nous préparer à représenter la Coopération française aux assises internationales prochaines.

A Vienne, dans la petite Autriche d'aujourd'hui, il existe un mouvement coopératif de consommation extrêmement puissant et la capitale de l'ancien empire austro-hongrois est, parmi les grandes villes d'Europe, une de celles où existent les plus grandes boulangeries coopératives. C'est l'immense majorité des Viennois qui adhèrent à nos organisations. Nous sommes donc certains d'être bien reçus, dans un milieu favorable et dans une atmosphère coopérative.

Nous osons croire que la Coopération française tiendra à être largement représentée au Congrès International. C'est pourquoi la Fédération Nationale des Coopératives de Consommation a décidé, à cette occasion, d'organiser un voyage qui permettra aux délégués français d'assister aux séances et qui permettra en même temps, pendant, avant et après le Congrès, de visiter Vienne et, en cours de route, des organisations coopératives.

Nous avions déjà dit devant vous que nous pensions qu'il était utile d'organiser périodiquement des voyages de coopérateurs français à l'étranger, et nous avons indiqué que la visite, faite l'année dernière aux coopératives russes, n'était qu'un maillon d'une chaîne.

Cette année, c'est à propos du Congrès de Vienne, que nous demandons aux sociétés de faire un effort et aux Fédérations Régionales d'envoyer quelques-uns des leurs. Nous espérons faire représenter dignement et d'une façon suffisamment nombreuse la Coopération française au Congrès International.

Ce voyage, qui durera de quinze à dix-huit jours, commencera dans la semaine précédant le Congrès, qui a lieu du 25 au 29 août. Il permettra à nos délégués de visiter la Coopération suisse et de s'arrêter plus particulièrement à Bâle, siège de l'*Union Coopérative Suisse*, qui est une des plus puissantes coopératives d'Europe et englobe presque les deux tiers de la population.

Je n'insisterai pas sur les beautés naturelles et les aspects pittoresques du voyage et sur le fait que, de la Suisse en Autriche, les délégués pourront voir les sommets escarpés des Dolomites. En tout cas, en arrivant à Vienne, après un court séjour dans une ville autrichienne où nous serons reçus par les coopérateurs, soit à Innsbrück, soit à Salzbourg, vous vous trouverez dans la grande citadelle internationale du Mouvement Coopératif.

Au retour, ceux qui feront ce voyage, passeront par la Tchécoslovaquie, où ils trouveront un mouvement coopératif développé sous toutes ses formes. Et puis, de la Tchécoslovaquie, véritable fleur de la Coopération internationale, ils pourront jeter un regard sur la Coopération allemande, une des plus puissantes d'Europe, en traversant quelques-unes de ses forteresses, depuis Nurenberg jusqu'à Munich et à Stuttgart.

Je me permets de dire qu'il est encore temps, pour nos grandes comme pour nos petites sociétés, de se faire représenter dans ce voyage, qui coûtera, logement, nourriture et chemins de fer compris, environ 3.000 francs.

Nous espérons que la Coopération française aura à Vienne la représentation qu'elle mérite.

A parler franchement, nous avons eu quelque honte, dans les congrès antérieurs où, sur 800 délégués, nous représentions une force importante par le nombre de nos mandats et même par nos cartes de vote. mais où nous étions un petit groupe de quinze à vingt délégués perdu dans cette immense représentation.

Nous n'avons pas la prétention de donner de leçons aux autres, mais nous avons la prétention de nous faire respecter selon notre valeur et c'est pourquoi nous souhaiterions que la Coopération française, sans exagérer ses mérites, ait, cette année, dans l'assemblée internationale de Vienne, la représentation qui lui convient, conformément aux traditions de son passé et conformément aux forces qu'elle représente.

Je fais donc un dernier appel pour que les Sociétés et les Fédérations envoient là-bas une représentation suffisante.

J'ose dire que, dès maintenant, nous sommes sûrs d'avoir été entendus et nous espérons que la représentation française approchera peut-être d'une centaine de délégués. Il est à ma connaissance que deux de nos plus fortes organisations, l'*Union des Coopérateurs de Paris* et l'*Union des Coopérateurs de Lorraine*, enverront chacune au moins dix délégués. A vous de les suivre, à vous de les imiter.

Le Congrès de Vienne sera l'assemblée solennelle de la Coopération Internationale.

En ce qui concerne la direction de la délégation et sa représentation, nous avons, dès ce matin, tranché le problème : ce sont les membres du Conseil Central, présent à Vienne, qui auront reçu de notre Conseil de juillet prochain les directives nécessaires. C'est le Conseil qui, en dernière analyse, décidera des interventions à faire au nom de la délégation française. Il ne peut pas en être autrement dans une organisation sérieuse qui, en réalité, représente l'ensemble du Mouvement.

Vous avez aujourd'hui à déterminer quel sera le mandat général que vous allez donner au Conseil Central pour qu'à Vienne, ses membres réunis décident et de leur vote et de leur attitude.

La Commission Administrative, pour vous présenter l'ensemble des questions, a réparti la tâche entre ses membres. Un petit sous-comité a été créé par décision du Conseil Central, sous-comité qui comprend les représentants de la France au Comité Central de l'Alliance. Comme vous le savez, ces représentants sont : notre ami Charles Gide, Albert Thomas, Camin, Lévy, Cleuet et, à titre de suppléant, notre ami Fauquet, et c'est enfin moi-même.

Notre représentation est aujourd'hui équivalente à celle de l'Allemagne mais inférieure à celle de la Grande-Bretagne ou de la Russie. Nous avons : 6 membres au Comité Central, 1 membre à l'Exécutif, c'est moi-même; 1 vice-président, c'est encore moi-même. Et nous avons droit au congrès à 66 voix, ce qui est important. Au Comité Central, le maximum de voix est de 14 qui sont accordées à deux seuls pays : l'Angleterre et la Russie. L'Allemagne et la France viennent ensuite.

Pour l'élaboration du programme de Vienne, les membres de votre Comité Central vont vous présenter les différents aspects des questions à l'ordre du jour.

Pour ma part, je vais très brièvement vous exposer le rapport sur l'activité de l'Alliance Coopérative Internationale depuis trois ans, et je vais vous indiquer quelle est notre opinion sur cette activité.

Après moi, notre ami A.-J. Cleuet vous exposera la proposition française qui consiste à demander qu'une enquête soit faite sur l'application actuelle des Principes Rochdaliens dans les Mouvements coopératifs nationaux, question que le Comité Central a mise à l'ordre du jour sur notre proposition.

Après Cleuet, vous entendrez notre ami Albert Thomas qui vous parlera plus spécialement d'un problème soulevé par lui à Stockholm, il y a trois ans, celui du programme économique de l'Alliance, et des suites qui ont été données à une Résolution, qui, sur sa proposition et la nôtre, avait été votée par le Congrès.

Enfin, sur les deux questions mises à l'ordre du jour, d'une part le problème du crédit, d'autre part le problème du financement des relations entre les coopératives agricoles et particulièrement les Pools canadiens et les coopératives de consommation d'Europe, vous entendrez tout à l'heure notre ami Fauquet nous exprimer le point de vue que nous proposons sur la résolution présentée par le rapporteur allemand, et en second lieu, l'avis de notre ami Lévy sur un problème dont nous n'avons pas encore malheureusement le rapport au Congrès International.

Voici dans quelles conditions la question se pose aujourd'hui.

Nous vous indiquons tout de suite que, pour clore ce débat, nous vous proposerons, au nom de la sous-commission nommée par le Conseil Central, d'adopter l'ordre du jour suivant :

Le Congrès approuve l'attitude de ses délégués aux divers organismes de l'Alliance Coopérative Internationale, et donne mandat de défendre, au Congrès de Vienne, la politique exposée par les rapporteurs Poisson, Cleuet, Thomas, Fauquet et Lévy, sur les diverses questions et problèmes à l'ordre du jour.

Je remets dès maintenant cet ordre du jour au Président et j'aborde la première partie.

L'activité de l'Alliance Coopérative Internationale depuis trois ans

POISSON, *rapporteur*. — Très brièvement, j'exposerai les faits. Je dirai ce que l'Alliance Coopérative Internationale, par ses services, par son Comité Exécutif, par son Comité Central, a fait, soit pour appliquer les résolutions des Congrès, soit pour réglementer l'action coopérative internationale.

Après ce bref exposé de faits, je ferai quelques courtes remarques conformes à notre opinion.

Tout de suite, d'un mot, je vous indique que si nous approuvons l'activité générale de l'Alliance Coopérative Internationale, nous ne sommes pas sans faire quelques réserves importantes sur cette activité et sans apporter quelques suggestions d'avenir.

Naturellement, nous allons donner, au Congrès International, notre approbation sous ces réserves et sous ces conditions.

Cela nous permettra de définir notre politique à l'intérieur de l'Alliance Coopérative Internationale quand nous allons y parler demain au nom de la coopération française.

L'Alliance Coopérative Internationale est une organisation extrêmement puissante. Elle a reçu depuis trois ans de nombreuses adhésions. Elle groupe aujourd'hui des organisations appartenant à 38 pays ; 107 organisations nationales, beaucoup de consommation, un certain nombre de production et particulièrement des coopératives agricoles, et même en assez grand nombre depuis trois ans, des organisations de crédit.

D'après les statistiques, il y aurait aujourd'hui près de 125.000 sociétés coopératives adhérentes à l'Alliance et le nombre des sociétaires dépasserait 60 millions.

Nous sommes heureux de voir que, dans cette période de trois ans, le recrutement de l'Alliance s'est fait d'une façon convenable. Nous trouvons cependant, qu'il y a encore, en dehors de l'Alliance, trop d'organisations coopératives nationales. Nous avons eu de nombreuses discussions à ce sujet et nous avons préconisé qu'en accord avec les organisations adhérentes, on obtienne l'adhésion des sociétés et des Fédérations Nationales de consommation ou de production qui ne nous connaissent pas.

Déjà, un effort appréciable a été accompli ; mais il pourrait être, à notre avis, largement intensifié, et nous ne comprenons pas, — voilà une réserve, — qu'à l'Alliance Coopérative Internationale on n'essaie pas d'obtenir l'adhésion de la totalité des organisations coopératives.

Nous entendons, plus que quiconque, défendre là-bas, les coopératives de consommation ; mais nous voulons laisser la part nécessaire à l'ensemble de la coopération, sous la forme agricole ou sous les autres formes. Il semble qu'il y ait, à ce point de vue, une espèce de résistance. On a décidé des enquêtes, on a décidé de demander préalablement, l'avis des organisations adhérentes. Nous constatons qu'en France, nous avons obtenu l'adhésion à l'Alliance Coopérative Internationale, outre nous-mêmes et la Chambre Consultative des Associations Ouvrières de Production, de la Fédération Nationale de la Mutualité et de la Coopération Agricoles. Et quelles que soient les divergences qui peuvent exister entre nous, nous savons qu'il y a des liens communs, et nous voudrions qu'à l'extérieur on cesse de considérer les autres organisations non adhérentes, d'après l'opinion qu'on a soi-même de son propre mouvement, et parfois d'après des influences politiques ou confessionnelles ou d'après des raisons d'ordre national.

Quelquefois on trouve des hésitations à accepter, dans un de ces pays où il y a des minorités nationales, l'adhésion de telle ou telle organisation de minorité.

Le recrutement de l'Alliance, doit donc à notre avis être largement accentué.

Au Comité Central il y a eu des votes hésitants. Nous vous demandons d'insister, pour que l'Alliance, conformément à ses statuts, soit ouverte à toutes les formes de la coopération, sans restrictions politiques, confessionnelles ou même nationales.

Dans le rapport qui a été présenté au Comité Central, c'est justement un des points sur lesquels nous avons été appelés à voter. Il y avait une phrase qui peut-être venait d'une traduction imparfaite et qui aujourd'hui sans doute aura disparu, mais qui était vraiment inadmissible. Derrière cette phrase, d'un français douteux, dans la traduction, il y avait une idée que nous comprenions très bien, c'était en vérité de chercher à limiter le recrutement de l'Alliance. Malgré que nous ayons demandé des explications pour faire supprimer cette phrase, nous sommes obligés de vous dire que nous avons été battus.

Albert Thomas. — Ce sera corrigé tout de même.

Poisson. — Ce sera corrigé tout de même ; mais si on a voté contre nous au Comité Central à ce propos, c'est qu'il y a une sorte de résistance à la politique que nous défendons ici et qui est celle de trouver un certain terrain d'entente, entre les coopératives de consommation et les coopératives de production agricoles.

L'Alliance Coopérative Internationale a de nombreuses publications. Elle possède une Revue. Là, nous ne faisons pas bonne figure, je le dis carrément devant le Congrès.

La *Revue Internationale de la Coopération* est publiée en trois langues ; en anglais, en allemand et en français. C'est l'édition française qui a le moins grand nombre d'abonnements et malgré tous nos efforts ces abonnements ne se multiplient guère.

Vraiment, la Revue mériterait un plus grand succès. Tous ceux qui la lisent vous diront qu'il n'y a pas de Revue mieux faite pour l'éducation des coopérateurs. Toutes les expérimentations, tous les grands problèmes qui se posent, non pas seulement internationalement, mais même nationalement, y sont traités.

Il faut que nos camarades des sociétés de developpement prennent des abonnements à la Revue de l'Alliance et ne se contentent pas d'en souscrire un ou deux pour faire plaisir à la Fédération Nationale.

Ils doivent abonner les administrateurs et les collaborateurs, et une fois qu'ils auront fait cet effort, les petites sociétés pourront les suivre.

Je fais un appel à toutes les coopératives pour qu'elles s'abonnent à la Revue.

Les autres publications sont également fort intéressantes. A côté de la Revue, il y a un Annuaire. Nous aurions espéré que cet Annuaire serait fait de telle façon qu'on pourrait non seulement en avoir un mais en avoir plusieurs, pour les statistiques différentes. Nous avions travaillé d'autant mieux à cette idée qu'il y a aujourd'hui dans le monde une grande organisation de statistiques internationales coopératives. Elle se trouve au Bureau International du Travail et est assurée par notre ami Fauquet sous la direction d'Albert Thomas. Il y en a une autre en Angleterre. Il y en a également une autre en Amérique, très puissante et très bien faite. Nous voudrions que toutes ces organisations internationales de statistiques se mettent d'accord pour se partager la besogne, ce qui aurait permis de pousser la documentation sur certains problèmes déterminés.

Mais vous ne sauriez croire combien il est difficile de mettre les hommes d'accord sur le terrain international. Nous constatons avec regret que, malgré tous nos efforts, la collaboration pour l'établissement des statistiques reste très difficile. Je pense que sur ce terrain il serait possible de répartir les tâches. Mais, pour des raisons de bureau, pour des raisons qui n'ont rien à voir avec les opinions, quelquefois pour des raisons de prestige national, on n'a pas pu aboutir.

Nous osons dire qu'il y a là, du point de vue de l'Alliance Coopérative Internationale, une responsabilité à laquelle elle ne devra pas échapper et nous avons le droit de lui demander des comptes au Congrès de Vienne.

On a demandé avec juste raison un Service de Presse. Nous nous félicitons qu'il soit de plus en plus documenté et de plus en plus complet.

L'Alliance Coopérative Internationale a, à notre avis, une besogne de propagande à accomplir.

La remplit-elle entièrement ? Pour une large part, c'est difficile. Elle fait des efforts, elle se fait représenter dans les Congrès nationaux, elle essaie, de temps à autre d'intervenir pour la défense des organisations coopératives. Mais il y a dans le monde toute une série de pays où la Coopération est encore à l'état embryonnaire, par exemple l'Amérique du Sud. Il y a même encore en Europe, des pays où certaines formes de la coopération n'ont pas de réalisations sérieuses; il y a en tout cas en Europe, bien des pays où l'unité n'est pas faite dans chaque forme de la coopération, où en tout cas, l'unité n'est pas faite entre les diverses organisations nationales coopératives.

Sans doute, c'est un travail considérable à accomplir. Il doit être tenté. Pour cela, il faut que nous ayons à l'Alliance, un budget spécial pour la propagande.

Nous l'avons réclamé; nous ne l'avons pas encore obtenu. Nous vous demandons de le réclamer avec force.

Voilà donc des points où nous constatons les efforts de l'Alliance, mais où tout de même il y a encore beaucoup à faire.

Vous voyez, camarades qui nous adressez des ordres du jour violents, nous demandant de protester contre ceci et contre cela, que nous ne sommes pas, à l'Alliance Coopérative Internationale, de simples « beni-oui-oui ».

Nous y marquons fortement notre position, nous y défendons nos revendications, nous soutenons les conceptions que nous avons de l'action coopérative.

Notre action a eu souvent des résultats utiles. Nous engistrons que la Journée Coopérative Internationale se répand de plus en plus depuis trois ans dans tous les pays; nous en sommes assez fiers, car c'est le Mouvement Coopératif français qui a proposé la Journée Coopérative Internationale. Nous avons eu du mal à la faire adopter, mais elle est aujourd'hui une réalité.

Mais je dois dire qu'il y a un point sur lequel nous sommes beaucoup moins fiers, c'est que notre pays, après avoir préconisé la Journée Coopérative Internationale, est celui qui la glorifie le moins.

Je fais donc, pour le mois de Juillet prochain, un appel à nos organisations, pour qu'elles organisent des fêtes, des réunions, des manifestations, si modestes soient-elles, afin que la Coopération glorifie, en un jour, l'idéal commun et la tâche commune qu'il reste à accomplir.

La Journée Coopérative Internationale s'étend, encouragée par l'Alliance. Nous en sommes heureux.

L'Alliance s'occupe non seulement de sa propre propagande, mais d'une activité chaque jour plus sérieuse.

La Coopération française avait du reste exposé au Congrès de Stockholm, sa conception sur l'activité de l'Alliance.

Nous trouvons que l'Alliance, si fort que nous y soyons, est trop près d'une Académie et trop loin d'un organisme d'action. Nous voudrions que, de plus en plus, elle abandonne le terrain des discussions oratoires et des ordres du jour pour entrer dans l'action positive.

Nous aurions voulu qu'à l'Alliance Coopérative Internationale, on multiplie les services intérieurs d'abord, pour fournir de la documentation, sur chacune des formes de la Coopération, ensuite pour donner des renseignements sur les problèmes juridiques, les problèmes économiques, les problèmes d'application des principes.

Nous avions, au nom de la Coopération française, déposé un long mémoire qui, pour une part, a reçu une approbation dont la réalisation est en train, mais dont nous attendons encore de plus importants effets.

Et puis, nous avions cette conception qu'à côté des services intérieurs de l'Alliance, il fallait créer, autour d'elle, soit dans son sein, soit au dehors, des organismes auxiliaires pour l'étude des problèmes de crédit et d'autres problèmes encore. Et c'est ainsi que la Coopération française a demandé et vient d'obtenir aujourd'hui la création et l'action de ce Comité Bancaire International dont nous avons le très grand honneur d'avoir le secrétaire ici présent en la personne de notre ami Gaston Lévy. Mais Lévy mieux que moi pourrait vous dire à quels obstacles, à quelles barrières, souvent d'incompréhension, on se heurte quand on veut obtenir une telle réalisation internationale, qui devrait rapidement aboutir à une Banque Coopérative Internationale.

Il faut que vous sachiez que si nous sommes extrêmement internationalistes, non seulement en idée et en fait, il est d'autres pays où on affirme l'internationalisme coopératif par des déclarations, mais où chaque fois qu'on veut mettre debout un internationalisme pratique, sous un prétexte quelconque on déclare qu'il est de réalisation impossible et c'est à peine si les sentiments nationalistes arrivent à se dissimuler quelque peu.

Nous avons, pour notre part, une autre position qui s'est affirmée à propos du projet de création de la Banque Coopérative Internationale, et ce n'est pas notre faute si on n'est pas allé plus loin dans la réalisation.

Nous pouvons en dire autant du régime du Magasin de Gros International, où est notre ami Cleuet.

Nous le dirons au Congrès International et nous avons le droit de le proclamer. C'est sur notre initiative que s'est constitué, en 1916, le Comité embryonnaire du Magasin de Gros. Et, quels que soient les progrès réalisés, progrès que nous sommes heureux de constater, nous pouvons bien dire qu'ils sont tellement lents qu'ils sont loin de nos aspirations et de nos désirs.

Il faut qu'on sache bien que la Coopération française a toujours été, en toutes circonstances, de tous les mouvements coopératifs, le plus disposé, non seulement à proclamer son désir d'internationalisme, mais à essayer de le mettre debout pratiquement.

Du fait que d'autres pays n'ont pas encore atteint le même degré de maturité internationale, nous ne renonçons pas à notre position et nous avons bien le droit de souligner notre rôle.

En dehors de ces activités de l'Alliance, il en est d'autres d'ordre moral. Nous savons que, du point de vue de l'enseignement, il reste beaucoup à faire.

C'est avec joie que nous constatons que l'Ecole Internationale d'Eté, qui était à ses débuts une Ecole anglaise sous le titre international, est passée, peu à peu grâce à notre insistance, sous le contrôle de l'Alliance et de son Exécutif. A Vienne même, elle aura le plus gros succès.

Il est vrai que nous avons notre part de responsabilité. Nous pouvons d'autant plus parler fort que nous sommes représentés. A l'Ecole Internationale on appelle des jeunes gens destinés à la propagande et à l'éducation. Jusqu'ici, nous n'avons envoyé qu'un coopérateur français.

Cette année, nous avons décidé à la Commission Administrative, que la première élève de l'Ecole Technique, Mlle Mouchy, de la Coopérative Régionale de Basse-Normandie, suivrait les cours.

Demain, nous ferons encore mieux, espérons-le.

Certes, nous y avons des professeurs, et on n'oublie jamais, dans les Ecoles Internationales d'Eté, de faire appel à celui qui dans le monde symbolise le plus la Coopération, à notre ami Charles Gide. Mais il faudrait aussi tâcher d'y avoir des élèves. Je crois savoir qu'à ce point de vue, quelques sociétés vont faire un effort, la Lorraine et Paris notamment. Nous le souhaitons vivement.

L'Ecole Internationale d'Eté m'amène à parler de deux Conférences qui vont se tenir à Vienne, en particulier sur la presse coopérative.

Sans que vous vous en doutiez peut-être, la presse coopérative internationale est faite de grands journaux hebdomadaires, bi-hebdomadaires et quotidiens qui se publient en Angleterre, en Russie, en Suède, en Allemagne. Nous ne faisons pas trop mauvaise figure avec notre *Coopérateur de France*, qui, avec ses éditions régionales, arrive maintenant à un tirage d'environ 200.000 exemplaires.

Mais il faut que des enseignements mutuels, des conférences internationales, résulte la présentation de publications de meilleure qualité.

Nous serons représentés là, comme nous le serons à la conférence spéciale qui s'occupe de la propagande.

Là, ce sont les méthodes de propagande déjà examinées à Stockholm, les enseignements mutuels, les méthodes individuelles employées au sein des sociétés pour le recrutement des capitaux, pour la publicité, qui seront examinées.

Je ne voudrais pas terminer cet exposé sur l'activité de l'Alliance Coopérative Internationale sans vous dire deux mots de quelques questions sur lesquelles nous sommes d'accord dans l'ensemble, sauf quelques petites réserves.

C'est d'abord une grande question internationale, celle des trusts et des monopoles : trust des allumettes, monopole des lampes électriques, monopoles alimentaires qui se multiplient, comme celui de la margarine.

L'A. C. I., après beaucoup d'hésitations, a fini, avec le Comité des Magasins de Gros Internationaux, par nommer une commission d'études.

Le travail qui en est sorti est intéressant.

Certes, on a l'espérance que demain peut-être une action sera possible. Mais nous osons dire que nous voudrions activer les réalisations sur le terrain matériel. Nous avons constaté avec quelque déception, qu'une organisation que nous avions prévue à Londres, qui avait pour but de réaliser une action commune, a été, à la demande de nos amis anglais, écartée, après deux ans de tergiversations.

Nous voudrions, sur le grand problème des trusts alimentaires, non pas peut-être essayer de lutter à armes toujours égales, mais tout au moins connaître les circonstances et les conditions de la bataille. Nous nous réjouissons donc de l'effort accompli, mais nous voudrions mieux encore.

Et maintenant, voici un problème qui fait l'objet de beaucoup d'ardeur de la part de notre petite minorité : la question de la représentation de l'Alliance au Comité Economique International, au Bureau International du Travail et à la Société des Nations.

Il est bien amusant de voir comment l'histoire est écrite. On nous reproche de collaborer, à l'Alliance Coopérative Internationale, avec la Société des Nations, avec son Comité Economique et avec le B. I. T. Voyons la réalité.

Avec le Bureau International du Travail la collaboration est certaine. Depuis longtemps nous avons essayé que le B. I. T. ne soit pas composé uniquement des représentants patronaux et ouvriers et qu'à côté de la division classique de la production en capital et travail, la Coopération ait aussi sa place.

Hélas ! c'est le Traité de Versailles qui l'en empêche. Malgré les efforts d'Albert Thomas, nous ne sommes pas encore reconnus officiellement et je crains bien que nous ne le soyons pas encore demain. Mais nous ne crions peut-être pas assez pour revendiquer notre droit et nous devrions nous faire entendre avec plus de force.

Mais là, l'opposition vient de gens qui disent : Où va-t-on ? Que va faire là-dedans la Coopération ?

Nous ne sommes pas pour cette politique-là, et nous sommes heureux qu'il y ait au B. I. T. une Section Economique qui s'occupe de nous, qui s'intéresse à notre Mouvement et qui ait déjà conquis quelques droits pour nous. Nous voulons persister dans la même voie.

Mais ce qu'on reproche le plus au Bureau International du Travail et à la Coopération c'est sa collaboration avec la Société des Nations et avec le Comité Economique International. Eh bien ! je vais en apprendre une bonne : c'est que nous le réclamons mais que nous ne l'avons pas encore obtenu à l'Alliance Coopérative Internationale. A l'heure actuelle il n'éxiste aucun rapport entre l'Alliance Coopérative Internationale et le Comité Economique de la Société des Nations. Il y a des années que nous le réclamons, que nous protestons, que nous voudrions que ces rapports existent ; mais nous n'avons pas encore pu l'obtenir.

Un Délégué. — Tant mieux !

Un autre Délégué. — A qui la faute ?

Poisson. — Il faudrait vous entendre. Il y en a un qui dit : Tant mieux ! et l'autre qui dit : A qui la faute ?

Quant à nous, nous ne disons pas : « tant mieux », nous disons : « tant pis ».

En 1927, à la Conférence Economique Internationale, on a indiqué la nécessité de créer à la Société des Nations un organisme économique destiné à faciliter la solution des grands problèmes d'équilibre de la consommation et de la production.

Pour cela il n'y avait pas de meilleur moyen que les relations possibles entre les coopératives de consommation et les coopératives de production.

On avait ajouté qu'à cet effet, il fallait créer un Comité spécial, composé non pas de représentants des Etats bourgeois ou même des Etats tout court, parce que à la Conférence internationale de 1927, il y avait des Etats bourgeois, mais il y avait aussi l'Etat russe, et si les Russes n'ont pas voté toutes les résolutions, vous seriez bien aimable de consulter le Memorandum pour voir s'ils ont voté la proposition qui avait pour aboutissant la création de relations économiques entre coopératives de consommation et coopératives agricoles, et après cela, vous viendrez nous donner des leçons.

Un Délégué. — C'est l'élémentaire bon sens.

Poisson. — Permettez-moi de vous dire que je regrette beaucoup de n'avoir pas entendu ; ce que vous avez dit était certainement une parole de génie et ce sera pour moi un éternel regret de n'y avoir rien compris.

Je montre simplement que la revendication de l'Alliance Coopérative

Internationale tendant à faire appliquer les décisions de la Conférence Economique de Genève à laquelle la Russie était représentée, était une chose assez naturelle.

Il arrive même aujourd'hui ceci de surprenant : Il y a des gens découragés qui disent : Ce n'est pas la peine de réclamer encore.

Nous ne sommes pas de cet avis. A l'intérieur de l'Alliance Coopérative Internationale, il y a ceux qui sont opposés à des relations avec la Société des Nations parce qu'elle représente l'Etat bourgeois, et il y a ceux qui ne veulent pas de relations avec la Société des Nations, parce qu'ils pensent que ce serait aller trop loin dans la voie du pacifisme et de la coopération pacifiste. Vous pouvez nier la chose, mais c'est un fait.

Voulez-vous des chiffres ? Quand Albert Thomas et moi, avons demandé à revenir sur la décision de l'Exécutif pour que l'Alliance continue à revendiquer le contact avec la Société des Nations, nous avons eu la majorité ; mais en face de nous, se sont dressés les représentants de la coopération soviétique en même temps que les représentants de la coopération maggyar et hongroise. Et au Comité Exécutif de l'Alliance, Comité dont je fais partie, où nous sommes dix et où j'avais combattu par 5 voix contre 5, il y avait en face de moi la coopération soviétique et la coopération allemande qui déclare que la coopération soviétique est la dernière calamité internationale et n'a plus rien de coopératif.

Un Délégué. — Evidemment...

Poisson. — C'est très embêtant pour vous, mais c'est comme ça.

Vous avez un monopole, mais ce n'est pas celui de la compréhension.

Nous avons comme tâche, nous, de réclamer toujours notre place. Nous sommes inquiets de voir qu'à l'Alliance Coopérative Internationale, par la coalition des Allemands qui veulent faire de la politique et des Hongrois qui veulent faire de l'inaction, on pourra empêcher l'Alliance de faire ce qu'elle doit faire pour instaurer véritablement la Coopération dans le monde.

C'est même pour cela que nous l'avons demandé à nouveau, au mois d'octobre dernier, et cette fois nous avons obtenu la majorité avec notre ami Albert Thomas, agissant non pas comme directeur d'une organisation bourgeoise de la Société des Nations, mais comme coopérateur fidèle, — on peut justement rappeler que depuis vingt ans, il n'a pas abandonné sa place dans le Mouvement Coopératif — et j'espère qu'il ne va pas rougir, — il est naturellement trop rouge pour cela — sauf peut-être pour les opinions de certains camarades — et que membre du Comité Central de l'Alliance Coopérative Internationale, il n'est pas de ceux que l'on voit simplement de temps à autre, et je dois lui rendre cet hommage que s'il est aujourd'hui Directeur du Bureau International du Travail, depuis dix ans, il était ici il y a dix-huit ans pour représenter la Coopérative de Carpentras. Il aurait pu peut-être, en tant que Directeur du Bureau International du Travail, suivre notre mouvement avec sympathie mais de très loin ; il vient au contraire à tous nos Congrès, à toutes nos réunions, et il faut reconnaître qu'il y a peut-être une dualité assez grande entre ses fonctions de Directeur du Bureau International du Travail et sa qualité de militant indépendant du Mouvement coopératif.

Un Délégué. — A l'extrême droite !

Poisson. — Camarades, réservez vos forces je vous en prie pour le moment où vous aurez à dire quelque chose d'intelligent et de raisonnable. Si vous vous épuisez à dire des sottises, il ne vous restera plus de force pour parler quand le moment sera venu.

Je disais qu'au mois d'octobre dernier ; nous avons demandé à Albert Thomas, puisque la Société des Nations ne nous donnait pas satisfaction, de devancer son œuvre et nous avons, sous les auspices de notre ami, créé un Comité, non pas entre les Etats, mais entre les représentants des coopératives agricoles du monde et les représentants des coopératives de consommation.

Déjà, deux réunions instructives, suggestives et utiles ont été tenues. Nous osons dire que nous considérons maintenant ce Comité non seulement comme permanent et durable mais comme définitivement installé.

Ici, deux remarques s'imposent. La première, c'est que si on ne nous accordait pas officiellement ce Comité, on est en train maintenant, même à la Société des Nations, devant le fait accompli, de le reconnaître. La preuve, c'est que des délégués officiels ont assisté à notre dernière réunion.

La seconde remarque c'est que nous avons le succès, grâce à notre persévérance.

Nous vous demandons de nous donner le mandat d'écrire en ce sens dès maintenant à l'Alliance Coopérative Internationale et de dire que la délégation française à Vienne insistera pour que l'Alliance n'essaie pas de faire quelque chose qui ne pourrait avoir aucun résultat, mais poursuive ardemment ce qui était la revendication de l'Alliance au Congrès de Stockholm.

Voilà notre politique. Elle se résume en deux mots. A l'Alliance Coopérative Internationale nous sommes pour l'Unité Coopérative Internationale. Et c'est pour cela qu'en maintes circonstances, la coopération russe ne nous a pas ménagé ses sympathies.

Nous nous permettons de rappeler que c'est grâce à nous que sa revendication en faveur de la langue russe a été adoptée. Nous nous permettons de rappeler aussi que c'est grâce à nous qu'il a été mis fin à des polémiques qui pouvaient aboutir à son exclusion. Nous l'avons défendue parce que nous sommes pour l'Unité Coopérative Internationale tout entière, dans le respect des statuts de l'Alliance qui sont ceux de la neutralité ou de l'indépendance à l'égard des partis politiques et des convictions religieuses.

Nous continuerons ce combat. Les mouvements coopératifs ont leur liberté et leur autonomie et nous ne voulons pas savoir s'ils sont fascistes ou soviétiques. Chacun se développe suivant des conditions historiques très différentes. Et là-dessus je vais m'appuyer sur des paroles tout à fait intéressantes du professeur de mathématiques que nous avons entendu hier et je dirai qu'en effet il faut tenir compte de l'évolution des peuples.

La coopération belge ne se développe pas dans les mêmes conditions que la coopération française ; la coopération française ne se développe pas dans les mêmes conditions que la coopération anglaise, la coopération allemande ou la coopération russe. Il y a des liens, il y a des idéals communs ; mais il y a des conditions historiques, des conditions géographiques qui font que chacun, sous sa responsabilité, emploie les méthodes qui conviennent le mieux à son propre pays. Cela, comme je le déclare ici, je l'ai proclamé au son de la Marseillaise, à Karkhoff et à Kief.

Et puis, ici, je viens dire que nous ne donnons pas de leçons aux autres, nous entendons simplement ne pas en recevoir. Nous faisons de notre mieux. Nous nous inspirons des expériences des uns et des autres. Nous ne copions pas. Nous adaptons au génie de notre pays et de nos classes, de notre classe paysanne, de notre classe ouvrière, les meilleures conditions d'organisation de travail et de propagande.

Mais sur le terrain de l'Alliance, il n'est possible de se rencontrer qu'à la condition de s'y tolérer d'abord, de s'y respecter ensuite. Et l'Alliance ne peut avoir de vie que si elle admet l'autonomie des organisations nationales.

Nous avons pour politique l'unité. Notre politique pratique et positive consiste à mettre debout un ensemble de réalisations coopératives. Nous sommes encore loin de cette réalisation ; nous nous heurtons aux préjugés nationaux et aux orgueils des organisations, à la méconnaissance des individus et nous avons contre nous quelquefois l'ignorance des peuples.

Mais nous continuerons à dire que nous voulons conserver l'Alliance telle qu'elle est. Nous allons voter le Rapport sur son activité, mais cette activité nous la jugeons insuffisante. Il faut que l'Alliance soit ouverte à toutes les expériences. Nous ne voulons pas que pour des préjugés on condamne la vente au public que nous pratiquons et qui a donné des résultats encourageants. C'est une condamnation qu'on voterait volontiers dans un Congrès et que ceux-là mêmes qui l'auraient votée ne mettraient pas en application par la suite. La Coopération anglaise se déclare hostile à la vente au public mais en fait, elle vend au public dans toutes ses boutiques. La coopération allemande, elle aussi, est hostile à la vente au public ; mais c'est simplement parce que la loi, la loi bourgeoise, le lui interdit.

Nous ne voulons pas de condamnation, comme vous le montrera tout à l'heure Cleuet, au nom de principes vagues et flous sur lesquels il faudrait d'abord se mettre d'accord. Et nous disons que l'Alliance sera grande et prospère si elle met debout des institutions vivantes. Ce qu'il faut, c'est faire vivre son Ecole Internationale d'Eté, c'est augmenter le tirage de sa Revue, c'est essayer d'en faire un instrument de perfectionnement technique et documentaire, en réunissant tout ce qui existe dans le monde au point de vue coopératif. Ce qu'il faut c'est faire grandir le Magasin de Gros International et les relations commerciales entre coopératives de pays à pays. Ce qu'il faut c'est mettre debout une Banque Internationale des Coopératives qui servira aux relations des différents Mouvements coopératifs entre eux et peut-être, pour une part à trouver des solutions au problème du déséquilibre européen. Ce qu'il faut, c'est une œuvre pratique, positive, réelle, avec, au-dessus de tout cela, un esprit commun, qui animera toutes ces organisations, cet esprit qui a pour but la recherche de l'idéal coopératif entre les hommes et de la paix universelle.

Le Président. — La parole est à Cleuet.

Discours de A.-J. CLEUET

A.-J. Cleuet. — Camarades, nous demandons au Congrès l'autorisation et le mandat de défendre au Congrès International de Vienne, le projet de résolution dont je vais vous donner lecture :

Le Congrès de l'Alliance Coopérative Internationale charge le Comité Central de désigner une Commission spéciale pour rechercher les conditions dans lesquelles sont appliqués les principes de Rochdale dans les divers pays et pour, éventuellement, les préciser.

Ce sujet pourrait prêter à un développement considérable si on voulait passer son temps à analyser le programme et les statuts édictés par les Pionniers de Rochdale et voir aussi les interprétations qui en ont été faites dans les différents pays d'Europe où la Coopération s'est exercée. Mais ce n'est pas là votre intention, du moins pour aujourd'hui.

Nous voulons simplement attirer l'attention du Congrès sur les raisons qui nous ont incités à déposer cette motion.

A différentes occasions dans les réunions de l'Alliance Coopérative Internationale, il nous a semblé que le recours aux principes de Rochdale était trop fréquent. Sans doute l'histoire des Pionniers de Rochdale fournit à ceux qui ont des discours à prononcer sur la coopération une matière d'autant plus abondante qu'on peut les interpréter comme on veut. Mais, lorsqu'il s'agit d'examiner des problèmes d'ordre technique et des réalisations, nous pensons que le recours à ces règles est vraiment excessif.

Si nous voulons simplement en signaler les principales et dernières manifestations, nous remonterons seulement au dernier Congrès international de Stockholm, où, dans un rapport présenté par M. Johnson, du Magasin de Gros suédois sur les progrès de la coopération moderne, nous trouvons à toutes les pages de ce rapport, des interprétations des principes de Rochdale qui, permettez-moi de le dire, ne sont pas absolument les miennes.

Vous vous souvenez que notre ami Gaston Lévy est intervenu au Congrès de Stockholm à propos de la résolution présentée par M. Johnson. Et voici que le fait vient de se renouveler à propos de la question principale mise à l'ordre du jour du Congrès de Vienne, dont le rapport a été confié par le Comité de l'Alliance à M. Klepzig, délégué allemand et qui est intitulé : Les principes du système coopératif de Rochdale et le système moderne de la vente à crédit des marchandises.

A propos du titre de ce rapport, il y a eu déjà quelques petits accrocs au sein de l'Alliance Coopérative Internationale et notamment nos camarades délégués de la Russie, avaient demandé que ce titre soit modifié de la façon suivante : Les principes de Rochdale et leur application pratique dans la coopération moderne.

Quelle que soit l'opinion à laquelle nous nous rattachons dans le monde coopératif, nous sentons que ce recours constant aux règles de Rochdale n'a pas pour objet, dans un milieu composé de coopérateurs connaissant bien les questions coopératives, de faire leur éducation en rappelant l'œuvre admirable accomplie par les Pionniers et la clarté au moins relative de leurs conceptions à une époque où l'expérience n'avait pas donné les fruits qu'elle a donnés maintenant.

Ce que nous pensons c'est que ce recours constant aux principes de Rochdale a pour principal inconvénient de barrer en quelque sorte la route à l'étude des problèmes que la réalité économique d'aujourd'hui commande d'examiner sous un angle différent de celui qui pouvait être envisagé, en 1844, lors de l'énoncé de ces règles ; et nous n'avons pas été peu surpris d'apprendre à la dernière réunion à Leipzig, que le secrétaire général de l'Alliance Coopérative Internationale, M. May lui-même, avait déposé une proposition de modification aux statuts de l'Alliance, tendant à n'admettre désormais que les coopératives de consommation, qui, pratiquant la vente au public, n'enregistraient pas dans le chiffre d'affaires un total de plus de 10 % au compte de cette vente au public.

Il est évident que nous avons vu là une interprétation abusive des règles rochdaliennes et c'est une raison de plus qui nous a décidés à proposer la motion dont je vous ai donné lecture et que le Conseil Central de l'Alliance Coopérative Internationale, réuni à Leipzig, a d'ailleurs accepté de mettre à l'ordre du jour, nous donnant ainsi la possibilité de la défendre à Vienne.

Je le disais tout à l'heure, trop de problèmes sont examinés sous l'angle des règles rochdaliennes. Or, ces règles et les conditions dans lesquelles elles ont été établies peuvent constituer un excellent thème pour des discours coopératifs; elles peuvent aussi être, au point de vue de l'histoire coopérative, un élément extrêmement important, qui a d'ailleurs le grand mérite d'avoir fixé un ou deux principes que nous devons respecter parce qu'ils n'ont subi, même à l'épreuve du temps, aucune altération.

Mais ce que nous ne voulons pas, comme je l'ai indiqué tout à l'heure, c'est l'application stricte, automatique et aveugle des règles que je viens de rappeler, alors que l'Alliance Coopérative Internationale a dans son sein, non seulement des coopératives de consommation, mais des coopératives au deuxième degré comme les magasins de gros et des banques, où l'application de ces règles ne pourrait pas être mise à exécution, du moins dans leur intégralité.

De même l'Alliance qui n'est pas exclusivement une association de coopératives de consommation et qui a également dans son sein des coopératives de production et des coopératives agricoles, ne peut pas prendre les règles de Rochdale comme statut définitif et universel pour toutes ses organisations adhérentes.

Quand la Commission dont nous demandons la nomination au Congrès International de Vienne aura à examiner le travail que le Congrès International lui aura demandé d'accomplir, je pense que sa besogne sera assez difficile et en tout cas très longue.

Il faudra d'abord déterminer les règles exactes de Rochdale et dans la langue de chaque pays. Sans doute on a écrit sur l'histoire des Pionniers de Rochdale des ouvrages nombreux dans toutes les langues et il faudra donc que ceux qui seront réunis se mettent d'accord sur les traductions respectives des règles de Rochdale.

Ce n'est que quand ce premier travail aura été accompli qu'on pourra examiner dans quelles mesures ces règles ont reçu leur application dans chaque pays et jusqu'à quel point l'interprétation qui en a été donnée est exacte.

Par exemple, la première règle, celle à laquelle nous tenons le plus, c'est la répartition des bénéfices nets au prorata des achats qui est, vous le savez, la caractéristique du Mouvement coopératif, qui se distingue par là du commerce privé dont le but est de distribuer des dividendes et de les distribuer proportionnellement au capital. Dans quelle mesure cette règle qui est la plus belle de celles qu'ont tracées les Pionniers de Rochdale, est-elle appliquée ?

Suivant les cas la ristourne se fait en espèces ou en marchandise. Quelle est la véritable interprétation de Rochdale sur ce point ? Ensuite, il y a un certain nombre de sociétés qui, sans connaître les résultats de leurs opérations commencent par distribuer une ristourne fixe à leurs sociétaires en se basant sur les résultats des exercices précédents. D'autres sociétés, dans la mesure où la concurrence de certaines maisons d'alimentation peut les toucher, et pour répondre à des attaques dirigées contre elles, pratiquent des prix différents suivant les localités et suivant les succursales, de sorte que le principe de l'égalité des sociétaires dans la répartition des bénéfices se trouve aussi n'être pas respecté.

Nous trouvons quant à nous que c'est une excellente chose parce que l'uniformité en matière commerciale est un leurre et en tout cas n'est pas une méthode recommandable, surtout pour les grosses sociétés, et nous devons constater le fait. On parle aussi de l'interdiction de la vente au public — qui n'est d'ailleurs pas une règle de Rochdale, la question ne se posait pas à l'époque —, et qui pourtant accroît les bénéfices dans une mesure parfois très importante, améliorant ainsi l'exploitation de la Société.

Certes, je connais la règle pratiquée dans certaines sociétés françaises et qui consiste à répartir entre les sociétaires le trop-perçu fait sur les achats des dits sociétaires et à verser la part des bénéfices réalisés sur la vente au public à des œuvres d'assistance, de prévoyance ou de mutualité. Ce n'est pas une règle exacte car, dans la mesure où le public a augmenté le débit de la société il a permis de diminuer les frais généraux et il a ainsi procuré une exploitation plus facile. Les sociétaires bénéficient indirectement, sans l'avoir demandé et sans même s'en apercevoir, de cette vente au public qui, d'après le secrétaire général de l'Alliance Coopérative Internationale, n'aurait pas le caractère coopératif.

Sur la question de la vente à crédit, je n'insisterai pas puisqu'elle figure à l'ordre du jour et que notre ami le Docteur Fauquet va l'exposer devant vous tout à l'heure.

Mais ce qui est certain, c'est que, dans le sein de l'Alliance Coopérative, il y a des sociétés qui pratiquent la vente à crédit et qu'il existe un certain nombre d'hommes qui estiment que, dans certains cas, la vente à crédit peut recevoir une solution coopérative sans que nos principes soient atteints.

En ce qui concerne la neutralité politique et religieuse de la coopération, nous sommes d'avis, qu'il convient de la maintenir et nous faisons tous nos efforts pour qu'elle soit respectée dans le Mouvement coopératif français.

Mais nous ne pouvons pas oublier qu'au sein même de l'Alliance Coopérative Internationale, nous nous trouvons, avec des amis coopérateurs qui ne la pratiquent pas. C'est le cas de nos amis belges et de nos amis russes, c'est aussi le cas des coopérateurs italiens qui viendront peut-être demain à l'Alliance Coopérative Internationale.

En ce qui concerne l'égalité des votes qui constitue la quatrième règle de Rochdale, il y a peu de choses à dire. Mais il est certain que, pour les sociétés coopératives au deuxième degré, pour les Magasins de Gros et les Banques, par exemple, l'égalité des votes est absolument impossible dans la pratique, et c'est généralement la valeur du capital qui a la puissance de décision.

L'aspect actuel des problèmes économiques a entraîné la coopération à s'évader des cellules d'autrefois, et à examiner le problème général de la vie, non plus seulement sous l'angle de l'association des coopérateurs mais sous l'aspect beaucoup plus vaste de la défense générale du consommateur. On peut donc se demander s'il est possible de rester aujourd'hui strictement enfermé dans les règles tracées par les Pionniers de Rochdale, et si cette question dont Poisson a dit deux mots tout à l'heure et sur laquelle je m'étendrai demain plus longuement, à l'Assemblée Générale du Magasin de Gros, la question des trusts dans les denrées alimentaires, ne nous met pas dans l'obligation, sinon de faire une entorse à notre doctrine, tout au moins d'adapter cette doctrine à des nécessités économiques urgentes.

Et puis, la guerre, ce n'est déjà pas si vieux ! La guerre, en France, en Allemagne, en Russie, partout, en Europe, où elle a exercé ses ravages sur les populations, a créé des éléments nouveaux d'activité aux coopératives de consommation. Dans toutes les périodes de crise économique, les pouvoirs publics font appel à nos organismes pour assurer le ravitaillement public. Est-ce qu'il est toujours possible, en de telles circonstances, de respecter d'une manière stricte, les règles de Rochdale ? Je ne le pense pas pour ma part et je suis persuadé que même en France, nous n'avons pas pu les respecter d'une manière absolue.

Ce qu'il faut à la Coopération, comme d'ailleurs à toute œuvre qui entend servir un idéal, ce sont évidemment des principes et une doctrine. Mais, lorsque les principes et la doctrine ont été édictés il y a cent ans, dans des conditions économiques si différentes de celles que nous voyons aujourd'hui, il faut admettre qu'ils ne sont pas absolument adaptés aux difficultés présentes.

Nous vous demandons en conséquence de nous accorder l'autorisation de présenter sous cette forme, au Congrès International de Vienne, la proposition non pas de reviser les règles de Rochdale qui doivent rester ce qu'elles sont, mais de déterminer, par nos propres statuts, avec plus de précision et plus de netteté, les conditions dans lesquelles l'action du Mouvement coopératif peut s'exercer.

Le Président. — La parole est à notre ami Albert Thomas.

Discours d'Albert THOMAS

Albert Thomas. — Poisson me remerciait tout à l'heure d'assister régulièrement à nos Congrès. A la vérité j'y assiste toujours du haut de cette tribune, et cela me permet peut-être de mieux juger de l'évolution des Congrès et du développement de notre Fédération.

Je ne sais pas si, assis à vos longues tables rouges, vous vous rendez compte des changements qui, peu à peu, s'introduisent dans nos Congrès. De cette tribune, je crois voir, pour ma part, des faits nouveaux. Dans les Congrès anciens, à la veille des Congrès internationaux, on s'occupait, certes, de l'ordre du jour du Congrès international ; mais c'était, tout à la fin des débats nationaux, comme une sorte de formalité que l'on accomplissait, une délégation était nommée rapidement sans un mandat bien défini et partait pour ainsi dire avec une pleine liberté d'action.

Aujourd'hui, j'ai admiré avec quelle attention tous les délégués suivaient la démonstration de Poisson et l'historique qu'il faisait de nos discussions au sein du Comité Exécutif ou du Comité Central de l'Alliance Coopérative Internationale. Aujourd'hui Poisson demande que, même sur le Rapport du Conseil Central et sur chacun des points de ce rapport, il demande que les délégués de la Fédération soient pour ainsi dire mandatés ; il demande que les thèses que nous soutiendrons à Vienne soient formellement acceptées et votées en quelque manière par la Fédération.

Camarades, je viens donc à mon tour, demander au Congrès de bien vouloir approuver l'action que nous avons menée depuis le Congrès de Stockholm et faire siennes les revendications que nous avons l'intention d'apporter à l'Alliance Coopérative Internationale.

Ma tâche particulière consiste à demander au Congrès quelle position il entend prendre avec nous, sur la question de la politique générale de l'Alliance Coopérative Internationale, ou pour mieux dire, puisqu'on a prononcé souvent ce mot, sur le programme de l'Alliance.

La question est née dans des conditions un peu singulières. Lorsque nous étions à Stockholm c'est la délégation russe qui avait apporté une proposition demandant à l'Alliance de définir sa politique.

Naturellement, la motion était conçue dans des termes tels que l'Alliance était invitée à approuver et à adopter la politique communiste.

A ce moment-là, dans le Congrès, l'opposition s'était manifestée très vive, et c'est alors que je suggérai à nos camarades de la délégation d'apporter un amendement à la proposition russe et, en la dépouillant de son caractère proprement communiste, de faire en sorte que l'Alliance fût mandatée pour étudier à nouveau et pour définir son programme propre.

J'essayai de recueillir un certain nombre d'adhésions et, après quelque résistance, j'obtins l'adhésion de la délégation allemande, l'adhésion de quelques anglais, et c'est alors que la résolution fût votée par le Congrès.

J'ai regretté que les camarades russes n'aient pas jugé utile à ce moment-là de joindre leur action à la nôtre. Il s'agissait de discuter tous ensemble ce que pouvait être le programme coopératif commun, et il me semblait, que pour la circonstance, les camarades qui avaient été les initiateurs de la proposition, pouvaient penser que nous voulions, non point créer à tout prix une opposition contre eux, mais au contraire, chercher quels pouvaient être dans l'Alliance les principes à affirmer en commun.

Pourquoi avions-nous fait cette tentative ? Je voudrais m'expliquer très brièvement avec vous sur certaines difficultés de la vie internationale, que nous connaissons bien, non seulement dans le Mouvement coopératif, mais dans presque tous les mouvements.

Dès 1916 dans la première conférence intéralliée de coopérateurs que nous avions pu réunir à Paris, il nous avait semblé, au moment même où un certain nombre d'Etats et de Gouvernements, cherchaient à définir une nouvelle politique commerciale, qu'il pouvait être utile d'affirmer les principes coopératifs et de dire ce que devait être, à la lumière de ces principes, une politique économique internationale nouvelle.

Nous avions alors dressé quelques textes.

C'était en 1916. En 1917, plus nombreux, nous renouvelions nos affirmations communes sur ces textes. Ils émanaient pour la plupart de notre maître vénéré, le professeur Charles Gide. Nous avions avec lui discuté un certain nombre de formules, nous en avions corrigé quelques-unes d'un commun accord, et les textes avaient été adoptés.

En 1919, comme nous nous étions retrouvés avec les camarades coopérateurs des autres pays, nous les avions adoptés, ces textes, en commun, et même au Congrès de Bâle, où l'ensemble de la question avait été amplement discuté sur la base de deux rapports, l'un présenté par le coopérateur suédois Oerne, l'autre par moi-même, nous pouvions penser que nous avions conquis l'adhésion des camarades coopérateurs de presque tous les pays.

Mais il s'est produit alors un phénomène fréquent dans la vie internationale. On adopte d'enthousiasme ou avec sympathie, un jour, dans un Congrès, quelques textes. Chacun pense avoir glissé sa pensée particulière sous la formule commune, ou même, parfois s'imagine sincèrement avoir compris une idée nouvelle. Et puis, lorsque les délégués se retrouvent au milieu de leurs Comités nationaux, lorsqu'ils reprennent contact avec les camarades qui les ont délégués, ils s'aperçoivent que la pensée internationale, n'existait que dans les mots, et ils reviennent presque instinctivement aux mots traditionnels, aux vieilles routines, à leur manière particulière de penser, et les modalités particulières nationales de penser s'opposent les unes aux autres. Ceux qui se rencontrent quelque temps plus tard, dans un nouveau Congrès international, se retrouvent plus divisés qu'ils ne l'étaient avant l'effort qui a paru un moment les rapprocher.

Dans nos formules, sur lesquelles nous nous sommes depuis expliqués à Lille, nous avions opposé la politique libre-échangiste traditionnelle, dans la mesure où elle se trouve être une politique de conquête et d'impérialisme économique, et à la politique de protectionnisme, nous avions opposé la politique d'organisation méthodique, fondée sur l'intérêt commun des consommateurs, et nous pensions que cela avait été compris.

Nous nous sommes aperçus, après Bâle, jusqu'à Stockholm, qu'il n'en était rien. Nous avons compris que nos camarades anglais, pour tout dire, étaient revenus à une politique absolue et catégorique de libre-échange et qu'ils se refusaient presque complètement à étendre toute initiative de coopération économique. Nous nous sommes aperçus que nos camarades allemands considéraient qu'une politique de coopération de cet ordre était prématurée. D'autres soutenaient que ce n'était pas le rôle de l'Alliance coopérative internationale que d'apporter des affirmations ou de formuler des revendications en la matière, et du côté de ceux que leur politique même paraissait devoir orienter vers la nécessité d'une organisation économique internationale, nous ne rencontrions qu'hostilité politique.

C'est ainsi qu'au Congrès de Stockholm, lorsque la délégation française arrivait là-bas, la question semblait presque complètement compromise et que nous nous sommes raccrochés à la proposition faite par les Russes pour tenter de continuer l'effort que nous poursuivions déjà depuis dix ans au sein de l'Alliance Coopérative Nationale, pour obtenir qu'elle affirme et qu'elle définisse sa politique.

Voilà, camarades, dans quelles conditions nous nous sommes trouvés à Stockholm.

Je n'oserai dire que les hostilités ou les incompréhensions soient à l'heure actuelle complètement désarmées.

Après la première rencontre, la question a été posée au Comité Central à Prague et à Londres.

A Londres, dans l'esprit qui nous animait autrefois, en rapprochant nos formules, Poisson a apporté un manifeste, une sorte de rappel des principes coopératifs, quelques indications pour marquer comment, à la lumière de ces principes, la coopération devait agir dans toute la politique nationale ou internationale. On a substitué à ce programme vigoureux une sorte de programme édulcoré qui rappelait, sous une forme très générale et par suite assez vague, la pensée de l'Alliance Coopérative Internationale.

Et puis, nous sommes arrivés à Leipzig. Une Commission spéciale qui avait été nommée s'est réunie et a déclaré qu'il était prématuré d'apporter devant le Congrès de Vienne, un programme de cette nature ; de plus, elle a ajouté que, de nouveau, les Fédérations nationales devaient être consultées et que, sans doute, le Congrès de Vienne ne pourrait pas être saisi de la question.

C'est alors qu'un certain nombre de camarades et moi-même avons protesté avec vigueur au Comité Central ; nous avons dit qu'il nous semblait impossible qu'à l'heure difficile que traversent les économies nationales, à l'heure où l'on constate à la fois dans le monde le chaos persistant et la nécessité d'une organisation nouvelle, l'Alliance Coopérative ne proclamât pas les principes sur lesquels elle entend reconstituer l'économie.

Notre appel a été particulièrement entendu et c'est ainsi que l'on a décidé de consulter de nouveau les organisations et que l'on a accepté les deux résolutions que les délégués à Vienne trouveront dans le rapport du Comité Central, résolutions présentées par Renner, notre camarade autrichien : l'une qui indique la nécessité d'une politique contre les cartels et les trusts ; l'autre qui, dans le même esprit, indique la nécessité de l'organisation internationale.

Camarades, on statuera sur ces deux résolutions. Mais il me paraît tout à fait impossible qu'au moment même où elle se réunira, l'Alliance Coopérative Internationale, néglige de rappeler quel est son objet, de rappeler quels sont ses principes et de définir le travail qu'elle peut immédiatement accomplir dans le monde.

C'est là ce que nous voudrions vous demander : de nous autoriser à rappeler devant l'Alliance Coopérative Internationale, au Congrès de Vienne, les formules dont nous nous sommes servi depuis dix ans et qui pour nous restent vraies. Il nous semble nécessaire de poser de nouveau devant le Congrès cette question du programme de l'Alliance Coopérative Internationale.

On me dira : Quel programme ? Et, à tenter de définir le programme, est-ce que vous ne risqueriez pas d'opposer un programme coopératif ou coopératiste au programme des divers partis politiques, au programme des syndicalistes, au programme des travaillistes, au programme des socialistes, au programme des communistes ; et ainsi n'aurez-vous pas risqué de diviser et de troubler profondément l'Alliance Coopérative Internationale.

Camarades, peut-être de cette initiative, surtout si elle était menée sans prudence, pourrait-il résulter en effet quelque danger. Pour notre part, nous ne le pensons pas. Mais nous disons qu'il vaudrait peut-être mieux courir quelque danger que rester dans l'état présent.

Notre ami Gaumont, dans sa belle Histoire de la Coopération Française, où il a examiné le grand nombre d'aspects de la vie internationale, a bien marqué qu'à ses débuts l'Alliance Coopérative Internationale, avait été une sorte de groupement sinon sans principes communs, au moins sans politique commune, sans politique d'action commune, rayonnant sur les diverses nations. Il a bien marqué ce caractère que l'on a parfois appelé académique des premières rencontres de l'Alliance Coopérative Internationale.

En fait, depuis quelques années, nous nous sommes efforcés de définir un certain nombre d'idées communes qui sont les idées coopératives.

Il s'agit de développer en quelques formules d'actualité, en présence des faits qui nous pressent, que ce soit l'organisation nouvelle des industries, que ce soit d'autre part les hostilités et les passions entre peuples ou les rivalités économiques, il s'agit de définir ce que la coopération peut faire en de tels moments.

Camarades, me sera-t-il permis de rappeler l'effort que les hommes de ma tendance, je dirai même les hommes de mon parti ont poursuivi, il y a dix-huit ans, au moment où nous créions notre unité coopérative ?

Une année, alors que nous étions encore entre socialistes, j'avais apporté une proposition par laquelle je demandais que l'on supprimât dans le titre de notre organisation coopérative, le mot socialiste. Ainsi voulions-nous marquer la pleine indépendance de notre Mouvement.

J'ai le droit de rappeler qu'une année plus tard, lorsque nous nous rencontrions à Tours, lorsque nous avions fait le premier effort d'unité, j'apportais l'amendement qui est encore marqué dans nos statuts, à savoir l'addition des deux alinéas *d* et *e* de l'article 25, indiquant que notre Fédération nationale avait pour but la substitution au régime compétitif et capitaliste actuel, d'un régime où la production sera organisée en vue de la collectivité des consommateurs et non en vue du profit ; et l'appropriation collective des moyens d'échange et de production par les consommateurs associés, ceux-ci gardant pour eux les richesses qu'ils auront créées.

Telle est, camarades, la règle qui nous unit à côté même de celles des Equitables Pionniers de Rochdale.

Nous avons là l'indication de principes sur lesquels nous pouvons fonder la politique de l'Alliance. Nous le pouvons d'autant mieux que dans les statuts mêmes de l'Alliance Coopérative Internationale, revus en 1917, il a été indiqué que l'Alliance Coopérative Internationale, « continuant l'œuvre des Pionniers de Rochdale, poursuit en toute indépendance et par ses moyens propres, la substitution au régime actuel de compétition des entreprises privées, d'un régime coopératif organisé, dans l'intérêt de l'ensemble de la communauté et basé sur l'aide mutuelle et le self help ».

Camarades coopérateurs de toutes tendances et de toutes nuances, nous nous sommes unis en souscrivant à ces statuts, pour réaliser ces principes communs.

Ces principes, il est possible de les développer selon les méthodes coopératives communes, dans un plan de travail, dans un programme de l'Alliance Coopérative Internationale.

Qu'on ne nous dise pas qu'il est impossible, pour la réalisation de principes comme ceux-ci, que des socialistes, que des communistes, que des bourgeois s'unissent. Tous les jours, pour une œuvre autre que celle-ci, au sein d'une institution internationale, celle que je dirige, et des socialistes et des chrétiens et des syndicalistes de toutes nuances et des Gouvernements de toutes tendances peuvent s'unir pour imposer internationalement un certain nombre de règles protectrices. Est-il donc impossible que des principes comme ceux-ci qui vont au-delà de la simple protection, réunissent tous les hommes qui portent en eux un peu d'aspiration vers la justice et vers la vérité ?

C'est dans cet esprit, camarades, qu'il nous semble possible de définir à Vienne un certain nombre de règles communes, de principes d'action positifs intérieurs et extérieurs, comme Poisson les traçait tout à l'heure.

Organisation intérieure de tout le travail de l'Alliance, organisation des relations économiques coopératives entre tous les peuples, par l'intermédiaire des Banques et des Magasins de Gros, par les ententes entre coopérateurs de consommation et coopérateurs de production des divers pays, activité intérieure de l'Alliance même, qui peut être singulièrement féconde.

Mais, camarades, il est une autre œuvre devant laquelle il importe de ne pas hésiter. A l'heure actuelle, ce qui pèse encore sur le monde, ce qui pèse sur l'activité de la Société des Nations, c'est que les souverainetés nationales continuent à s'opposer les unes aux autres, c'est que les souverainetés nationales se trouvent guidées les unes et les autres par des principes différents.

Ne convient-il donc pas que l'Alliance Coopérative Internationale, forte non seulement de son autorité dans chacun des pays, mais forte surtout des principes communs qui l'unissent, indique au monde dans quelle direction, par quelles méthodes il est possible de substituer une organisation de coopération économique à l'organisation de concurrence, d'hostilité et de haine qui est à l'heure actuelle celle du monde.

Camarades, ce sont les seules idées que je voulais rappeler aujourd'hui devant vous.

Ce que nous vous demandons, c'est, par votre adhésion, de nous donner assez de force, assez d'enthousiasme, assez de foi à Vienne pour que la politique coopérative s'y trouve affirmée et que surtout elle puisse rayonner sur toute une série d'institutions internationales demi-officielles ou officielles qui ne vivront et grandiront que par la pensée coopérative.

Le Président. — Le Congrès, très certainement, est unanime à remercier notre ami Albert Thomas.

Je donne la parole au Docteur Fauquet.

Discours du Docteur FAUQUET

Dr Fauquet. — J'ai été chargé de rapporter devant le Congrès la question de la vente à crédit qui est portée à l'ordre du jour du Congrès International de Vienne, sous le titre de : « Les principes de Rochdale et les systèmes modernes de vente à crédit ».

Le Comité Central de l'Alliance Coopérative Internationale a chargé un camarade allemand, le camarade Klepzig de rapporter cette question devant le Congrès de Vienne.

La résolution proposée par le camarade Klepzig ne nous paraît pas suffisante. Aussi avons-nous rédigé une autre résolution que vous trouverez à la page 73 du Rapport du Conseil Central.

A vrai dire, les deux résolutions, celle de Klepzig et la nôtre, ne sont pas contradictoires; elles sont complémentaires. La résolution du camarade Klepzig condamne formellement la vente à crédit dans les coopératives de consommation. Notre résolution prononce la même condamnation; mais nous avons estimé que cette condamnation était insuffisante, parce qu'elle méconnaissait l'existence de besoins légitimes de crédit. Ces besoins doivent être satisfaits et ils peuvent l'être, mais par une vente appropriée qui ne sera pas la vente à crédit.

La vente à crédit, en effet, ne peut satisfaire que certains des besoins légitimes de crédit dont il s'agit et que je préciserai dans un instant. Et les seuls besoins qu'elle peut prétendre satisfaire, la vente à crédit ne les satisfait que d'une façon défectueuse et, je dirai plus, d'une façon dangereuse. Dangereuse pour le Mouvement Coopératif, dangereuse pour les sociétés coopératives, dangereuse aussi pour les sociétaires qui y ont recours.

On ne peut résoudre le problème de l'organisation du crédit pour la satisfaction des besoins légitimes que par une organisation qui soit nettement distincte des coopératives de consommation. C'est pourquoi, à côté et en complément de la résolution du camarade Klepzig, nous présentons une résolution qui préconise des coopératives d'épargne et de crédit, dont je vous indiquerai brièvement le caractère.

Organisation du crédit et vente à crédit sont pour nous deux choses distinctes. Cette distinction, qui peut paraître subtile, vous est déjà familière. Elle vous est familière notamment depuis le Congrès de Marseille qui a séparé le service de banque du Magasin de Gros, pour en faire une organisation distincte spécialisée.

Lorsque vous avez adopté cette proposition de créer la Banque des Coopératives comme organe distinct du Magasin de Gros, l'argument essentiel, quel était-il? Cet argument, c'était que celui qui vend n'est pas le bon juge du crédit. L'opération de crédit, lorsqu'elle est faite par le vendeur, est souvent considérée par lui comme un moyen de réussir l'opération de vente qu'il a en vue. Et alors, le vendeur risque de ne pas examiner suffisamment l'opération de crédit en elle-même, et notamment de ne pas l'examiner du point de vue des intérêts de celui auquel le crédit va être accordé.

C'est pourquoi vous avez créé la Banque, distincte du Magasin de Gros. La Banque, rassemblant les moyens d'épargne et par conséquent disposant de la distribution du crédit, fait cette distribution de crédit d'une façon judicieuse, en tenant compte non seulement de la capacité financière de la société emprunteuse, mais tout autant de l'intérêt qu'elle peut avoir à contracter une dette. Le prêt ne sera accordé que s'il permet de sortir la société d'une situation difficile ou simplement d'assurer, avec des moyens financiers accrus, un plus grand développement.

Voilà pourquoi vous avez séparé la Banque des Coopératives du Magasin de Gros.

Ce qui est vrai pour le crédit aux sociétés coopératives est vrai aussi pour le crédit aux ménages.

Il ne faut pas que ce soit l'organisme de vente des marchandises qui fasse le crédit aux ménages. Il faut que ce soit une organisation distincte, et cette organisation distincte ne fera des prêts que dans l'intérêt de l'emprunteur, pour des besoins légitimes.

Essayons donc de préciser cette notion de besoin légitime de crédit.

On nous a déjà donné des exemples, comme arguments en faveur de la vente à crédit. Voici un jeune ménage qui n'a pas de ressources suffisantes pour acheter son mobilier; l'aider à monter son ménage c'est le sauver du garni.

Mais il y a d'autres besoins légitimes que ne peut pas satisfaire, même défectueusement, la vente à crédit. Voici un ménage qui est endetté chez l'épicier; il ne peut pas, parce qu'il est endetté, venir à la Société coopérative.. Eh bien, une organisation appropriée du crédit, qui ne sera pas une organisation de vente à crédit, pourra faire, dans certaines conditions déterminées, un prêt à ce ménage, pour le libérer de la mauvaise dette qu'il a chez l'épicier et lui permettre ensuite d'acheter au comptant dans la société coopérative. A ces besoins répondent les coopératives d'épargne et de crédit.

Je ne veux pas abuser de vos instants. Il y a un rapport écrit, chacun de vous peut le lire, s'il ne l'a déjà lu. Je voudrais seulement, très rapidement, vous indiquer qu'il existe déjà une expérience très étendue de coopérative d'épargne et de crédit.

La Coopération d'Epargne et de Crédit est la forme de la Coopération la plus étendue dans le monde. Alors qu'on peut compter 18.000 sociétés coopératives de consommation dans le monde, il y a plus de 160.000 sociétés coopératives d'épargne et de crédit qui, à vrai dire, se sont développées surtout dans les milieux ruraux.

Toute la question est de savoir si le même type de coopérative peut se développer dans les milieux urbains, s'il est possible d'adapter aux conditions de la vie ouvrière les principes fondamentaux d'organisation des coopératives de crédit.

A cette question, nous pouvons répondre oui. L'expérience a déjà été faite dans les milieux urbains et a réussi; elle est démonstrative.

Je me contenterai de vous donner un seul exemple de ces coopératives. Il s'agit d'une société coopérative d'épargne et de crédit, créée entre les employés d'une coopérative de consommation, la coopérative de Franklin (Minnesota). Créée en 1919, cette coopérative de consommation faisait, en 1928, un chiffre d'affaires de 85 millions de francs français (plus de 3 millions de dollars), Elle occupait 450 employés.

En janvier 1927, 36 employés de cette société décidaient de constituer entre eux une société d'épargne et de crédit. La part sociale était de 125 francs, payables à raison de 35 francs au premier versement, et 2 fr. 50 par semaine. Au 30 juin de l'année dernière, elle avait recueilli, comme parts sociales et dépôts, près de 500.000 francs.

Or, quand cette société d'épargne et de crédit a été constituée, presque tous les employés qui en sont membres étaient endettés chez leurs fournisseurs; aucun n'avait d'épargne.

C'est la Coopérative de Crédit et d'Epargne qui leur a permis peu à peu de devenir des épargnants.

Voici un bref extrait du dernier rapport de cette société coopérative d'épargne et de crédit :

La Coopérative d'Epargne et de Crédit de Franklin pourrait citer certains cas de revirements complets obtenus grâce aux efforts qu'elle a accomplis pour venir en aide à ses membres. Quelques détails sur un cas particulier sont à signaler. Un employé avait eu son salaire saisi plusieurs fois au cours de la même année ; il devait à tout le monde en ville ; il avait partout son crédit coupé. Enfin, les perceptions faites sur son salaire par ses créanciers limitaient continuellement ses ressources. Non seulement il devait à plusieurs épiciers, mais il avait signé des engagements pour des meubles et des vêtements.

Il vient à la Coopérative ; il met cartes sur table et expose sa situation. Après nous avoir dit ce qu'il devait, il nous demande ce que nous pouvions faire pour lui.

Nous lui avons fait un prêt de 7.500 francs, garanti par deux de ses amis, eux aussi membres de la Coopérative de Crédit.

Il devait se libérer de ce prêt à raison de 100 francs par semaine, et en outre verser 35 francs par semaine, à titre d'épargne.

Lorsque le montant du prêt a été remboursé, il ne devait plus rien à personne et avait même un compte d'épargne assez élevé dont il ne retira pas un centime.

Voilà donc un exemple concret d'un employé qui était endetté et que la Coopérative d'Epargne et de Crédit a transformé en épargnant.

Des résultats de ce genre-là, vous ne pouvez pas les obtenir avec la vente à crédit.

Puis, une autre question se pose : est-ce que nous n'avons pas depuis longtemps à l'ordre du jour du Mouvement Coopératif la question de savoir comment nous élèverons jusqu'au niveau de la Coopération de Consommation les parties les plus déshéritées de la classe ouvrière ?

Il y a toujours eu des classes trop pauvres pour entrer dans la Coopération de Consommation. Or, la Coopération d'Epargne et de Crédit prétend s'adresser aux personnes les plus faibles économiquement et les élever jusqu'au point où elles pourront acheter, au comptant, dans les coopératives de consommation.

Voici la résolution :

Le Congrès,

Ecartant toute confusion entre les systèmes de vente dits « vente à crédit » et l'organisation proprement dite du crédit qui est légitime lorsqu'il tend à relever ou à fortifier la condition économique de l'emprunteur.

1° Renouvelle la condamnation traditionnelle du Mouvement Coopératif contre la vente à crédit par les coopératives de consommation et étend cette condamnation aux systèmes modernes de vente à crédit imaginés par le commerce privé pour l'accroissement de ses affaires et de ses profits ;

2° Constate, d'autre part, qu'une expérience poursuivie avec succès depuis une quinzaine d'années dans les milieux d'ouvriers et d'employés et depuis trois quarts de siècle dans les milieux ruraux du monde entier, a démontré que la coopération pouvait, par l'institution de coopératives d'épargne et de crédit, résoudre le problème des besoins légitimes de crédit y compris les besoins de crédit des ménages et, en outre, transformer en épargnants les victimes des usuriers.

Sur la base de cette expérience prolongée et étendue, le Congrès recommande la constitution de coopératives spéciales d'épargne et de crédit basées sur les principes de responsabilité et de solidarité déjà éprouvés avec, le cas échéant, les adaptations nécessaires aux conditions particulières et aux besoins des populations urbaines.

Les coopératives d'épargne et de crédit, quel que soit le milieu dans lequel elles sont constituées, ne doivent pas rester isolées, mais doivent être groupées en organismes du deuxième degré en liaison avec les organismes coopératifs bancaires déjà existants.

Cette résolution que nous vous proposons, ne vise pas seulement, si vous l'adoptez, la position que nous prendrons au Congrès International. Elle est aussi pour notre Mouvement l'engagement de développer la Coopération d'Epargne et de Crédit.

Il faut que cet engagement que vous prenez en donnant votre adhésion à la résolution proposée pour Vienne soit tenu, et je suis persuadé que le Conseil Central de notre Fédération reprendra le problème, de façon à ce que nous puissions dresser, compte tenu des conditions de la législation française, les règles et statuts qui permettront de multiplier les coopératives d'épargne et de crédit, à côté de nos sociétés, et amener ainsi à la Coopération de Consommation les classes déshéritées, les parties les plus pauvres de la classe ouvrière qui, jusqu'à présent, sont restées au-dessous du niveau de vie qui permet d'entrer dans la Coopération de Consommation.

Gaston Lévy. — Camarades, avant de vous parler de la question que j'ai été chargé de rapporter, je voudrais poser une question précise à notre ami Fauquet à propos du rapport qu'il vient de développer devant vous et de la résolution qu'il vous a demandé de voter :

La question est celle-ci : la condamnation formelle de la vente à crédit que prononce la première partie de sa résolution est-elle bien la condamnation de toutes les sociétés qui vendent à crédit et de toutes les sociétés qui se constitueraient pour vendre spécialement à crédit ?

Cette question me paraît assez importante parce qu'il se produit en ce moment des constitutions de sociétés dont le but sera précisément la vente à crédit, et on se sert du rapport de notre ami Fauquet en disant que les sociétés d'épargne et de crédit qu'il vient de définir devant vous d'une façon très précise, correspondent à ces sociétés spéciales.

Je voudrais que notre ami Fauquet, rapporteur au nom du Conseil Central, nous dise si la condamnation qui figure dans la première partie de la résolution vise bien toute l'organisation de la vente à crédit par les sociétés coopératives de consommation, quelle que soit la forme sous laquelle ces sociétés se constituent.

Dr Fauquet, *rapporteur*. — Camarades la question que vient de poser Gaston Lévy n'est pas d'ordre international. J'y répondrai tout de même parce qu'elle en vaut la peine. Quelques camarades ont cru utile de créer une société destinée, d'après ses statuts, à faciliter les achats, en accordant du crédit à quiconque prétendrait en avoir besoin.

Je suis entré en rapport avec les camarades qui ont pris l'initiative de la fondation de cette société, j'ai discuté avec eux et je leur ai nettement indiqué que cette fondation était tout à fait à l'opposé des idées que je préconise en ce qui concerne l'organisation de coopératives de crédit.

Ces camarades pensent, et c'est je crois une illusion, qu'on peut adopter le système de la vente à crédit tel qu'il est organisé par des sociétés auxiliaires de la Samaritaine ou d'autres établissements du même genre, et faire rendre à ces sociétés des résultats bienfaisants sous la condition qu'elles soient dirigées par des coopérateurs.

Dans le cas visé par Lévy, nous nous trouvons en présence d'une société dirigée par des coopérateurs, et des coopérateurs qui n'ont pas d'autre souci que de faire rendre à cette société des résultats bienfaisants, non seulement pour le Mouvement Coopératif en général, mais encore pour les emprunteurs pris en particulier.

Pour qu'ils puissent obtenir ces résultats, il faudrait que la société fonctionne non seulement dans ses débuts mais pendant toute son existence, sans que les adhérents soient incités par des pressions d'aucune sorte à prendre ou à développer un compte de crédit.

Or, si cette intention est bien réelle chez les fondateurs, je ne crois pas qu'ils puissent maintenir jusqu'au bout l'application rigoureuse de la règle qu'ils ont eux-mêmes ainsi formulée. Ils seront dépassés par le mécanisme même de l'entreprise qu'ils auront créée. Pour qu'elle fonctionne, il faudra en effet que cette entreprise ait des collecteurs, comme les maisons Dufayel et autres semblables; ces collecteurs seront des démarcheurs intéressés à ce que des bons de crédit soient pris par les ménagères.

La direction aura beau avoir de bonnes intentions, elle sera incapable de faire passer ses bonnes intentions dans les démarches de ses collecteurs, et c'est là qu'est le danger.

Malgré tout cette société s'est constituée. Les camarades qui l'ont constituée et dont je ne puis suspecter les bonnes intentions, m'ont demandé de souscrire une part sociale. J'ai accepté très volontiers. Pourquoi ? Parce que je tiens à suivre de très près cette expérience et au besoin soutenir les fondateurs dans leurs bonnes intentions du début. Mais je me réserve d'être, s'il y a lieu, la minorité d'opposition dans cette société.

Il y a une autre raison encore qui m'a déterminé à donner mon adhésion. C'est la déclaration formelle qui m'a été faite par notre camarade Grenier. A la suite d'une longue conversation, nous avons envisagé ensemble qu'il serait possible, après quelques mois de fonctionnement de cette société, de trouver le moyen de grouper quelques-uns de ceux qui se seraient adressés à elle afin de constituer entre eux des coopératives d'épargne et de crédit.

J'espère que ces quelques explications suffiront à rassurer le camarade Lévy.

Le Président. — La parole est à Gaston Lévy.

Discours de Gaston LÉVY

Gaston Lévy. — Je n'avais pas demandé au Dr Fauquet une confession; je lui avais posé une question. Il a répondu et je suis pour mon compte très satisfait de la réponse comme de l'indication qu'il a donnée.

En ce qui me concerne, j'ai à présenter devant vous un rapport sur une question qui est tout à fait différente et pour laquelle je n'ai pas beaucoup de chance. C'est la deuxième fois que je suis chargé de présenter devant le Congrès National un rapport sur une question qui vient à l'ordre du jour du Congrès International, sans que j'aie pu avoir entre les mains la résolution de celui qui sera amené à la défendre devant le Congrès International.

Ce n'est pas de ma faute, ce n'est peut-être de la faute de personne, mais je ne peux pas vous demander de nous donner un mandat ou de voter une résolution sur la question, parce que je ne connais pas les conditions mêmes dans lesquelles celle-ci sera posée par le rapporteur.

Il s'agit de la question des pools que doit rapporter devant le Congrès International Sir Thomas Allen (Angleterre).

Par conséquent, je me bornerai à exposer devant vous, très rapidement, l'intérêt que peut présenter, pour le Mouvement Coopératif de Consommation en particulier, la question mise à l'ordre du jour.

Vous savez, Camarades, ce que sont les pools. Ce sont des organismes destinés à conserver la marchandise.

Aux Etats-Unis de l'Amérique du Nord et au Canada, l'importance de la production agricole est devenue très considérable, surtout depuis la période de guerre. Un bouleversement complet s'est réalisé dans la proportion de production du froment, entre la production européenne et la production extra-européenne. Avant la guerre, la production européenne représentait 62 % de la production mondiale; depuis la guerre, la production européenne ne représente plus que 45 % de la production mondiale.

La différence est donc considérable et les consommateurs du froment en Europe, ne trouvant plus sur le marché européen proprement dit, à s'approvisionner, ont été dans l'obligation de rechercher les conditions dans lesquelles ils pourraient se procurer hors d'Europe, notamment dans l'Amérique du Nord et au Canada, la marchandise qui leur fait défaut sur leur propre continent.

Depuis une dizaine d'années, des études très sérieuses ont été faites pour essayer par des moyens scientifiques de stabiliser l'importance des marchandises mises chaque année sur le marché mondial.

En ce qui concerne les denrées agricoles, c'est un problème beaucoup plus difficile que pour les produits manufacturés, étant donné qu'il y a des causes naturelles qui font que les récoltes sont plus ou moins importantes et qu'il échappe complètement aux producteurs de déterminer à l'avance quelle sera leur production.

Ces recherches scientifiques ont été dirigées sur deux points, l'un qui s'appelle le système des baromètres économiques, l'autre qui s'appelle le système du stockage.

Le système des baromètres économiques consiste à faire des calculs approximatifs sur les conditions générales de la température au cours des années qui se sont écoulées, de façon à retrouver, sur un espace de temps très long, des espèces de rotation de température qui aboutissent à peu près à être stables, et de partir de ce point pour déterminer les conditions dans lesquelles on essayera de faire produire plus ou moins de denrées selon les variations probables de la température à une année donnée.

La question des baromètres économiques ne nous importe pas ; je l'ai citée simplement en passant.

Le deuxième élément est celui du stockage. Celui-ci est beaucoup plus vieux. On pourrait remonter très loin dans l'histoire et certainement vous allez sourire lorsque je rappellerai que c'est la politique que recommandait Joseph au Pharaon, lorsqu'il lui expliquait le songe des sept vaches maigres et des sept vaches grasses.

La politique de la constitution des stocks, c'est-à-dire de la conservation des trop plein d'une année en vue d'essayer de les répartir l'année suivante, a été pratiquée de tout temps. Mais elle n'a été pratiquée que fragmentairement et surtout elle n'a été pratiquée que par les intermédiaires qui trouvaient là le moyen d'acheter à bon marché pour revendre au moment où la marchandise aurait renchéri.

Les fermiers canadiens se sont préoccupé depuis de longues années, d'essayer d'échapper aux forces que représentent les intermédiaires, qui, en matière de denrées agricoles et particulièrement de blé étaient les maîtres pour la fixation des prix. Ils ont décidé de régénérer la conservation du blé.

Deux systèmes se présentaient devant eux : le système purement capitaliste qui consistait à constituer des silos chez chaque fermier, où chacun aurait essayé de conserver son blé jusqu'au moment où, la marchandise venant à manquer, il pourrait la présenter sur le marché en même temps que celle qu'il aurait produite dans l'année.

L'autre système est celui qui au lieu de rechercher la conservation individuelle, a consisté à organiser scientifiquement cette conservation et, pour pouvoir l'organiser scientifiquement, à constituer des sociétés coopératives entre les fermiers canadiens, de façon à édifier en commun les organismes de conservation. Ce sont ces organismes de conservation qui ont pris le nom de pools.

Voilà la question exposée aussi rapidement que possible.

Comment cette question se pose-t-elle au Congrès Coopératif International ? Elle se pose à deux points de vue.

Le premier : savoir si ces organisations qui n'ont peut-être pas tous les principes exacts et formels de la coopération tels qu'ils ont été définis ou par les Pionniers de Rochdale ou par les Congrès, pouvaient et devaient être admises au sein de l'Alliance Coopérative Internationale, ou plus exactement, s'il y avait intérêt pour l'Alliance Coopérative Internationale, qui comprend dans ses rangs des consommateurs qui sont en même temps des producteurs, à rechercher l'adhésion des organisations coopératives de producteurs de blé.

Deuxième point. Comment les pays et les Mouvements coopératifs consommateurs de blé, et particulièrement de blé exotique (moins le cas pour notre pays qui n'est consommateur de blé exotique que dans des périodes de déficit, et qui au contraire, essaye de se suffire à lui-même ; mais nous devons examiner cette question sur le plan international) comment les pays consommateurs de blé pourront-ils se mettre directement en rapport avec les producteurs de blé constitués en organisme de stockage, pour permettre de faire échapper à la fois le consommateur et le producteur à l'intervention de l'intermédiaire capitaliste qui jusqu'à présent a été le seul maître grâce au crédit qu'il peut procurer au producteur, grâce à sa capacité d'absorption des stocks ?

Voilà le problème tel qu'il se pose pour nous et je pense qu'à Vienne nous aurons à nous déterminer sur le premier point et que nous serons tous d'accord pour reconnaître la nécessité de faire adhérer ces organisations de producteurs à notre Mouvement Coopératif International, de même que pour rechercher les méthodes qui permettront des relations directes entre les Mouvements de consommation et les Mouvements de production, en vue d'échapper aux intermédiaires.

Je voudrais faire une réserve aussi bien d'ailleurs en ce qui concerne la question des baromètres économiques que la politique des stockages par les pools. Il n'est pas sûr que la politique de conservation des produits par les producteurs eux-mêmes, surtout si aucun contrôle des consommateurs ne s'exerce sur leur action, n'ait pas tendance à se faire en vue de l'élévation des prix et non pas en vue de la bonne organisation dans la répartition des produits.

On se rend compte qu'au Canada en particulier les stockages se sont poursuivis régulièrement depuis trois années et que les fermiers ont été obligés d'emmagasiner les marchandises de sorte qu'à l'heure actuelle on craint pour eux qu'ils se trouvent dans l'impossibilité de continuer cette politique de stockage, si la récolte de cette année devait être abondante.

La nécessité apparaît donc, pour le Mouvement Coopératif de Consommation, d'agir internationalement soit pour aider, en les soulageant, les organisations coopératives de stockage, soit pour prendre les mesures nécessaires, par des crédits ou par des utilisations plus grandes, en réservant la possibilité d'achat de la totalité des blés dont le Mouvement coopératif qui importe des blés a besoin, à ces organisations. Voilà, camarades, aussi brièvement que possible, comment je crois que la question se pose, et il nous reste à vous demander sur ce point, un mandat assez large à l'Alliance Coopérative Internationale, en vue d'obtenir que les pools puissent adhérer à l'Alliance.

Le Président. — La parole est à E. Grenier.

Discours de E. GRENIER

E. Grenier. — La question de la vente à crédit dans la Coopération, posée par le Docteur Fauquet, est assez importante pour qu'un représentant de la Société que Gaston Lévy a voulu cordialement torpiller à son départ vous donne quelques mots d'explication.

Il serait à la fois téméraire et dangereux pour le Mouvement coopératif français de procéder à une condamnation traditionnelle et trop facile de la vente à crédit au nom des principes rochdaliens qui n'ont absolument rien à faire en l'occurrence. Car les Pionniers de Rochdale, en proclamant, il y aura bientôt un siècle, l'excellence de la règle qu'ils dénommaient le « principe de l'argent comptant » n'ont pu condamner du même coup le système de la vente à crédit par comptes-courants tel qu'il se pose aujourd'hui, et aujourd'hui seulement.

Il faut regarder froidement les faits et en tirer un enseignement conforme aux intérêts des consommateurs en général et des coopérateurs en particulier.

Et tout d'abord une précision s'impose : Il est bien entendu que personne ne songe à vendre à crédit l'article alimentaire. Ce crédit là qui « met en retard », en le désorganisant, le budget familial, nous le condamnons autant que quiconque.

Le crédit que nous voulons faire, c'est celui qui affranchira les consommateurs de l'usure. Nous voulons intervenir sur le marché du crédit-marchandise comme la *Banque des Coopératives* intervient pour affranchir de l'usure les Sociétés Coopératives quand il s'agit du crédit-espèces.

Nous n'admettons plus qu'au nom d'une morale coopérative inefficace on laisse le consommateur désarmé dans le domaine du crédit et quand il s'agit pour lui d'acheter quatre mille francs de meubles, par exemple, alors que nous intervenons en sa faveur lorsqu'il achète quarante cinq sous de moutarde.

Le champ d'opérations qui nous occupe comporte chaque année, pour la seule agglomération parisienne, entre deux milliards cinq cent millions et trois milliards de francs d'affaires. Voilà le fait brutal que cinq cent mille discours de Lévy ne sauraient modifier. Il reste à savoir — et à dire — si la Coopération ne prendra pas sa part de cette activité économique et commerciale tout en défendant les consommateurs conformément à notre idéal et à notre doctrine courante.

Le marché du crédit a d'ailleurs été déjà assaini par le simple jeu de la concurrence. On ne voit plus majorer de 300 % l'article vendu à crédit. On voit encore, assez couramment, des majorations de 40 à 80 %, mais, par contre, certaines sociétés et la plupart des grands magasins de nouveauté de Paris ont organisé la vente à crédit sur des bases qui ramènent les prix des objets ainsi vendus à des prix se rapprochant de ceux pratiqués dans la vente au comptant.

C'est que le crédit va devenir d'un usage courant et que la pratique du crédit va s'imposer — que nous le voulions ou non — à notre pays comme elle s'est imposée dans les autres. Et la France, pays du bas de laine et de l'épargne, jusqu'ici réfractaire au crédit, va certainement suivre, sur ce point, les autres nations.

La Coopération qui ne peut efficacement réagir contre ce fait économique, doit-elle s'en désintéresser au point de laisser faire ? Doit-elle au contraire essayer d'introduire dans le domaine de la vente à crédit le principe du commerce « véridique et social » ? Voilà à quelles questions ont déjà répondu certains camarades en créant la Société Coopérative *Messidor* qui se propose, sans aucune contradiction avec son principe :

1° De favoriser et d'organiser l'épargne selon le désir même du Docteur Fauquet ;

2° De vendre au comptant ou à crédit, sans pression ni majoration d'aucune sorte, c'est-à-dire aux prix pratiqués au comptant, tous articles non alimentaires.

Si notre nouvelle société se comporte ainsi, et si, entre temps, elle prospère en donnant une importance nouvelle à la Coopération et à ses œuvres sociales, qu'aura-t-on à lui reprocher ?

Je me permets d'ajouter, à l'intention de Fauquet et de Lévy, qui paraissent avoir un souci excessif de notre moralité coopérative, que nous n'oublierons aucun des principes essentiels de la Coopération et que nous accepterons toujours fraternellement la surveillance même spéciale et obstinée que Fauquet nous promet.

Fauquet dit que notre bonne volonté sera à peu près sûrement débordée par nos collaborateurs en contact permanent avec la clientèle. Non. Nous ne ferons jamais « chasser » le client à domicile. Et nous procéderons par traites ou chèques-postaux mensuels pour nos encaissements que d'autres font faire par des démarcheurs plus ou moins scrupuleux.

Et toutes les demandes de crédit seront examinées par un administrateur de la Société.

En résumé, ce n'est pas parce qu'on a fait jusqu'ici beaucoup de mal dans le domaine de la vente à crédit que nous devons nous en tenir à une solution de paresse et nous désintéresser de la question en masquant notre carence par de beaux discours sans aucune portée sociale.

Je ne vous demande pas d'approuver autrement la nouvelle société que nous avons créée. Cette société est administrée par des hommes qui présentent tout de même quelques garanties.

Prenez-la, comme Fauquet lui-même, pour une expérience nouvelle. Et je crois que d'ici peu nous vous annoncerons à son sujet à défaut de résultats financiers extraordinaires, des résultats moraux indiscutables et conformes à l'idéal coopératif.

Intervention de GASCON

Gascon. — Mesdames et chers coopérateurs. Je vous assure que la chose qui me surprend le plus c'est de me trouver à cette tribune.

Lorsque j'ai demandé la parole, je voulais simplement demander au Bureau de m'autoriser à poser une question aux camarades Poisson, Cleuet et Lévy, à propos des pools du Canada.

Je ne vous apprendrai rien en vous disant que les pools américains ou canadiens ne se sont pas constitués avec des sentiments coopératifs.

Simple représentant de la petite culture dans une région des plus modestes de la France, je dépose sur le bureau une motion que je demande au Congrès de voter :

Le Congrès, justement ému par la crise agricole actuellement subie par les paysans français, invite les délégués au Congrès International des Coopératives à Vienne, à s'opposer aux engagements qui pourraient être pris par les représentants des Etats d'Europe envers les organisations formidables telles que les Pools Canadiens, engagements qui mettraient en danger toute la petite culture de France et, aussi, dans l'intérêt de la masse des consommateurs.

Je m'explique. Je dis que ce serait l'écrasement de la petite culture de France. Ecrasée, elle l'est déjà, par la mévente de ses principaux produits, tel que le blé, etc...

Nous savons tous que la culture, si elle a payé son homme pendant les années qui ont suivi la guerre, elle ne le paye plus aujourd'hui et le conduit à la ruine prochaine.

Et croyez-vous que les organisations américaines ou canadiennes, si elles s'entendaient avec les coopératives de consommation des Etats de l'Europe, ne pourraient pas achever, demain, l'écroulement de la culture française ?

Et nous qui sommes habitués à manger du pain français, c'est-à-dire du bon pain, nous devons le payer à sa valeur. Nous l'aurions peut-être pendant quelques années à un prix inférieur, mais alors demain, lorsque après la mort de la culture française, ces messieurs auraient la main sur notre marché, vous vous imaginez des prix que nous paierions.

C'est dans cet esprit que je dépose la motion que je viens de donner lecture et dont nos délégués au Congrès de Vienne auront à s'inspirer.

Le Président. — La parole est à Poisson.

Discours de E. POISSON

E. Poisson. — J'ai écouté, avec un très grand plaisir notre ami Gascon et je voudrais répondre sur deux points, sur celui de la vente à crédit et sur celui des pools.

Sur la vente à crédit, n'ayons aucune illusion. Il y a entre nous une différence considérable d'opinion. Sur un point, nous sommes tous d'accord : Nous condamnons la vente à crédit dans nos coopératives de consommation pour les objets d'alimentation qu'elles fournissent. Là-dessus notre accord est unanime et c'est ce qui fait que nous nous réunissons autour de la résolution du Docteur Fauquet.

Mais la résolution du Docteur Fauquet pose un deuxième problème, celui de l'organisation du crédit coopératif, ce qui n'est plus du tout la vente à crédit dans les coopératives de consommation. Or, sur ce deuxième point, si nous sommes d'accord quant au principe, il est clair que derrière ce principe, nous mettons des choses très différentes. Je ne pense pas que l'heure soit venue pour le Congrès de prendre une décision et de se prononcer sur nos différents points de vue.

Lévy est contre les sociétés de crédit.

Gaston Lévy. — Non, non !

E. Poisson. — Le Docteur Fauquet est contre les coopératives spéciales pour vente à crédit.

D'autres, comme moi, sont partisans de ces sociétés, sans aucune des réserves ni de Fauquet ni même de Grenier.

Nous discuterons cela un autre jour. Pour ma part, je considère comme un crime pour le Mouvement coopératif, sous prétexte de considérations morales, de laisser le capitalisme s'emparer partout de la vente à crédit et de se contenter de formules morales, qu'elles soient chrétiennes, juives ou athées.

Je dis donc que ce problème, nous le discuterons un autre jour. Ce n'est pas le moment. A l'heure actuelle, quelques-uns d'entre nous font une tentative. Regardez-là avec indignation ou avec sympathie, l'avenir dira si ces fondateurs ont eu raison ou ont eu tort. Pour le moment, contentons-nous de rester sur le terrain international et de maintenir la condamnation de la vente à crédit dans les sociétés coopératives de consommation.

Sur la deuxième question, je tiens à répondre à notre ami Gascon. Je crois qu'il commet une erreur ou plutôt qu'il confond deux problèmes. Il faut en effet distinguer le problème de l'équilibre de la production mondiale du blé et de sa consommation, et le problème des organisations coopératives, soit de consommateurs, soit de producteurs.

Il y a aujourd'hui un marché international du blé et une concurrence peut-être faite au blé français par les blés étrangers. Le problème de la concurrence sur le marché national par les produits étrangers est différent de la question de savoir si cette concurrence est faite par des intermédiaires du commerce privé ou par des sociétés coopératives.

Qu'il s'agisse d'intermédiaires du commerce privé ou de sociétés coopératives, la concurrence internationale est la même. Les pools, les coopératives de vente du Canada n'existeraient pas, qu'à leur place il y aurait tout simplement les grands maîtres de l'importation, les magnats du commerce international du blé qui viendraient sur le marché national offrir le blé du Canada et exploiteraient le producteur étranger en même temps que le consommateur français.

Ce n'est donc pas du tout le même problème. Ce ne sont pas les pools ni les coopératives qui sont la cause de la concurrence faite par le blé étranger au blé français; c'est le problème du déséquilibre de la consommation et de la production.

Voilà, Gascon, ce que je voulais d'abord vous dire.

Il serait désirable que les agriculteurs français fassent à l'heure actuelle ce qu'ont fait les agriculteurs canadiens. Pour se libérer de l'exploitation des intermédiaires, de l'exploitation des grands seigneurs du commerce international, les agriculteurs canadiens ont créé des coopératives de vente. Vous avouerez qu'il est tout de même préférable que les bénéfices de l'opération qui allaient autrefois dans la poche des intermédiaires, aillent aujourd'hui dans la poche des travailleurs et des agriculteurs du Canada.

Il serait désirable que les agriculteurs français sortent rapidement de leur individualisme, qui aboutit à les mettre sinon à la merci des intermédiaires internationaux, du moins à la merci de ceux qui sont les maîtres du marché français du blé et qui sont les grandes maisons capitalistes de meunerie française.

Lorsque les agriculteurs français auront fait ce premier effort à l'instar des coopérateurs canadiens, ils auront pris une heureuse mesure de défense. C'est là qu'est le salut pour les petits agriculteurs français.

Je précise, pour les petits agriculteurs français, parce que les grands appartiennent eux-mêmes à de grandes sociétés de meunerie ou possèdent tout au moins des possibilités d'entente pour écouler leurs récoltes. Tandis que le petit agriculteur est obligé, dès qu'il a rentré sa récolte, de trouver des moyens d'écoulement pour pouvoir travailler sa terre.

L'exemple du Canada doit être suivi en France; mais ce n'est pas l'organisation des producteurs seuls dans chaque pays qui donnera la solution du problème international du blé; ce n'est même pas par l'augmentation des droits de douane qu'on la trouvera.

Nous ne disons pas que cette mesure ne devient pas parfois nécessaire pour lutter contre des prix de dumping et protéger la production française; mais nous disons qu'elle est par elle-même tout à fait insuffisante et la meilleure preuve c'est que, malgré l'augmentation des droits de douane sur les blés au mois de décembre dernier, le blé indigène s'est vendu au-dessous de son prix de revient.

Nous le disons hautement et nous le déplorons, car c'est notre honneur, à nous, Coopération française, de ne pas faire une politique de démagogie. Nous disons que le blé doit être vendu au juste prix, et le juste prix cela veut dire qu'on doit payer la marchandise d'une façon régulière et stable et ne pas essayer de faire profiter le consommateur du jeu spéculatif de la loi de l'offre et de la demande.

Nous n'admettons pas, pour notre part, les bas salaires des ouvriers des villes, sous le prétexte que ces bas salaires donneraient des marchandises à meilleur compte aux sociétés de consommation. Mais nous n'admettons pas davantage que les cultivateurs soient payés à des bas prix pour que nous obtenions à bas prix les produits agricoles. Ce ne sera pas, nous l'espérons. Jamais la politique de la Fédération Nationale des Coopératives ne sera la recherche d'autre chose que le juste prix, qui doit être le paiement à sa valeur, à un taux convenable, d'une façon permanente, aussi bien des travailleurs des usines que des travailleurs des champs. Voilà notre politique.

Mais cela ne suffit pas pour régler le problème international.

L'augmentation des droits de douane ou les primes à l'exportation sont des mesures tout à fait insuffisantes. On prend sur le contribuable de quoi faire face à des exportations; cela peut donner provisoirement des résultats, mais c'est un système qui ne peut pas être de longue durée. Vous savez dans quelles conditions il est pratiqué. Il faudrait que les exportations soient faites par des coopératives agricoles; mais quand elles sont faites par des intermédiaires, les cultivateurs français n'en recueillent aucun avantage et les primes vont tout simplement enrichir les mercantis de l'exportation.

Et puis, ce ne sont que des mesures provisoires. Ce n'est pas avec cela qu'on pourra, d'une façon continue faire, que sur le marché international, les prix mondiaux du blé soient supérieurs ou inférieurs à ceux des blés indigènes.

Il n'y a pas de remèdes, à l'heure actuelle, à la crise du blé, ou plutôt le remède n'existe que dans la Coopération internationale. Toutes les autres mesures ne seront que des attrape-nigaud au bénéfice de partis politiques qui s'en serviront pour piper les suffrages.

Je dis par conséquent qu'il faut que nous examinions internationalement la question, et c'est ce que va faire le Congrès de Vienne.

Il ne s'agit pas seulement des rapports entre les coopératives canadiennes et les coopératives de consommation de l'Europe, en espérant, et je crois, Gascon, répondre directement à votre objection, en espérant que les coopératives du Canada donneront du blé à meilleur compte aux coopératives de consommation d'Europe, lesquelles vendront du pain à meilleur marché faisant disparaître ainsi la culture du blé européen. C'est bien le problème que vous posez, n'est-ce pas ?

Gascon. — Oui.

Poisson. — A Genève, il y a huit jours, au Comité Economique, entre les agriculteurs et les producteurs du monde, autour de cette Société des Nations dont on médit à tout propos, le problème a été envisagé. Mais vous reconnaîtrez qu'une question de cette importance ne se résout pas par des ordres du jour de protestation contre les gouvernements bourgeois. Franchement, réfléchissez. A Genève, le problème s'est posé, et j'ai dit pour ma part qu'il ne s'agit pas de faire une réunion des Pools canadiens et des coopératives de consommation d'Europe; il faut réunir dans une même conférence les coopératives de consommation de l'Europe et les représentants aussi bien des Pools canadiens que de tous les agriculteurs d'Europe et en particulier de France. Nous ne ferons pas l'équilibre de la production et de la consommation par la destruction dans notre pays ou dans d'autres pays d'une branche importante de la production. Ce qu'il faut c'est trouver internationalement, par la connaissance des besoins et par la connaissance des conditions de production, les contingents nécessaires pour chaque pays, en correspondance avec la récolte moyenne à porter sur le marché.

Voilà ce qu'il faut mettre à la place du protectionnisme et des droits de douane, à la place aussi du libre-échange qui n'est qu'un leurre, car il aboutit à l'exploitation de certains producteurs ou de certains consommateurs.

Je ne parle pas de la liberté, car cela ne signifie rien; c'est la liberté de tout faire, la liberté d'exploiter, qui ne voit pas que le marché international est plus fort que les contraintes douanières, qui ne recherche pas quelles sont les nécessités de la consommation, quels sont les besoins de la production, quels sont les contingentements nécessaires dans les années normales, quelles sont les mesures à prendre selon qu'il y a abondance ou déficit, qui ne cherche pas à empêcher la hausse ou la baisse artificielle du produit, la hausse artificielle pour que le prix du pain monte au détriment du consommateur, la baisse artificielle pour que le cultivateur ne touche pas son dû.

Tout cela, au détriment des consommateurs et des producteurs, est fait pour servir uniquement les intérêts des grands seigneurs du blé, du moulin, et quelquefois, dans certains pays d'Europe, de grandes panifications capitalistes.

Il n'y a de solution véritable, permanente, utile et efficace que sur le terrain coopératif. Cette solution, elle se fera peut-être attendre longtemps; mais il faut y travailler, car c'est nous qui avons raison et quand on a raison on finit toujours par triompher, si en même temps on croit.

Voilà la politique d'entente de coopération européenne.

Sans doute, il serait plus facile de la faire triompher s'il y avait partout en Europe, des coopératives agricoles, comme il y en a au Canada. Il serait plus facile de la faire triompher si les coopératives de consommation, au lieu d'englober quelques milliers d'hommes, associaient l'ensemble de la population. Mais, telles quelles, déjà fortes sur le marché, elles peuvent le déterminer, elles peuvent l'entraîner, et je remercie Gascon d'avoir posé une question qui permet de mettre en valeur l'internationalisme du problème et de montrer qu'il n'y a pas d'autre remède au déséquilibre de la production et de la consommation et à la misère des consommateurs de tous les pays, que les solutions qui s'inspirent de l'expérience et de l'idéal coopératifs.

Le Président. — Je donne lecture de l'ordre du jour qui vous est proposé :

Le Congrès de la Fédération Nationale des Coopératives, réuni à Tours, approuve l'attitude de ses délégués aux divers organismes de l'Alliance Coopérative Internationale ; il leur donne mandat de défendre au Congrès de Vienne, la politique déjà engagée par ses rapporteurs : Albert Thomas, E. Poisson, A.-J. Cleuet, Gaston Lévy et le Dr Fauquet, sur les divers problèmes et sur les questions qui sont à l'ordre du jour du Congrès de Vienne.

Ce texte est adopté à l'unanimité.

La séance est levée à 18 heures 30.

ANNEXES

RAPPORTS ET DOCUMENTS

PREMIERE PARTIE

Introduction 149
Bureau Permanent de la F. N. C. C. 151
Comité Mixte 151
Les réunions du Conseil Central 151
Renouvellement du tiers du Conseil Central 151
Commission de Contrôle 152
Mouvement des Sociétés 152
Le Coopérateur de France 153
La Revue Internationale de la Coopération 153
Annuaire 153
Librairie et Publications 153
Office Technique 154
Service de Renseignements sur les prix 154
Service Juridique 154
Avances du Ministère du Travail 155
Les Economats 155
Dégrèvements fiscaux 155
Les droits de douane sur le sucre et sur le blé 155
Comités d'action économique 156
Groupe Parlementaire de la Coopération 157
Assurances 157
Assurances sociales 158
La propagande 159
Comité National des loisirs 160
La Coopération et la Rationalisation 162
Ecole Technique pour le Personnel coopératif 163
Journées Techniques 166
Commission Nationale de l'Enseignement 168
Voyage d'Etudes et de Documentation en Russie 172
Conférences des Secrétaires fédéraux 173
Loi sur la Coopération 173
Manifeste de la F. N. C. C. pour les Elections municipales.... 175
Journées parlementaires de la Coopération 176
Conseil Supérieur du Travail 178
Confédération Générale pour la Défense du Consommateur.. 180
Les activités extérieures de la F. N. C. C. 181
Alliance Coopérative Internationale 188
Bilan 194
Comptes d'Exploittaion 195
Rapport de la Commission de Contrôle 199

DEUXIEME PARTIE

Le Congrès de l'Alliance Coopérative Internationale à Vienne, en 1930 201
La Vente à crédit et les Coopératives d'Epargne et de Crédit. — Rapporteur : Dr Fauquet 203
Les principes de Rochdale. — Note de A.-J. Cleuet 217
Rapport sur la Caisse Fédérale des retraites 219

PREMIÈRE PARTIE

RAPPORT DU CONSEIL CENTRAL

au Congrès de Tours

INTRODUCTION

On peut légitimement considérer que le Mouvement Coopératif s'est développé et fortifié au cours de l'année 1929. Des renseignements que possède la F. N. C. C. il apparaît qu'un grand nombre de Sociétés ont fait un effort de développement particulièrement louable et il y a lieu d'espérer que l'année 1930 permettra une activité plus grande.

La F. N. C. C. s'est efforcée de satisfaire à tous les besoins des Sociétés. En dehors de la relation des faits contenue dans le Rapport qui suit il est utile de souligner ici les questions principales qui ont fait l'objet de son activité.

Le Congrès de Royan avait eu à examiner un Rapport sur Le Mouvement Coopératif et la Rationalisation *et une Résolution avait été votée demandant au Conseil Central de suivre cette question avec la plus grande attention. Le Conseil Central a désigné une Commission — prise au sein de l'Office Technique — et l'a chargée d'étudier le problème et de lui soumettre ses propositions. Déjà les Sociétés savent quelles sont les décisions du Conseil Central mais, cependant, il est nécessaire de le rappeler ici.*

Il est apparu qu'il y avait un très grand intérêt à standardiser le titre général des Sociétés — étant entendu que le titre propre figurerait de manière apparente dans chaque Magasin — et l'enseigne Les Coopérateurs *a été choisie. D'autre part, en accord avec le Magasin de Gros des Coopératives de France, une Marque Nationale a été adoptée. La Marque COOP figurera désormais — dans la mesure des possibilités de fabrication — sur les produits fabriqués par le M. D. G. ou empaquetés par ses soins. Enfin un Meuble Porte-Affiches a été adopté ; il permet de faire un étalage d'un produit sur lequel les Sociétés se seront mises d'accord et d'accompagner cet étalage d'une affiche identique quant à la présentation.*

C'est là un grand fait qui ne manquera pas de marquer une date dans l'histoire du Mouvement Coopératif.

Si — comme il y a lieu de l'espérer — les décisions sont appliquées par les Sociétés on pourra, à travers la France, retrouver la même enseigne réunissant les consommateurs et ce sera en même temps que la manifestation de la force du Mouvement, un moyen très sûr de propagande.

La publicité utile sera entreprise en faveur de la Marque COOP afin d'aboutir à ce que les Sociétés et les consommateurs comprennent de plus en plus l'intérêt de la production directe de produits de bonne qualité.

La tâche de la Commission de Rationalisation et du Conseil Central n'est pas terminée en cette matière ; d'autres mesures sont envisagées et les Sociétés seront avisées des décisions prises.

D'autre part le Congrès de Royan avait décidé de demander au Conseil Central de nommer une Commission chargée d'examiner la question de L'Utilisation des Loisirs. *Cette Commission s'est réunie, elle a désigné Albert Thomas comme Président et A. Fauconnet comme Secrétaire. Elle tend à organiser les Loisirs sous toutes les formes : voyages, théâtres, vacances, etc... Les travaux se poursuivent très utilement et il faut, aussi, se féliciter de cette très heureuse initiative.*

Au surplus, le Conseil Central a décidé de demander au Congrès de consacrer la matinée du Vendredi à l'examen de ces deux questions. Sur celle de la Rationalisation, *Leclercq, Secrétaire de la Commission, exposera au Congrès le résultat des études en cours et sur celle de l'*Organisation des Loisirs, *notre ami Albert Thomas — qui a bien voulu prêter son concours — et A. Fauconnet, diront au Congrès ce que le Comité National aura fait et préciseront son programme.*

A l'occasion de l'Exposition de la Comptabilité qui a eu lieu à Royan, une conférence a été tenue ; elle a eu pour conclusion l'organisation de la Comptabilité Matière pour un certain nombre de Sociétés importantes. Cette organisation est à peu près au point et il n'est pas douteux que cela constitue, pour le Mouvement Coopératif, un progrès technique très important.

Enfin, en 1929, la propagande a été assurée dans des conditions très satisfaisantes. Cette question est examinée par ailleurs mais il est bon de souligner ici qu'un effort sérieux a été fait pour satisfaire aux besoins des Sociétés.

La F. N. C. C. a le très vif désir de faire l'effort utile pour lui permettre non seulement de répondre aux besoins des Sociétés Coopératives mais aussi d'examiner tous les problèmes qui se posent plus que jamais et de les résoudre au mieux des intérêts du Mouvement.

Bureau Permanent de la F. N. C. C.

Au cours d'une séance tenue à Royan, le 19 Mai 1929 — à l'issue du Congrès — le Comité a désigné Ernest Poisson, Maurice Camin et Georges Yung, comme Secrétaires Généraux de la F. N. C. C.

Dans cette même séance il a renouvelé le Mandat de la Commission Administrative de la F. N. C. C. qui est chargée d'examiner — dans l'intervalle des séances du Conseil Central — les questions intéressant le Mouvement. Cette Commission est composée de Marcel Brot, Maurice Camin, A.-J. Cleuet, A. Fauconnet, Gaston Lévy, E. Poisson, Gaston Prache et Georges Yung. Elle se réunit généralement deux fois par mois.

La Commission Administrative assure, en même temps, le rôle de Commission des Finances.

Commission mixte

La Commission Mixte, qui est composée des Membres de la Commission Administrative de la F. N. C. C. et des Membres du Comité Administratif du M. D. G. et de la B. C. F., s'est réunie pour examiner les questions intéressant les trois organisations Centrales.

Elle aura — ainsi qu'on le verra par ailleurs — à examiner les conditions des applications des décisions du Conseil Central en ce qui concerne la Standardisation des Magasins et l'utilisation de la Marque Nationale.

Les réunions du Conseil Central

Conformément à une décision précédente le Conseil Central s'est réuni en Janvier, Mars, Mai — deux réunions — Juin, Septembre, Octobre et Novembre.

En application d'une décision du Congrès National de 1917, le Conseil Central indique ci-dessous les absences des Membres aux séances : Affre, 1 ; Benoist, 1 ; Berland, 1 ; Bernier, 1 ; Bricout, 1 ; Bugnon, 2 ; Buguet, 1 ; Cozette, 1 ; Foucaut, 1 ; Fouladoux, 1 ; Gaillard, 1 ; Charles Gide, 1 ; Lamothe, 1 ; Lebon, 1 ; Lepouriel, 2 ; Louis René, 3 ; Lucas, 2 ; Passebosc, 1 ; Poisson, 1 ; Poulette, 1 ; Gaston Prache, 1 ; Rielh, 1 ; Paul Thiriet, 8 ; Simonnet, 1 ; Georges Yung, 1.

Renouvellement du tiers des Membres du Conseil Central

Conformément à l'article 9 des Statuts de la F. N. C. C. le Conseil Central est renouvelable par tiers chaque année.

Les Membres sortants, en 1930, sont les suivants :

1° Membres désignés par les Fédérations Régionales : Benoist (Fédération de l'Est) ; COUVRECELLE (Fédération de la Région Parisienne) ; E. COZETTE (Fédération de la Somme) ; FOULADOUX (Fédération du Nord-Ouest) ; Jean GAUMONT (Fédération de Bourgogne) ; LAROUIER (Fédération du Centre-Océan) ; René LOUIS (Fédération du Nord et du Pas-de-Calais) ; PASSEBOSC (Fédération du Sud) ; RIELH (Fédération d'Alsace) ; Paul THIRIET (Fédération de Lorraine et des Ardennes).

2° Membres désignés directement par le Congrès : Maurice CAMIN, E. BUQUET.

Commission de Contrôle

Le Congrès de Tours est appelé à désigner une Commission de Contrôle qui — conformément aux Statuts — est renouvelable.

Les Membres sortants, désignés en 1929, sont : DAVID, DUCROCQ, JEVAIS, TUTIN et WILKS.

Le mouvement des Sociétés

Le nombre des Sociétés adhérentes à la F. N. C. C. au 31 Décembre 1928, était de 1.465 ; il est au 31 Décembre 1299 de 1.423, soit une différence en moins de 42, qui provient de 46 dissolutions ou disparitions et de 15 fusions compensées en partie par 19 adhésions nouvelles.

Comme les années précédentes, il y a lieu de tenir compte de l'ouverture de magasins nouveaux par un grand nombre de Sociétés.

	Chiffre d'affaires Exercice 1927	Chiffre d'affaires Exercice 1928	Nombre de Sociétés au 31/12/29	Sociétés fusionnées	Sociétés dissoutes ou disparues
	—	—	—	—	—
Albi	67.656.000	71.563.000	89	1	»
Algérie	4.900.000	5.190.000	4	»	»
Amiens	89.746.000	101.226.000	13	»	»
Bordeaux	95.756.000	96.640.000	103	»	5
Bourges	57.893.000	57.887.000	90	»	»
Cameroun	»	»	1	»	»
Chine	»	»	1	»	»
Constantine	694,000	560.000	6	»	»
Corse	100.000	60.000	6	»	»
Dijon-Besançon	57,200,000	58.333.000	61	»	3
Grenoble	37.916.000	30.310.000	82	»	2
Lille	264.013.000	297.876.000	123	3	1
Limoges	152.416.000	149.670.000	84	2	1
Lyon	97.560.000	98.076.000	105	»	4
Madagascar	»	»	1	»	»
Maroc	»	»	2	»	»
Marseille	58.410.000	66.900.000	90	3	10
Martinique	»	»	1	»	»
Nancy	211.500.000	235.400.000	156	5	4
Nantes	72.707.000	83.116.000	58	»	4
Nouvelle-Calédonie	»	»	1	»	»
Oranie	2.355.000	380.000	7	»	»
Paris	217.408.000	242.703.000	67	1	5
Roanne	130.743.000	133.103.000	126	»	1
Rouen	69.586.000	77.760.000	28	»	3
Strasbourg	106.093.000	115.686.000	27	»	»
Tonkin	»	»	1	»	»
Troyes	54.940.000	53.250.000	70	»	4
Tunisie	1.500.000	1.300.000	2	»	»
	1.851.092.000	1.976.995.000			

Le Coopérateur de France

La F. N. C. C. a été obligée de porter de 5 francs à 5 francs 50 le prix de l'abonnement annuel de son organe *Le Coopérateur de France.*

Ce prix reste très peu élevé car il est à peu près de 10 centimes par numéro rendu au domicile des abonnés.

Cependant, malgré la modicité du montant des abonnements, un très grand nombre de Sociétés n'en ont encore souscrit aucun et cela alors que toutes devraient non seulement être abonnées mais abonner aussi les membres de leurs Conseils d'Administration et des diverses Commissions.

La Revue de la Coopération Internationale

L'Alliance Coopérative Internationale publie *La Revue de la Coopération Internationale.* Cette publication offre un très grand intérêt; en dehors des articles d'information sur le Mouvement de tous les pays, elle contient des renseignements d'ordre coopératif et économique que les Sociétés et les militants ne doivent pas ignorer. Or, le nombre des abonnements souscrits en France est très peu élevé.

Le Conseil Central pense que toutes les Sociétés se doivent de souscrire un ou plusieurs abonnements.

L'Annuaire

Cette année encore l'*Annuaire* édité par la F. N. C. C. est paru avec un certain retard et cela est dû, pour une très large part, au fait de la statistique qui ne peut être établie que lorsque les Sociétés ont répondu aux Questionnaires qui leur sont adressés par la F. N. C. C.

Il contient, cette année quelques articles très utiles.

M. Charles Gide lui en a consacré un : *Pourquoi les prix ne sont-ils pas mieux stabilisés ?*

Notre ami Anders Hedberg, de l'Union Coopérative Suédoise, a bien voulu rédiger un fort intéressant article sur *La Coopérative Suédoise et les Trusts ;* il est accompagné de photographies très suggestives.

Sous le titre *Coopération et Pédagogie,* Maurice Colombain, collaborateur du B. I. T., a examiné la question des *Coopératives Scolaires* du point de vue international.

Un article documentaire précise le rôle et l'activité du Magasin de Gros des Coopératives de France.

D'autre part un important article sur le Conseil National Economique montre ce qu'est le rôle de cet organisme et quels résultats il a obtenu depuis sa création.

Enfin les Sociétés y trouveront *les Lois régissant les Sociétés Coopératives ;* document dû au Conseil juridique qui l'a mis au point et qui ne manquera pas d'être très utile à celles qui le consulteront.

Librairie et Publications

Le Service de Librairie et des Editions a assuré la publication de *l'Almanach des Coopérateurs* dont le tirage a été sensiblement plus important que l'an dernier ; le Compte-Rendu du Congrès de Royan ; les Agendas de poche que les Sociétés utilisent de plus en plus ; les affiches « Contre les impôts de consommation » et diverses brochures juridiques ou d'éducation. Il a également publié — pour la première fois, — un Calendrier-Pochette dont le tirage a dépassé 75.000, et ceci en dehors de l'*Annuaire* dont il est question d'autre part.

Les mesures utiles seront prises pour que, dorénavant, ces publications parviennent plus tôt aux Sociétés.

De plus, ce Service a satisfait, dans les meilleures conditions à toutes les demandes d'ouvrages qui lui ont été adressées par les Sociétés, les coopérateurs, sans parler des organisations étrangères.

Il y a lieu de noter que les Drapeaux arc-en-ciel sont demandés de plus en plus. Cependant il est désirable que toutes les Sociétés considèrent qu'elles doivent l'adopter pour toutes les fêtes et manifestations coopératives.

Office Technique

L'Office Technique a été réorganisé ainsi que cela a été dit dans le précédent Rapport du Conseil Central.

Plusieurs de ses sections ont tenu des réunions et ont examiné des questions importantes.

La F. N. C. C. le saisit de tout ce qui concerne ce qui intéresse le Mouvement et qui doit être examiné plus spécialement par des techniciens.

Service de Renseignements sur les prix

La F. N. C. C. a créé, en Novembre dernier, un Service de Renseignements sur les prix d'un certain nombre de produits courants.

Le Service a pour objet de centraliser les renseignements fournis chaque quinzaine par les Sociétés sur les prix pratiqués par elles et par les maisons concurrentes importantes et, ensuite, de faire un Tableau Récapitulatif de ces prix qui est envoyé aussitôt aux Sociétés. Ce document permet de se rendre compte des différences de prix qui existent.

Ce service est assuré pour les régions de l'Est, du Nord et de l'Ouest.

Service Juridique

Le Service Juridique de la Fédération a répondu à 2.560 demandes de consultation.

Ces demandes ont, comme l'année précédente, porté principalement sur les révisions de statuts par application de la loi du 7 mai 1917 et des principes coopératifs ; sur les questions locatives et le renouvellement du droit au bail des locaux commerciaux, conformément à la loi du 30 juin 1926. Des fusions par voie d'apport ont été réalisées en raison de la loi du 19 mars 1928 qui a prévu jusqu'au 20 mars 1931 des avantages fiscaux, notamment la réduction des droits d'enregistrement. La taxe d'apprentissage a suscité cette année des consultations assez nombreuses. L'art. 25 de la loi du 13 juillet 1925 est toujours l'objet d'interprétations différentes. L'administration assujettit toutes les sociétés anonymes à la taxe, en raison de leur forme qui est commerciale. Cependant, l'art. 25 ne vise que les personnes ou sociétés exerçant une profession industrielle ou commerciale qui ont payé au cours de l'année plus de 10.000 fr. de salaires ou rémunérations quelconques. Les sociétés anonymes qui ne vendent qu'à leurs membres exercent une profession civile, elles ne doivent pas, selon nous, être assujetties à la taxe.

Nous retrouvons la même controverse pour l'application de l'art. 2 de la loi du 26 avril 1929 sur l'emploi obligatoire des mutilés. A notre avis, et pour les mêmes motifs que ceux indiqués pour la taxe d'apprentissage, seules les sociétés anonymes vendant au public devraient être assujetties à cette loi.

Le Conseil d'Etat n'a pas encore eu, à notre connaissance, à statuer sur ce point de droit. Les trop-perçus donnent lieu également à de nombreuses consultations.

Nous rappelons, à cet effet, que les sociétés sont soumises à l'impôt sur les bénéfices commerciaux quand elles vendent à d'autres qu'à leurs sociétaires ou qu'elles n'affectent pas la totalité de leurs bonis à des répartitions entre les sociétaires de ristournes au prorata des achats, à des œuvres d'intérêt général ou à des réserves individuelles.

Elles sont également assujetties à cet impôt si elles distribuent des intérêt à un taux supérieur à 6 % ou si les réserves stipulées indivisibles peuvent être partagées entre les sociétaires même en cas de dissolution, ou encore si les statuts ne stipulent pas en cas de liquidation que le solde est affecté à des œuvres sociales ou d'intérêt général, ou à des sociétés coopératives de consommation, à des unions de ces sociétés, ou, à défaut, au fonds de dotation des sociétés coopératives de consommation créé par la loi du 7 mai 1917.

Si la société est assujettie à l'impôt sur les B. I. C., les ristournes distribuées aux sociétaires et provenant exclusivement de la vente aux sociétaires ne sont pas passibles dudit impôt.

Avances du Ministère du Travail

La Commission chargée d'examiner les demandes d'avances au Ministère du Travail ne s'est pas réunie en 1920. Cela tient au fait qu'il n'y avait aucun fonds de disponible.

Le total des crédits est d'environ 18 millions et en raison du développement du Mouvement cette somme est notoirement insuffisante et elle ne permet pas de donner satisfaction aux sociétés.

La F. N. C. C. a demandé une augmentation de ce crédit et le Groupe Parlementaire de la Coopération a fait des interventions pour obtenir satisfaction et la promesse d'une augmentation de dix millions a été faite lors d'une entrevue avec M. le Ministre des Finances et M. le Ministre du Travail.

Notre ami Paul Ramadier, député de l'Aveyron, par une intervention devant la Chambre des Députés, a demandé au Ministre des Finances de régler cette question. Le Ministre s'était engagé à déposer une proposition avant le 31 décembre dernier ; cette proposition n'a pas été déposée et, présentement, la situation reste la même.

La F. N. C. C. va s'efforcer d'obtenir que cette question — particulièrement importante — soit résolue par la loi de finances en instance devant le Parlement.

Les Economats

La question des Economats est très importante. Afin de pouvoir engager une action utile la F. N. C. C. a organisé une enquête auprès des secrétaires des Fédérations régionales pour connaître exactement la situation.

Cette enquête n'a pas donné de très grands résultats et la question se trouve posée à nouveau. Il serait important que les sociétés qui ont en face d'elles des Economats fassent une enquête et en communiquent les résultats à la F. N. C. C.

En ce qui concerne les Economats de Chemins de fer, les organisations syndicales ont été sollicitées d'envisager une action pour leur transformation en coopératives de consommation ; ces organisations syndicales ont répondu que cette question serait examinée, mais, en fait, aucune suite n'a été donnée.

Dégrèvements fiscaux

La F. N. C. C. a engagé une action générale en vue d'obtenir des dégrèvements fiscaux sur un certain nombre de produits essentiels pour la consommation.

Elle a pu obtenir une réduction de 0 fr. 25 par kilo du droit de consommation sur le sucre et une réduction de l'impôt sur le transport des marchandises.

Ces réductions lui ont paru insuffisantes en raison de l'importance qu'ont les impôts de consommation dans les recettes du budget général et elle a, à nouveau, demandé une nouvelle diminution de l'impôt de consommation sur le sucre et des réductions de taxes sur le vin et les boissons hygiéniques.

Ces propositions sont en instance devant le Parlement et seront examinées en même temps que le budget de 1930.

D'autre part la F. N. C. C. s'est élevée contre une proposition tendant à augmenter le forfait en ce qui touche l'impôt sur le chiffre d'affaires; ce forfait constitue déjà une injustice à l'égard des Sociétés coopératives et celle-ci serait accrue si la proposition était votée.

Enfin, à maintes reprises, elle est intervenue pour obtenir que l'impôt sur les valeurs mobilières — 18 % — soit diminué et que les capitaux recueillis par la B. C. F. et les Sociétés jouissent des mêmes avantages que ceux recueillis par les autres organismes coopératifs et par les Caisses d'Epargne. Cet impôt gêne très certainement le recrutement des capitaux au bénéfice du Mouvement.

Les droits de douane sur le sucre et sur le blé

Au cours de l'année écoulée, deux questions touchant les droits de douane et intéressant particulièrement les consommateurs ont été posées.

Une augmentation sensible du droit de douane sur le sucre avait été demandée par les sucriers et les betteraviers. Une Commission où la F. N. C. C. était représentée, a été chargée d'examiner cette demande. Les betteraviers et les sucriers demandaient une augmentation des droits de douane en invoquant une crise de la production et négligeaient le droit à consommation, de telle sorte que le prix du sucre aurait augmenté. Grâce à l'intervention des représentants des consommateurs, celui-ci a été diminué de 15 francs.

D'autre part, le droit de douane sur le blé a été l'objet d'une augmentation ; sur ce point également, la F. N. C. C. a pris position, en tenant compte que s'il est juste de protéger la production, il ne l'est pas moins de tenir compte des consommateurs et elle a pu empêcher une mesure protectionniste qui aurait abouti à une augmentation du prix du pain.

Comité d'action économique

Le Ministre de l'Intérieur a envoyé une lettre aux Préfets en vue de la création d'un Comité d'Action Economique dans chaque département. La F. N. C. C. est intervenue auprès de tous les Préfets pour leur demander de désigner des représentants du Mouvement dont elle a pu donner les noms qui avaient précédemment été fournis par les Secrétaires des Fédérations Régionales.

Un très grand nombre de Préfets ont répondu favorablement.

Groupe Parlementaire de la Coopération

Le Groupe Parlementaire de la Coopération s'est réuni plusieurs fois en vue d'examiner les questions intéressant la Coopération Il a pris l'initiative des amendements nécessaires pour obtenir les dégrèvements fiscaux dont il est question par ailleurs et, aussi, de la question des crédits.

Assurances

a) L'Office Technique (section assurances) a fait étudier et a adopté une police premier feu entrepôts pour les Sociétés. Cette police est nationale, c'est-à-dire pour toutes les Coopératives adhérentes à la F. N. C. C. Elle est au nom de cette dernière et est conçue de telle façon que, tout en donnant le maximum de sécurité aux Sociétés, son prix est sensiblement inférieur à ce qui a pu être pratiqué, même dans les conditions les meilleures.

Naturellement, les Sociétés ne peuvent entrer dans la police générale qu'au fur et à mesure de l'échéance des anciens contrats.

b) L'assurance au premier feu des sociétaires a été l'objet d'études plus longues, tant du point de vue juridique que du point de vue de la franchise d'avarie. Après des pourparlers entre l'Office Technique et le Conseil d'Administration de l'Assurance Ouvrière, une transaction est intervenue pour la franchise d'avarie, à 50 francs. Une police a été rédigée, acceptée et adressée pour étude à un certain nombre de Sociétés. Des contrats peu nombreux permettent d'étudier attentivement ce risque, non pas du point de vue des coopératives, pour lesquelles la police sera excellente, mais en regard de la répercussion financière sur l'Assurance Ouvrière. D'autre part, cela nous permettra de nous rendre compte de la force de propagande que pourra offrir cette nouvelle forme de participation des sociétaires à notre Mouvement.

c) L'assurance contre les accidents du travail a donné lieu à des réunions qui ont abouti à la rédaction de statuts approuvés par un certain nombre de Sociétés.

Ces statuts ont reçu également (sauf un point : la date de l'Assemblée générale), l'approbation ministérielle. Malheureusement, nous n'avons pas pu joindre à notre dossier une liste suffisante de Sociétés apportant au total les 5.000 employés exigés par la loi pour commencer le fonctionnement du Syndicat de garantie.

Dans ces conditions, l'Office Technique a cherché une Compagnie importante, ayant des agents nombreux, et pouvant nous faire des primes intéressantes. La F. N. C. C. peut, au fur et à mesure des échéances, faire étudier chaque risque et proposer une police à l'agrément de la Société. Il est entendu que ces polices seront résiliables annuellement et que le compte d'exploitation en sera dressé. Il sera ainsi possible d'étudier plus tard, dans un délai restreint, la reprise de cette assurance pour le compte du Mouvement Coopératif, selon les formes envisagées par le Congrès National.

d) Par l'intermédiaire de la F. N. C. C., l'Assurance Ouvrière a pu établir pour les Sociétés des contrats d'assurances au premier feu des succursales. Ces contrats, tant par leur coût réduit que par la sécurité des bonnes relations avec l'Assurance Ouvrière, constituent une économie importante.

e) L'assurance automobile (accident) a donné lieu à des démarches qui ont abouti à une entente avec une grande Compagnie française pour un taux inférieur de 30 % environ au taux général, et à un contrat de police tierce sans proportionnelle très intéressant pour les Sociétés.

f) L'Assurance Ouvrière, avec qui la F. N. C. C. entretient des relations quotidiennes, reçoit des Sociétés qui veulent bien être les sous-agents de la F. N. C. C., des propositions d'assurances de plus en plus nombreuses. Les polices sont établies dans les conditions les meilleures et les sinistres sont réglés sans difficultés. Les Sociétés ont intérêt à s'occuper de ce service pour lequel elles reçoivent toutes instructions de la F. N. C. C. Celle-ci leur ristourne la majeure partie de ses commissions afin de développer l'Assurance Ouvrière dans le Mouvement Coopératif.

g) L'Assurance Ouvrière a mis à l'ordre du jour le changement de son titre, qui pouvait apporter quelque difficulté dans le recrutement parmi les cultivateurs, les fonctionnaires, les artisans, etc... Elle a adopté le titre de « La Solidarité », assurance ouvrière mutuelle.

Assurances Sociales

En accord étroit avec le Comité d'Entente des Assurances Sociales, nous avons aidé à la propagande en faveur de la loi, aux manifestations qui ont été organisées, et à la constitution dans les départements des caisses primaires « Le Travail ».

Le recrutement pour ces caisses, d'abord assez difficile car il s'est heurté à l'incompréhension et à l'indifférence, s'est ensuite accentué au fur et à mesure que le moment de l'application approchait.

En même temps, et par suite de la disposition spéciale du Bulletin d'adhésion, les bénéficiaires de la loi s'inscrivent à la Caisse primaire créée par la Caisse autonome « Le Travail », sous le nom de *Caisse Fédérale des Assurances Sociales*. A cette caisse viennent se joindre tous nos adhérents à la Caisse Fédérale des Retraites.

Malheureusement, à l'heure où ce rapport est établi, il y a une telle indécision dans les milieux gouvernementaux et, par suite, dans les administrations même chargées de l'application de la loi, qu'il nous est impossible de dire comment elle sera appliquée et si elle le sera totalement et convenablement.

Il y a eu dans le pays une campagne menée par tous les moyens dans l'opinion, afin d'en empêcher ou d'en retarder l'application ; on a tenté également d'en diminuer la portée et de donner satisfaction aux organisations patronales en réduisant le taux de la prime. Le gouvernement n'a rien fait pour décourager ces tentatives. Au contraire, le dépôt par lui de plusieurs projets rectificatifs a remis tous les points en question et autorisé tous les espoirs des adversaires de la loi, espérant un torpillage à la faveur des amendements.

Les organes techniques ont été également énervés par l'incertitude législative et exécutive et par les attaques des grands journaux.

Nous avons, d'accord avec les organismes constituant le Comité d'Entente des Assurances Sociales (sauf la Mutualité), maintenu notre position, à savoir que la loi doit être appliquée intégralement.

Nous sommes décidés à le réclamer et à n'accepter que les rectifications qui peuvent réellement améliorer la loi, mais il est impossible, à l'heure où ce rapport est imprimé, de dire ce qui va suivre. C'est seulement au Congrès que des précisions pourront être apportées.

Toutefois, beaucoup de Comités départementaux ont été constitués, et, dans certains départements, des Comités locaux chargés de recueillir les adhésions, d'organiser des réunions, de lutter contre les mutuelles patronales, et, quand la loi sera appliquée, d'être les intermédiaires entre les assurés et la Caisse « Le Travail » pour tous renseignements et, notamment, pour le paiement des prestations qui seraient dues.

La Propagande

Au cours de 1929, la propagande de la F. N. C. C. s'est exercée sous deux formes distinctes : la propagande extérieure et la propagande intérieure.

La propagande extérieure s'est manifestée sous la forme de réunions publiques en vue de toucher les consommateurs et de leur faire connaître ce qu'est la Coopération de Consommation. Elle s'est également manifestée lors des Assemblées Générales d'un certain nombre de Sociétés où il a été possible de faire connaître les principes Coopératifs et ce qu'est l'ensemble du Mouvement aux Consommateurs associés qui, trop souvent, ne sont retenus que par des intérêts matériels.

D'autre part l'organisation de réunions éducatives et récréatives ont été organisées et elles ont été très appréciées des auditeurs. C'est une forme de propagande à recommander.

La F. N. C. C. a été à la disposition des Sociétés pour assurer cette propagande extérieure. Il y a lieu de remarquer que cette année la propagande orale a été plus utilisée que précédemment.

La propagande intérieure a été surtout caractérisée par l'intervention de la F. N. C. C. auprès des Conseils d'Administration des Sociétés. Cette propagande a été assurée par Louis Duhamel, délégué permanent, qui est plus particulièrement chargé de cette action.

Des tournées spéciales ont été organisées dans un certain nombre de Fédérations Régionales en accord et avec le concours des Secrétaires de ces Fédérations. On peut légitimement considérer que ces réunions ont donné d'excellents résultats et qu'il convient de poursuivre cette prise de contact direct qui favorise dans une large mesure les rapports de la F. N. C. C. avec les Sociétés qui sont ainsi documentées sur l'action générale du Mouvement et sur le rôle joué par chacun des organismes Centraux.

Les Sociétés des Fédérations Régionales de la Bourgogne Centrale, du Sud, du Sud-Ouest et de l'Ouest ont reçu la visite de Louis Duhamel. Auprès des Conseils d'Administration celui-ci a précisé le rôle de la F. N. C. C. et montré l'intérêt de la coordination des efforts; il a rappelé les décisions des différents Congrès en ce qui concerne particulièrement le développement du Mouvement et la nécessité de la concentration des forces coopératrices.

En corrélation avec cet exposé le Délégué Permanent a montré la nécessité de centraliser les achats au Magasin de Gros des Coopératives de France et, au point de vue financier, il a souligné l'intérêt qu'il y a à orienter les épargnes coopératives sur la Banque des Coopératives de France, Ces visites ont généralement donné les résultats les meilleurs; elles ont abouti à créer des relations plus intimes et, en ce qui concerne les publications de la F. N. C. C., les résultats ont été très bons. Le nombre des abonnements reçu de lui pour le journal *Le Coopérateur de France* a atteint plus de 4.000 ; des abonnements à *La Revue Internationale de la Coopération* ont été également souscrits. D'autre part toutes les indications utiles ont été fournies sur L'*Assuranve Ouvrière*, le Syndicat de garantie et les Assurances Sociales.

Généralement les Sociétés ont accepté que leur comptabilité soit examinée et, tant au point de vue comptable que commercial, des résultats très heureux ont été obtenus.

Lors de ces visites les questions juridiques — statuts, contrats de gestion, baux commerciaux, etc. — ont été résolus favorablement et plus de 120 statuts ont été revisés ou sont en instance de revision.

D'autre part — et c'est un fait important — des fusions ont été décidées. A Montceau-les-Mines, huit sociétés ont accepté de concentrer leurs forces ; à Ruelle, les trois sociétés de cette ville vont également fusionner et d'autres fusions sont en instance dans le Finistère et l'Ile-et-Vilaine.

Des circonstances imprévues avaient contraint la F. N. C. C. à suspendre provisoirement cette propagande intérieure. Elle apparaît, aujourd'hui, comme une des formes les plus actives qui doit être utilisée et elle sera poursuivie de manière permanente en accord avec les Fédérations Régionales.

Comité National des Loisirs

Le Congrès de Royan, en décidant de créer le Comité National des Loisirs, a voulu doter le Mouvement Coopératif d'un organisme technique dont la mission serait de préparer l'Organisation des Loisirs dans la Coopération.

C'est en vue de l'étude de cette question que, le 28 octobre 1929, se réunissait à la Maison de la Coopération, un certain nombre de Coopérateurs.

Parmi les personnalités présentes, citons : Albert Thomas, directeur du Bureau International du Travail ; M. Godart, sénateur, ancien ministre; Gaston Lévy, administrateur-délégué de la Banque des Coopératives de France ; Simiand, directeur de l'Ecole Technique de la Fédération Nationale ; Perrot et Bled, de l'Union des Syndicats de la Seine ; Lainé, industriel à Beauvais ; Clément-Camus, organisateur du Centre de Culture Générale de la Région Parisienne ; Taillandier, son collaborateur ; Luc, directeur de l'Enseignement Technique à Paris ; Galland, président de l'Amicale du Spectacle ; Doyen, président des « Fêtes du Peuple » ; les membres de la Commission Administrative de la Fédération Nationale et de nombreux militants.

Au cours de la réunion, chacun put apporter son point de vue sur le rôle et le fonctionnement de ce nouvel organisme qu'est le Comité National des Loisirs.

C'est ainsi que fut défini :

Son but. — Organiser les loisirs dans la Coopération. Etre un Office de renseignements et de documentation à l'usage de toutes les Sociétés de Loisirs pouvant se constituer.

Sa constitution. — La Commission Administrative de la F. N. C. C. et des personnalités désignées par le Conseil Central.

Sa méthode de travail. — Se diviser en autant de sous-commissions qu'il sera nécessaire, en tenant compte des différentes formes de loisirs: Vacances ; Sports ; Jardins ouvriers ; Voyages et Excursions ; Centres de Culture générale ; Documentation ; Contentieux, etc., etc.

Chaque sous-commission doit travailler en complète autonomie et fournissant des rapports pour les réunions plénières.

Son rôle auprès des Sociétés. — Favoriser la création de Sociétés de loisirs, fournir à ces dernières toute documentation nécessaire à leur constitution, à leur fonctionnement et à leur bonne utilisation des loisirs, fédérer tous les groupements d'un même loisir, être le lien moral entre toutes les Sociétés de loisirs.

Son budget. — Subvention de la F. N. C. C., cotisations des Sociétés de Loisirs, Subventions des Sociétés annexes, Subventions des Pouvoirs publics.

Sa constitution juridique. — Le Comité National des Loisirs sera probablement obligé, pour recevoir des aides financières dont il aura besoin, de se constituer sous forme d'Association pouvant éventuellement être reconnue d'utilité publique. Quelle que soit sa forme juridique, il continuera à exister et à vivre sous l'égide de la Fédération Nationale.

Ainsi défini son rôle et ses prérogatives, il faut déterminer ses formes d'actions. La première sera de favoriser partout la création des loisirs, c'est-à-dire la constitution de Sociétés de loisirs locales ou régionales, de renseigner les dites Sociétés, leur donner tous les éléments nécessaires à leur bon fonctionnement.

La deuxième action consistera à fournir aux Centres de Loisirs, tout ce dont ils auront besoin au point de vue matériel et documentation.

Il se dégagea ainsi nettement qu'un certain nombre de loisirs étant communs à l'ensemble des coopérateurs, il appartiendra au Comité National des Loisirs de préparer, dès maintenant, des projets en vue de la création de sociétés annexes devant en faciliter l'organisation.

A la suite de la réunion, un projet de création de Société Nationale a donc été établi et au moment où le Rapport du Conseil Central paraîtra, cette Société Nationale sera en voie de constitution.

Un autre projet, celui de la constitution d'une Agence de Voyages et d'Excursions a été également étudié et établi.

La création de ces deux organismes permettra déjà de faciliter, dans une très large mesure, une grande quantité de loisirs.

Cependant, ce n'est pas tout d'organiser les loisirs, il faut leur fournir le matériel et les objets indispensables, aussi un projet de création d'une Société de Vente est également à l'étude.

Cette Société aura pour but de fournir dans de bonnes conditions tout le matériel des loisirs, la documentation et devra même mettre à la disposition des usagers des loisirs les catalogues nécessaires à la recherche de ce matériel.

Une dernière préoccupation s'est fait jour au cours de la réunion : l'organisation des Centres de Culture Générale.

Un projet à ce sujet est établi et sera fourni au Congrès.

Notons que d'autres projets concernant l'organisation des sports, des jardins ouvriers, des groupements artistiques, des fêtes populaires, de la décoration du foyer, etc., etc., sont actuellement à l'examen du Comité National des Loisirs.

Voici l'ensemble des dispositions qui ont été prises à la première réunion du Comité National des Loisirs présidée par Albert Thomas. Il fut décidé d'ailleurs que cette présidence deviendrait permanente et que le Secrétariat sera tenu par A. Fauconnet.

La Coopération et la Rationalisation

Le Congrès de Royan a voté une Résolution dont il apparaît utile de citer le texte :

Le Congrès recommande à la F. N. C. C. de suivre attentivement toutes les tentatives faites pour la rationalisation systématique de l'économie. Il insiste pour que cette rationalisation ne puisse s'accomplir sans le concours et le contrôle des organisations de consommateurs. Il réclame qu'elle ait pour résultat l'abondance, la qualité et un plus juste prix des marchandises. En particulier, il mandate en ce sens ses délégués au Conseil National Economique, au Comité Technique de l'Alimentation, et à toutes les institutions qui s'occuperaient de ce problème.

Le Congrès, d'autre part, considère que les efforts propres du Mouvement Coopératif pour sa rationalisation doivent être continués et étendus aussi bien en ce qui concerne les conditions de fonctionnement des sociétés, qu'en ce qui concerne les organismes centraux et la coordination des efforts des sociétés du Magasin de Gros et de la B. C. F. Les éléments de standardisation doivent faire l'objet d'une étude spéciale, celle-ci devant être confiée par le Conseil Central à une Commission nationale et choisie parmi les compétences techniques, administratives et scientifiques.

Enfin, le Congrès considérant le Mouvement Coopératif comme un système type de rationalisation économique, demande à la F. N. C. C. dans sa propagande et par des écrits spéciaux, de propager cette idée.

A la suite de ce vote le Conseil Central a nommé une Commission chargée d'examiner comment et dans quelles mesures la Coopération devait utiliser la standardisation.

Cette Commission s'est réunie plusieurs fois et elle a abouti à des conclusions que le Conseil Central a fait siennes.

Les sociétés ont été informées par une lettre de la F. N. C. C. accompagnée d'une *Note sur la standardisation du titre des Sociétés, de la façade des Magasins, du Meuble Porte-Affiches et de la Marque Nationale COOP*. Cette Note reproduit, en couleurs, les dessins utiles.

Cependant il est nécessaire de la rappeler ici.

L'Enseigne des Magasins qui a été adoptée est : *Les Coopérateurs* ; les couleurs de cet enseigne sont rouge, orange et jaune. Etant entendu que le titre propre de la Société doit figurer par ailleurs, aucune autre mention ne doit accompagner ce titre.

Les mêmes couleurs doivent servir à la peinture de la façade.

Les Sociétés ont la faculté de choisir : 1° La peinture pour la façade en bois ; 2° Le fibro-ciment recouvert de peinture ; l'enseigne sous glace si le Magasin le permet et si la Société le juge utile.

Dans tous les cas la forme des lettres et les couleurs doivent être respectées.

Le Meuble Porte-Affiches a pour objet d'améliorer les méthodes de présentation jusqu'ici employées. Il présente les avantages suivants : démontable en trois parties, il permet de placer, au centre, une affiche-réclame demi-colombier, qui pourra être éditée bi-mensuellement et destinée à la publicité collective d'un produit à la Marque

Nationale ; il reproduit en bas l'enseigne du Magasin et, de façon très apparente, le titre propre de la Société. Il permet de faire figurer sur des tablettes, en représentation, l'article indiqué sur l'affiche.

Au nombre des avantages qui seront obtenus par cette méthode on peut noter : les possibilités de faire immédiatement, dès l'ouverture d'un Magasin, une présentation d'étalage ; celui, également, de faire dans l'ensemble des Sociétés une même publicité pour des produits nationaux et, aussi, de réglementer les changements d'étalages effectués par les gérants.

La Marque Nationale adoptée est : COOP avec un dessin approprié.

Les dépôts concernant la façade-type et la Marque ont été faits par le Magasin de Gros des Coopératives de France.

Le Conseil Central a décidé que lorsque les Sociétés veulent utiliser la Façade-Type et l'Enseigne LES COOPÉRATEURS, elles doivent écrire à la F. N. C. C. qui fera l'examiner leur situation par son Service de Révision et de Contrôle et que ce serait le Comité Mixte du M. D. G., de la B. C. F. et de la F. N. C. C. qui donnerait son agrément. D'autre part les Secrétaires des Fédérations Régionales seront avisés.

Pour la Marque COOP, elle ne peut être utilisée que pour les produits du M. D. G. ou pour des produits dont il contrôle la fabrication et livrés par lui sous paquetage, prêts à vendre. En cas de difficultés, celles-ci seront soumises au Comité Mixte.

Des affiches ont été éditées et mises à la disposition des Sociétés ; elles ont pour objet, sous la forme la plus heureuse, de prévenir le public de la standardisation du titre et de la façade et, aussi, de donner le titre propre de la Société avec les chiffres qui la concerne.

D'autres affiches seront éditées pour faire connaître la Marque COOP ; cela suivant les besoins.

Enfin un certain nombre de Sociétés se sont mises d'accord pour l'édition d'une Affiche commune en vue de la même Vente-Réclame.

La Commission de Rationalisation poursuit ses travaux. Elle étudie la question du paquetage des produits, l'édition d'une brochure commune, destinée aux gérants, leur donnant toutes les indications utiles sur les impôts, la répression des fraudes et le rôle des vendeurs.

D'autres questions seront examinées et les Sociétés seront informées des décisions prises par le Conseil Central de la F. N. C. C.

Ecole Technique pour le Personnel coopératif

L'Ecole a terminé ses cours de 2e session le 28 Avril 1929. Les résultats ont été remarquables : sur 25 élèves (2e session), 19 ont obtenu le diplôme de fin d'études, 3 n'ont pu participer aux examens pour diverses raisons, 3 ont eu des notes insuffisantes.

Le Directeur et les professeurs ont été frappés, et même, selon l'expression de l'un d'eux, touchés de l'effort fourni par ces jeunes gens. A part quelques rares exceptions, ils ont eu à cœur de justifier les sacrifices pécuniaires faits par l'Ecole. Ils ont formé un milieu très uni dans lequel se sont maintenues des traditions de travail et de conscience.

Dans la 2e session, 245 cours ont été donnés, contre 138 pour la 1re session : éléments coopératifs : 33 ; organisation coopérative et commerciale : 31 ; technologie : 40 ; comptabilité : 34 ; droit : 39 ; organisation ménagère : 17 ; Coopération agricole : 2 ; Coopération de production : 2 ; Rapport des diverses formes de la Coopération : 6 ;

théorie et pratique coopératives : 8 ; M. D. G. : 1 ; B. C. F. : 1 ; Français : 14 ; mathématiques : 17.

Parmi les 25 élèves de la deuxième session, il y avait 14 employés de coopératives et 11 non employés. Parmi ces derniers, 8 ont obtenu le diplôme et 6 ont été embauchés immédiatement dans différentes sociétés (services comptables, commerciaux, boutiques). D'ailleurs, l'Ecole suit les élèves, et s'informe périodiquement de leur situation. Elle s'efforce de leur proposer, d'accord avec les sociétés, des postes en rapport avec leurs aptitudes et les services qu'ils peuvent rendre au Mouvement. Elle s'efforce de les grouper dans l'Amicale des Anciens Boursiers de la Coopération.

Peu de Sociétés ont répondu à notre demande de subvention de 80 % du montant de la taxe d'apprentissage : 149 seulement. C'est d'autant plus incompréhensible, qu'il n'en coûte absolument rien aux Sociétés. Les subventions ainsi reçues par les Sociétés ont été insuffisantes pour couvrir les dépenses de l'Ecole : 27.000 francs sont avancés par la F. N. C. C. Il importe donc, surtout si nous voulons augmenter le nombre des élèves, de faire le nécessaire pour verser à la F. N. C. C. la subvention qui est indispensable au fonctionnement de notre Ecole.

a) Cours préparatoires :

Un défaut de la première et de la deuxième session a été le manque de sélection des élèves. Il a fallu que les professeurs fassent des prodiges de pédagogie pour faire marcher du même pas des élèves tout juste primaires avec des élèves secondaires et, parfois, supérieurs.

Aussi bien, d'accord avec la Direction de l'Enseignement Technique, tout en conservant nécessairement au centre le Cours Supérieur, il a été décidé de décentraliser le cours Préparatoire et de demander à quelques Fédérations régionales de bien vouloir l'organiser pour leur Fédération.

Les cours préparatoires seront des cours techniques destinés aux enfants, coopérateurs ou non, sortant de l'Ecole et qui désirent acquérir des connaissances professionnelles commerciales.

L'Ecole a le souci que ces cours permettent aux enfants d'obtenir le certificat d'aptitudes professionnelles de l'Enseignement Technique et, en même temps, on leur donnera les notions élémentaires coopératives destinées à les orienter vers notre Mouvement.

L'attrait pour les élèves doit résider : 1° Dans l'attribution d'une bourse gratuite d'études et de séjour à Paris à notre Cours Supérieur pour ceux d'entre eux qui auront l'âge, les notes et les aptitudes suffisantes ; 2° Dans l'attribution de bourses de voyage dans les mêmes conditions que pour les autres écoles (ou un peu plus nombreuses) pour ceux d'entre eux qui auraient les meilleures notes de la Coopération.

Un effort de 4 heures de cours par semaine est suffisant pour des jeunes gens qui, déjà, fournissent un travail chez leur patron. Les Fédérations, selon les habitudes locales, détermineront les jours et les heures de ces cours. Elles auront seulement à nous communiquer l'horaire réglé par elles.

Voici le programme établi par Simiand, Directeur, pour les cours préparatoires :

1° Comptabilité.
2° Correspondance commerciale ; Principes coopératifs.
3° Droit commercial et coopératif ; Géographie commerciale.
4° Art ménager ; Notions de chimie.

Six Fédérations ont été choisies pour commencer : Lille, Nancy, Limoges, Paris, Rouen, Bordeaux.

Il y a lieu d'espérer de trouver dans les cours préparatoires qui fonctionnent souvent avec l'appui et grâce aux relations des Commissions régionales de l'Enseignement, des jeunes gens qui seront de bons élèves du cours supérieur.

Les Cours ont été ouverts dès Novembre 1929 à Dunkerque, Caudry, Nancy, Paris, Rouen et Limoges. En 1930 à Bordeaux. Partout notre initiative a été bien accueillie, les adhésions sont, en moyenne, de 20 par cours. Nous ne pourrons dire qu'au moment du Congrès s'il y a vraiment là une pépinière de bons éléments pour nos Sociétés et pour notre cours supérieur.

b) Cours supérieurs :

Le Cours supérieur de Paris a été ouvert le 4 Novembre 1929, avec 21 élèves appartenant aux Sociétés suivantes : Coudekerque, Beauvais, Caudry, Paris, Nancy, Rouen, Limoges, Albi, Bayonne, Biarritz, Annemasse, Toulon, Nice, Alençon.

Un élève de la Fédération Nationale des Coopératives espagnoles à été admis.

Le premier examen fait ressortir plus d'homogénéité, dans la culture générale. L'âge varie de 18 à 24 ans.

Nous n'avons introduit que deux modifications dans les cours :

Création d'un cours de géographie commerciale, qui a été confié à M. Boucau, professeur au Lycée Condorcet ;

Création d'un Cours d'Economie Politique qui a commencé en Janvier, et dont M. Simiand a bien voulu se charger.

Le cours de Droit a été divisé en deux : le Droit Coopératif, dont Ramadier continue à se charger, et le Droit civil et le Droit commercial qui ont été confiés à Mᵉ Ranvier.

Nous ne rappelons pas le programme des cours, des visites pratiques et des conférences techniques. Il a été donné dans le rapport de l'an dernier et dans l'Action Coopérative. Les Sociétés qui ont envoyé des élèves sont tenues au courant, chaque semaine, des travaux des élèves, de l'horaire des leçons et leur sujet.

Nous informons à nouveau les Sociétés que leurs employés ou les enfants de leurs sociétaires et, en général, tous les jeunes gens instruits, intelligents et qui désirent sincèrement s'attacher à notre mouvement peuvent se faire inscrire à la F. N. C. C. pour passer un examen en vue de l'obtention d'une bourse pour le cours supérieur.

c) Cours spéciaux ; cours de gérants :

A côté de ces cours, supérieur et préparatoire, qui formeront les éléments et les cadres des services centraux des Sociétés, il y a lieu de créer des cours de technique spécialisée, pour les différents services.

Il semble que les plus urgents sont les cours de gérants.

L'Ecole de gérants a été conçue de la façon suivante : dans le cadre régional, choix d'un centre d'activité coopérative et, dans ce centre, choix de quelques boutiques considérées comme modèles à raison de leur installation et de leur personnel de gérance.

Le stage sera de 15 jours et ne comprendra qu'un nombre restreint de stagiaires : 10 environ, à raison d'un par boutique.

Le stagiaire est à la boutique aux heures creuses, et il y fait toutes les opérations du gérant, sous la direction de celui-ci : vente, soins aux marchandises, commandes, entretien, feuille de caisse, actionnaires, banque, etc... L'inspecteur veille aussi, plus particulièrement sur les stagiaires.

Aux heures d'activité commerciale, les stagiaires laissent les boutiques et se réunissent pour des conférences théoriques et pratiques dont nous avons dressé la liste :

Gérance responsable. — Fonctions. — Devoirs.............. 2 conf.
Les marchandises. — Approvisionnement. — Emplacement. — Vitrines .... 2 conf.
Principes de la Coopération.......................... 2 conf.
Comptabilité des succursales et services accessoires........ 3 conf.
La vente. — Psychologie du vendeur. — Rapports avec les Sociétaires .... 2 conf.
Calcul mental appliqué .... 1 conf.

Ces conférences peuvent être faites par des chefs de service ; par un instituteur (calcul) ; par un militant (coopération).

Les appréciations du gérant, de l'inspecteur, des conférenciers forment un ensemble que le Directeur de la Société peut résumer avec conclusion pratique.

Les stagiaires peuvent être des candidats gérants, des enfants ou employés de gérants, des employés de la société, voire des gérants en exercice, ou leur femme.

Il y a intérêt à faire faire le stage par le ménage éventuellement.

Il y a lieu d'attribuer une indemnité aux gérants des boutiques-écoles, à l'inspecteur et, naturellement, aux conférenciers, après accord avec la F. N. C. C.

Il sera spécifié que le certificat d'aptitudes professionnelles qui pourra être donné en fin de stage, ne confère aucun droit absolu à l'embauche mais seulement une possibilité plus grande.

Le grand intérêt d'une telle école est d'avoir une certitude plus grande des qualités professionnelles des gérants à l'embauche, de leur donner des notions que beaucoup à l'heure actuelle n'ont pas, même à l'état élémentaire et, enfin, de puiser dans les meilleurs éléments les futurs inspecteurs des secteurs.

Journées techniques

L'Ecole Technique pour le Personnel Coopératif a pris l'initiative de convoquer les Directeurs d'un certain nombre de sociétés, pour étudier les problèmes touchant la technicité dans le Mouvement.

Ces journées ont eu lieu, les 10 et 11 juin 1929, avec un plein succès : 54 techniciens, envoyés par des sociétés coopératives de toutes les régions de la France, se sont réunis au Conservatoire des Arts et Métiers, sous la présidence de notre ami Simiand, directeur de l'Ecole Technique.

C'est Vaxelaire, directeur à l'*Union des Coopérateurs de Paris,* qui fit l'exposé de base de la première question, en donnant son opinion très documentée sur l'organisation du travail, économie des transports intérieurs, économie de coulage dans l'entrepôt.

Après cet exposé, divers directeurs prirent la parole et apportèrent des suggestions, dont plusieurs furent particulièrement appréciées. Il fut décidé de demander à Vaxelaire une notice avec dessins, et un modèle de catalogue, lesquels seront adressés aux sociétés coopératives.

L'après-midi du 10 juin fut consacrée à un exposé technique de M. Daubron, ingénieur, sur le logement du vin, c'est-à-dire l'utilisation des fûts en bois et l'utilisation des cuves en ciment verré. Des croquis et des projections montrèrent aux directeurs les différents systèmes d'organisation de cuveries, soit horizontales, soit verticales, comportant les réserves, le coupage, le tirage, la réception des vins, ainsi que les dimensions normales qui doivent être données aux diverses cuves de malaxage, de coupage, de tirage, de réserve. Les filtres et pompes firent également l'objet de projections et d'explications et particulièrement l'organisation très importante des services de tuyautage et les tableaux de robinetterie indispensables dans toutes les grandes organisations modernes.

Chomat, Directeur financier de l'Union des Coopérateurs de Paris, fit un exposé complet de l'organisation de la comptabilité-quantités, qui correspond à deux nécessités : le contrôle du coulage et la nécessité d'une statistique rapide et exacte.

Cette Conférence donna lieu à de très nombreuses interventions ; tous les directeurs furent acquis à l'idée d'établir le plus rapidement possible une comptabilité-quantités dans tous les entrepôts coopératifs. A cet effet, Chomat a été chargé, d'accord avec le Secrétariat de la F. N. C. C., d'établir un questionnaire qui sera envoyé aux sociétés que la question pourrait intéresser. Les chefs comptables pourront faire à l'*Union des Coopérateurs* un stage pour se convaincre des avantages du système et pour se documenter en vue de l'application dans leur société.

D'autre part, le système comptabilité-matière peut encore être amélioré, tant au point de vue des résultats que du prix de revient par l'introduction de machines modernes. Toutefois, ces machines modernes coûtent très cher, et leur puissance est trop grande, même pour les plus développées parmi nos sociétés. Chomat a été chargé d'étudier la possibilité de grouper la comptabilité-matière d'un certain nombre de sociétés dans une région déterminée, pour faire en un centre choisi et à frais communs, la comptabilité-matière des entrepôts de ces sociétés.

La Conférence de Chomat a été suivie par la suite d'études et de réalisations pratiques, dont il est question d'autre part.

Leclercq, de l'*Union d'Amiens,* fit un exposé très complet et très clair des différentes catégories d'adversaires commerciaux que la Coopération trouve devant elle : petits épiciers, gros épiciers-détaillants, coopératives de petits épiciers, sociétés à succursales multiples.

Il montra les difficultés de la bataille des prix et il préconisa d'abord la bataille de la qualité et des marques. Pour cela, il pense que plus on intensifiera la production du M. D. G., plus nous supprimerons la concurrence, car nous n'avons pas à craindre des prix de vente inférieurs sur les produits coopératifs demandés par notre clientèle. Nous devons nous attacher à avoir une marque nationale, nous devons unifier notre publicité et particulièrement examiner une standardisation des affiches.

Enfin, il indiqua avec beaucoup de force que les sociétés à succursales multiples concentrent de plus en plus leurs forces d'achat et leurs forces financières, étendent leur front de bataille et trouvent dans les déserts coopératifs les bénéfices qui leur sont indispensables pour concurrencer à nos portes.

En conséquence, il y a lieu pour le Mouvement Coopératif d'examiner comment il pourra affaiblir cette arme de bataille.

La Conférence Leclercq a été suivie de réalisations pratiques dont il est parlé dans le compte rendu des travaux de la Commission de rationalisation.

En résumé, l'impression générale concernant ces deux Journées techniques a été excellente et beaucoup de directeurs ont exprimé l'espoir qu'elles soient renouvelées périodiquement tous les six mois.

Commission Nationale pour l'Enseignement de la Coopération

Enseignement

Pendant l'année scolaire 1928-29, les Cours ont été repris dans les Facultés de Droit d'Aix-en-Provence, de Bordeaux, de Lille et de Lyon.

Nous avons simplement maintenu, dans l'Enseignement Secondaire, dans l'Enseignement Primaire et dans l'Enseignement Technique, les cours organisés les années précédentes, notre budget ne nous permettant pas d'en créer de nouveaux.

Pourtant, dans les Académies de Paris, Lille et Nancy, où fonctionnent des commission régionales, l'enseignement de la Coopération a reçu une impulsion nouvelle.

Dans l'Académie de Paris, la Commission, grâce aux subventions importantes qu'elle a pu recueillir, a obtenu un enseignement régulier de la Coopération dans 47 établissements, alors que l'année dernière, 25 seulement avaient été touchés. La Ville de Paris nous a voté, à cet effet, une subvention de 8.000 fr., avec des considérants particulièrement élogieux (1).

Une brochure imprimée a été largement distribuée par les soins de la Fédération parisienne.

Dans l'Aisne, les Sociétés de Laon, de Château-Thierry, de St-Quentin et d'Hirson ont encouragé des conférences qui ont permis d'accorder un certain nombre de bourses, et même d'effectuer des visites aux organisations centrales de la Coopération à Paris.

Dans l'Oise, la Société de Beauvais a fait reprendre les cours réguliers dans les diverses écoles de la ville, avec le même succès qu'au cours des années antérieures.

Dans l'Académie de Lille, la Commission a pu développer et fortifier son action. Les élèves récompensés firent un voyage en Belgique.

Une section de l'Amicale des anciens Boursiers de la Coopération se constitua, et manifesta son activité par l'organisation d'un voyage à Amiens et au Tréport, ainsi que par d'intéressants comptes-rendus dans *l'Arc-en-Ciel*.

Dans l'Académie de Nancy, l'enseignement a été donné régulièrement aux Ecoles Normales et aux Ecoles Primaires Supérieures, ainsi qu'aux Cours Professionnels, en plus, dans les Vosges, aux Lycées et Collèges, aux Ecoles Pratiques et Ménagères : 67 boursiers ont participé à des voyages, soit d'une journée à Nancy, soit de quatre jours à Troyes, Chaumont et Nancy.

Dans l'Académie de Besançon, tous les Cours Complémentaires et Ecoles Primaires Supérieures du Territoire de Belfort ont eu des leçons et des bourses.

Dans l'Académie d'Aix-en-Provence, M. le Professeur Raynaud a pu donner, en plus de son cours régulier à la Faculté de Ddoit, quelques conférences à chacune des Ecoles Normales, mais, malheureusement, les ressources trop faibles, venues des Sociétés de cette Académie, n'ont permis de donner que deux bourses aux étudiants.

---

(1) Voir le rapport de M. Léopold Bellan et la délibération.

BOURSES :

Académies	Enseig. sup.	Enseig. sec.	Enseig. prim.	Enseig. techn.	Totaux
—	—	—	—	—	—
Aix-en-Provence	1		1		2
Bordeaux.	2				2
Besançon.			10		10
Caen			2		2
Grenoble			3		3
Lille	1	4	13	4	22
Lyon	1		2	2	5
Nancy	1	6	47	13	67
Paris	4	2	68	1	75
Poitiers				1	1
Toulouse		1	1	1	3
TOTAUX	10	13	147	22	192

Voyages d'études

Les voyages de ces Boursiers se sont effectués en 6 groupes :

Le 1ᵉʳ (33), sous la conduite de M. Lefranc, Président de l'Amicale des Boursiers de la Coopération, accompagné par Mᵐᵉ Lefranc, Mᵐᵉ Granié, Directrice des Cours complémentaires d'Aubervilliers, et M. Dherb, de la Commission régionale de la Seine, se dirigea, les 22 et 23 juillet 1929, à Amiens et au Tréport.

Les Boursiers visitèrent à Amiens, sous la direction de M. Pierre Dubois, Conservateur de la Bibliothèque d'Amiens, la Cathédrale et les curiosités artistiques de la Ville ; ils furent les hôtes de l'Union d'Amiens ; Catel, Président du Conseil d'Administration de cette Société, organisa en leur honneur une magnifique réception. Ils admirèrent tout particulièrement la Colonie de vacances de Criel-sur-Mer où il se rendirent le 2ᵉ jour.

Le 2ᵉ (15), sous la direction de M. Gourdon, Secrétaire de la Commission régionale de la Seine, accompagné par Mᵐᵉ et M. Lefranc, se déroula, du 29 au 31 Juillet, à Beauvais et à Rouen. Ils furent reçus, à Beauvais, par David, Directeur de la Coopérative du Beauvaisis, et par M. Fauqueux, Directeur de l'Ecole Annexe, qui leur firent visiter l'usine de tissage Lainé, la Manufacture nationale de tapisserie, la Cathédrale et les curiosités touristiques de la ville.

La Société Coopérative du Beauvaisis, ses installations modernes et ses œuvres sociales furent l'objet d'un minutieux examen.

A Rouen, ils furent reçus par M. Lucas, Secrétaire général de l'Union des Coopérateurs de Normandie et par M. Lermier, Directeur. Ils virent avec intérêt les différentes organisations coopératives (Union des Coopérateurs de Normandie et agence de la Banque des Coopératives de France). Ils visitèrent, parmi les innombrables églises de la ville, les trois plus célèbres : la Cathédrale, Saint-Ouen et Saint-Maclou.

Le voyage se termina par une visite à Bon-Secours et une excursion en bateau à La Bouille.

Le 3ᵉ groupe (18), Boursiers des grandes Ecoles et des Facultés, auxquels s'étaient joints 4 membres de l'Amicale des Boursiers de la Coopération, se dirigea, sous la conduite de Mᵐᵉ et M. Lefranc, de M. Gaillard, Membre du Conseil Central, et de M. Colin, Membre de la Commission Nationale, vers la région du Sud-Ouest. Le voyage dura du 10 au 15 Août.

Les Boursiers visitèrent à Limoges : l'Union de Limoges. Ils y furent fort aimablement reçus. Une belle réception leur fut faite à l'Hôtel-de-Ville par M. Fevre, Sénateur, premier adjoint.

A Bordeaux, ils visitèrent les organisations coopératives et la Régie municipale du gaz. Dans un bateau offert par le Conseil d'Administration du Port, ils visitèrent le port de Bordeaux. Ils ont été reçus dans les vignobles de Château-Margaux et de Saint-Emilion, M. le Maire Marquet les a salués à l'Hôtel-de-Ville avec la plus grande bienveillance.

Après une visite à l'Union des Coopérateurs de l'Adour, à Bayonne, les Boursiers ont été les hôtes de Biarritz-Coopérative. M. Sarraude s'est fait leur guide infatigable. Le voyage s'est terminé par une excursion au Massif de la Rhune.

Le 4e groupe (33), sous la direction de M. Bugnon, accompagné de Mme et M. Noguier, Secrétaire général de la Commission Nationale, visita, du 15 au 20 Septembre, Troyes, Chaumont et Nancy. A Troyes, conduite par M. Lagrange, Administrateur-Délégué de l'Union des Coopérateurs de l'Aube, la caravane admira le fonctionnement de la « Laborieuse », de la Société de Sainte-Savine et de la Pharmacie coopérative. Les établissements de Bonneterie Gillier furent visités. Enfin, M. le Maire Rive réserva à nos Boursiers une aimable réception à l'Hôtel-de-Ville, M. le premier adjoint Chauchat offrit une récompense de 50 fr. à chacun des deux meilleurs comptes rendus, et M. Lagrange y ajouta deux primes semblables, au nom des organisations coopératives.

A Chaumont, M. le Maire Lévy-Alphandery, guida presque partout nos élèves. Ils virent la Société Coopérative « L'Avenir Chaumontais », la ganterie Tréfousse, la Maison de retraite pour les vieillards (fondation Mariotte). Ils furent reçus cordialement à l'Hôtel-de-Ville par M. le Maire qui leur fit l'honneur de présider leur déjeuner.

A Nancy, ils visitèrent l'Union des Coopérateurs de Lorraine, l'Agence de la Banque des Coopératives de France, l'Office Régional d'Enseignement Cinématographique de Lorraine, les grandes Brasseries de Champigneulles, l'Hôpital-Dispensaire Villemin, la Colonie scolaire de Gentilly. Ils furent reçus à l'Université, au nom de M. le Recteur Bruntz, par M. Laurent, Doyen de la Faculté des Lettres.

Le 5e groupe (8), sous la conduite de Mme et M. Noguier se dirigea, du 22 au 27 Septembre, à Lyon, Roanne et Saint-Etienne. A Lyon, reçus très aimablement par M. Wilks, ils visitèrent l'agence de la Banque des Coopératives de France, le siège et l'entrepôt de « l'Avenir Régional ». Les deux Sociétés coopératives de production : l'Activité et l'Avenir retinrent leur attention.

A Roanne, les Boursiers furent reçus par les Administrateurs de la Société Coopérative de Consommation « la Solidarité » dont ils visitèrent la magnifique organisation. Après avoir vu une usine de tissage, une réception cordiale leur fut réservée à l'Hôtel-de-Ville de Roanne par M. le premier Adjoint au Maire.

C'est par la visite de la Coopérative des Mineurs syndicalistes de la Loire que commença le séjour à Saint-Etienne. La puissante Union des Travailleurs intéressa vivement nos Boursiers. La Manufacture d'armes de Saint-Etienne les émerveilla. Ils visitèrent encore la Verrerie ouvrière. Le Musée leur permit de se faire une idée du travail des mineurs. Enfin, une inoubliable réception leur fut faite à l'Hôtel-de-

Ville par M. le Sénateur Maire Soulié, entouré de son Conseil Municipal.

De retour à Lyon, la dernière journée s'écoula en visite des curiosités touristiques.

Le 6e groupe (21), sous la direction de Mme Ducrocq, Directrice d'Ecole et de Bonnin, de l'Union des Coopérateurs des Flandres, visita à Lille la Fédération régionale, la Meunerie-Boulangerie et les entrepôts de l'Union des Coopérateurs des Flandres, le Musée des Beaux-Arts, l'Office d'Enseignement cinématographique et le Central téléphonique interurbain.

A Bruxelles, ils s'intéressèrent à la Coopération bruxelloise et aux curiosités de la ville et de la banlieue. Ils revinrent par Malines et Louvain où ils prirent contact avec leurs organisations coopératives.

Nous avons publié pour 1927-1928 des comptes rendus, par Académies, de l'Enseignement donné et des voyages effectués ; nous en publierons également pour 1928-1929.

L'Office Central des Coopératives Scolaires, 41, rue Gay-Lussac, Paris (5e) les adresse sur demande, contre 5 fr. pour couvrir les frais d'établissement de ces rapports (Chèque postal Paris n° 1.323.24).

Coopération Scolaire

L'Office Central des Coopératives Scolaires créé en 1928, et dont l'objet a été indiqué dans le Rapport, présenté par le Conseil Central, au Congrès de Royan, a procédé durant toute l'année, à des enquêtes sur tous les points de son programme. Il est maintenant en mesure d'apporter des conseils autorisés, notamment pour l'acquisition des livres et du matériel scolaires. Il a même organisé un centre d'achats qui rendra, — nous l'espérons, — d'utiles services aux maîtres et aux élèves.

Il a pu, grâce à la bienveillance des Inspecteurs d'Académie et des Inspecteurs Primaires, recenser plus de 8.000 Coopératives scolaires, connaître leurs ressources et leurs besoins.

Il a commencé la publication d'un bulletin de renseignements qu'il adresse à toutes les Sociétés Coopératives scolaires adhérentes ; les Sociétés Coopératives qui désireraient le recevoir n'auront qu'à en faire la demande à l'Office Central, 41, rue Gay-Lussac, Paris (5e). (Montant de la cotisation annuelle à l'Office : 10 francs).

Le *Coopérateur Scolaire,* journal illustré de l'Ecole, paraissant le 15 de chaque mois, aux Presses Universitaires de France, 49, Boulevard Saint-Michel, Paris (5e), abonnement : 15 fr. par an (chèque postal : Paris n° 392.33) s'est agrandi et amélioré. Il a trouvé le meilleur accueil auprès des élèves, des maîtres et des inspecteurs. Quelques Sociétés coopératives y ont souscrit des abonnements pour plusieurs des écoles de leur rayon d'action, et également quelques Municipalités, mais le nombre de ces manifestations est encore trop peu élevé. C'est pourtant la meilleure forme, — et la moins coûteuse, — de l'Enseignement coopératif : par le « Coopérateur Scolaire », les principes, comme les réalisations coopératives, se font connaître de la façon la plus claire et la plus vivante à l'Ecole et dans les familles.

Amicale des Anciens Boursiers de la Coopération

Constituée en Avril 1928, l'Amicale compte aujourd'hui 253 membres cotisants, et a créé des sections régionales à Lille : (avec 40 membres), Limoges (avec 20), Nancy (avec 70), Paris (avec 30).

Son Bulletin « l'Arc-en-Ciel » permet de suivre le cours de ses travaux et de ses discussions. Nous signalons aux Sociétés que ce Bulletin est envoyé à tous les membres honoraires (cotisation annuelle de 50 fr., à verser au compte chèque postal Paris n° 1.263.95).

M. Charles Gide est venu présider sa première séance d'études ; Georges Yung vint faire un exposé à son Assemblée générale de Mai.

Du 10 au 15 Août, une dizaine de ses membres visitèrent les Coopératives de Limoges, Bordeaux et Biarritz qui avaient bien voulu les recevoir.

Programme pour 1930

Bien que l'action de la Commission Nationale se développe favorablement, il est apparu à l'expérience que cette Commission avait besoin de se transformer, pour réaliser, par une seule administration, les objets de ses trois directions : Enseignement de la Coopération, Coopération scolaire, Amicale des anciens Boursiers de la Coopération.

Afin d'éviter certaines difficultés, qui se sont produites pour solliciter et encaisser les subventions communales et départementales, il est nécessaire de lui faire acquérir une existence légale qui pourra lui permettre par ailleurs de bénéficier de la reconnaissance d'utilité publique.

Une Association pouvant bénéficier de la reconnaissance d'utilité publique, et permettant de réaliser, par une seule Administration, les objets des trois organismes vient d'être déclarée sous le titre d'*Office de la Coopération à l'école.* Ce sera sur cette base que l'action se poursuivra avec plus de cohésion et de vigueur.

Il appartient à tous ceux qui jugent notre action utile de nous seconder, par un concours plus énergique.

Voyage d'études et de documentation en Russie

Conformément à un vœu qui avait été exprimé par le Congrès de Grenoble, la F. N. C. C. a organisé un Voyage d'Etudes et de Documentation en Russie qui a eu lieu du 16 Juin au 30 Juillet 1929.

Cette délégation était composée de E. Poisson (F. N. C. C.), Paul Foucaut (M. D. G.), E. Gaillard (B. C. F.), E. Buquet (*Union des Coopérateurs*, Paris), Gaston Prache (*Fédération régionale du Nord et du Pas-de-Calais*), E. Bricourt (*Union des Coopérateurs du Cambrésis*), A. Desmoulins (*Union des Coopérateurs de la Creuse*), E. Cozette et Catel (*Union d'Amiens et de la Somme*), David (*Coopérative du Beauvaisis*), Pourquié (*La Fraternelle*, Saint-Quentin), Vottero (*La Bellevilloise*), Landrieux (*Union des Coopérateurs de Normandie*), Vinsous Architecte, Corcos.

L'interprète était M. Méquet, du Bureau International du Travail.

La délégation, qui a séjourné pendant trois semaines en Russie, n'a pas eu à se faire une opinion sur le régime politique soviétique ; elle devait s'en tenir et elle s'en est tenue à la recherche d'une documentation spécifiquement coopérative et économique. Elle a été exclusivement l'hôte des organismes qualifiés de la Coopération russe et ukrainienne et elle a assuré ses propres frais.

Un numéro spécial de *La Revue des Etudes Coopératives* a publié un rapport de notre voyage d'études et de documentation ; les sociétés et les coopérateurs ont été informés, à plusieurs reprises, par *L'Action Coopérative* et *Le Coopérateur de France*, des conditions dans lesquelles il pouvait être mis à leur disposition.

Conférences des Secrétaires des Fédérations régionales

Deux conférences des Secrétaires des Fédérations Régionales ont eu lieu à Paris.

La première s'est réunie le 29 Février. Elle a examiné les questions suivantes : 1° Activité des Fédérations Régionales ; Application des décisions antérieures ; 2° Le Congrès National ; 3° Les Assurances ; 4° *Le Coopérateur de France*.

Ces questions ont fait l'objet d'examens et de discussions très intéressantes.

La seconde a eu lieu le 21 Septembre 1929 et son ordre du jour était le suivant : 1° Le Congrès de l'Alliance Coopérative Internationale ; l'organisation du voyage ; 2° Le plan de développement des Sociétés ; 3° Le recrutement des capitaux en accord avec la B. C. F. ; 4° La propagande et les Fédérations Régionales ; 5° L'Ecole Technique pour le Personnel Coopératif.

Cette seconde conférence a été également très intéressante et une autre sera réunie avant le Congrès de Tours.

Loi sur la Coopération

A la suite de l'examen des conditions dans lesquelles la Loi sur la Coopération pouvait être examinée par les différentes Commissions et votée par le Parlement, il est apparu qu'il était préférable de faire voter le plus tôt possible une loi « définissant la Coopération ». Un texte, préparé en accord avec le Ministre du Travail, a été examiné par le Conseil Supérieur de la Coopération — toutes Sections réunies — et l'accord unanime a été fait.

Le Conseil Central espère que ce texte — qu'on trouvera ci-dessous sera voté probablement dans un assez court délai.

Projet de loi définissant la Coopération

Article premier. — Aucune entreprise ne peut se servir dans sa dénomination, sa publicité, les marques, conditionnements et emballages des produits fabriqués, manutentionnés ou vendus par elle, les documents de quelque nature qu'ils soient émanant d'elle, du mot « coopérative » ou d'une expression quelconque susceptible de créer une confusion ou une assimilation entre elle et une coopérative, si elle ne satisfait pas à la définition et ne se conforme pas aux règles posées par la présente loi.

Art. 2. — Les coopératives sont des associations ou sociétés dotées de la personnalité juridique et dont l'objet est de faciliter à leurs membres, par l'organisation d'une entreprise économique commune, leur activité professionnelle ou la satisfaction de leurs besoins.

Art 3. — L'administration et la disposition des biens de la Coopération appartiennent à l'Assemblée générale à laquelle tous les sociétaires ont le droit de participer, sans que chacun d'eux puisse disposer de plus d'une voix. Les coopératives actuellement existantes auront un délai de cinq ans à partir de la promulgation de la présente loi pour se conformer à cette règle.

Toutefois, les statuts peuvent accorder plusieurs voix aux coopératives membres d'une autre coopérative, sans que le nombre des voix ainsi attribuées puisse excéder le nombre des membres de la coopérative bénéficiaire de cette attribution.

L'Assemblée générale peut déléguer, pour six ans au plus, tout ou partie de ses pouvoirs à des administrateurs choisis soit parmi les membres de la coopérative, soit parmi les membres d'une coopérative adhérente. Elle peut révoquer les pouvoirs ainsi délégués.

Art. 4. — Les excédents résultant de la gestion de la coopérative et provenant des opérations effectuées avec les sociétaires ou du travail fourni par eux, doivent être affectés soit à des répartitions immédiates ou différées, faites entre eux au prorata de ces opérations ou de ce travail, soit à des réserves, soit à des fonds de secours mutuels, soit à des coopératives ou à d'autres œuvres ne poursuivant pas un but lucratif.

Toutefois, il peut être prélevé sur ces excédents, une somme suffisante pour servir aux apports des sociétaires un intérêt qui ne peut excéder le taux légal en matière commerciale.

Les réserves prévues à l'alinéa premier du présent article ne peuvent en aucun cas, ni à aucun moment, être réparties entre les sociétaires ou les bénéficiaires ou leurs ayants-droit.

En cas de liquidation de la coopérative, l'actif net qui subsiste après paiement du passif, restitution des apports et distribution des répartitions différées, s'il y a lieu, est dévolu par l'Assemblée générale à une ou plusieurs coopératives, à une collectivité administrative ou à toute œuvre ne poursuivant pas un but lucratif.

Art. 5. — Les coopératives peuvent employer le travail de tiers non associés ou les faire bénéficier de leurs services, pourvu que ces travailleurs ou ces bénéficiaires non associés aient le droit de devenir sociétaires en s'engageant à exécuter les obligations résultant des statuts et que les excédents provenant des opérations traitées avec eux ou du travail fait par eux ne puissent être répartis entre les sociétaires.

Art. 6. — Lorsque la coopérative est formée dans un intérêt professionnel, la profession commune des sociétaires doit être indiquée dans la publicité et dans tous les documents émanant de la coopérative, immédiatement avant ou après la dénomination sociale.

Art. 7. — Toute infraction aux dispositions ci-dessus sera punie des peines prévues par les articles 479 et 480 du Code Pénal.

La peine de l'emprisonnement pendant cinq jours au plus, sera toujours prononcée en cas de récidive.

Art. 8. — Sans préjudice des peines portées par l'article précédent, le juge de police pourra impartir un délai pour faire disparaître de la dénomination, de la publicité des marques, conditionnements et emballages et des documents de quelque nature qu'ils soient émanant de l'entreprise, les mots ou expressions dont elle se serait servie en infraction à l'article 1er, ou pour conformer la constitution de l'entreprise aux règles prévues ci-dessus.

Si cette mise en demeure n'est pas exécutée dans le délai imparti, les propriétaires, directeurs, administrateurs et gérants de l'entreprise seront punis de six jours à deux mois d'emprisonnement et d'une amende de 16 à 10.000 francs, ou de l'une de ces deux peines seulement. Le tribunal pourra, en outre, ordonner la fermeture de l'établissement.

Manifeste de la F. N. C. C. pour les élections municipales

A l'occasion des Elections Municipales qui ont eu lieu en Mai 1929, le Conseil Central a publié le Manifeste suivant :

Fidèle à ses principes d'indépendance totale à l'égard des partis politiques, la F. N. C. C. n'a pas à intervenir entre les candidats et les listes qui se présenteront aux prochaines élections municipales dans les 40.000 communes de France.

Cependant, elle se doit de rappeler à tous les consommateurs ce qu'une commune, grande ou petite, peut faire en faveur du Mouvement Coopératif, ou des idées qui sont les siennes et des intérêts qu'il entend défendre et représenter.

La commune n'est-elle pas, du reste, « la coopérative obligatoire » de tous les habitants d'une localité pour une série de services et la satisfaction des besoins, tels la voirie, l'éclairage public ou suppléer « la coopération volontaire des associations de consommateurs ».

Pour tout ce qui concerne la nourriture, l'habillement ou le logement, les interventions municipales sont de plus en plus fréquentes, de plus en plus nombreuses.

Les autorités municipales ont à leur disposition un arsenal d'armes un peu désuet pour intervenir en matière de prix et pour la défense des consommateurs : c'est, par exemple, la taxe du pain. Mais l'action municipale ne s'exerce très souvent, que très imparfaitement et quelquefois à côté, là où il n'existe pas de coopératives de boulangerie, de boucherie, de laiterie, qui, seules, peuvent servir d'établissements-témoins et d'instruments de régularisation des prix.

Les communes se doivent donc d'en favoriser la naissance et le développement, et de faire appel à elles pour tout ce qui peut être intervention sur le marché.

Si les circonstances obligeaient les communes à intervenir directement, elles devraient préférer confier la gestion des établissements économiques dont la création leur semblerait utile, aux coopératives existantes ou créées à cet effet, afin d'obtenir le maximum de rendement sous leur contrôle, et sans le danger des gestions économiques directes pour lesquelles les communes ne sont point faites. Elles trouveront, pour les aider dans leur tâche, les conseils et le concours des coopératives et de leur Fédération Nationale.

Les communes peuvent louer à des coopératives, les établissements qu'elles installeraient.

Mais, de plus, les décrets-lois de 1926 ont élargi les possibilités d'intervention, en permettant aux communes de s'intéresser par des prises d'actions ou obligations, voire de garanties, à des sociétés coopératives entre autres, qui s'occuperaient du ravitaillement et de la satisfaction de certains besoins des habitants de la commune.

De même que la F. N. C. C. réclame que les Règlements d'administration publique interprétant ces décrets-lois paraissent alors que les intermédiaires intéressés voudraient s'y opposer, les consommateurs peuvent demander aux communes des initiatives qui activeront leur application et étendront au maximum le champ des expériences.

Si les communes sont appelées à suppléer à l'initiative privée pour approvisionner la population, par exemple en matière de charbon, de poisson, de pommes de terre, etc..., elles doivent, là encore, s'entendre avec le Mouvement Coopératif pour assurer, dans les meilleures conditions, l'approvisionnement ou la répartition de ces denrées ou marchandises, soit par des sociétés coopératives existantes, soit par des sociétés spéciales.

Les communes, pour l'application même de la loi sur les habitations à bon marché et à loyer modéré — dite Loi Loucheur — peuvent utilement utiliser les coopératives de constructions, en leur cédant des terrains, en garantissant leurs emprunts ou en prenant des participations à leur capital. Elles peuvent créer, si elles construisent directement ou par des offices, des coopératives de locataires pour le contrôle, l'embellissement et l'aménagement des logements.

Mais ce sont non seulement pour les œuvres de ravitaillement ou de logement, mais aussi pour toutes les entreprises et œuvres touchant à la vie collective, que les communes peuvent faire appel soit au concours des coopératives pour assurer leur gestion, soit pour y appliquer des règles d'administration coopérative, soit pour y instaurer la collaboration des intéressés à leur gestion, et surtout des consommateurs.

Enfin, les consommateurs doivent exercer leur action pour obtenir que les communes, lorsqu'elles recourent aux taxes spéciales, centimes additionnels, évitent dans tous les cas, d'augmenter les taxes de consommation qui sont à l'heure actuelle particulièrement lourdes ; elles représentent, en effet, 16 milliards chaque année.

Il faut, aussi, obtenir la suppression des octrois qui coûtent généralement autant qu'ils rendent et qui sont un système de perception vexatoire tour tous.

Les consommateurs qui, tous, sont imbus de l'idée de solidarité et de justice, doivent réclamer la libre coopération des communes, sous la forme d'associations ou de syndicats, organismes qui doivent être gérés avec la collaboration des usagers suivant les mêmes règles que les coopératives, seul moyen de créer des services collectifs, que les communes isolées ne pourraient faire fonctionner.

La Fédération Nationale des Coopératives de Consommation, avec ses forces, apportera son concours par tous ses moyens d'action et celui des sociétés adhérentes aux Municipalités pour les aider et faciliter la réalisation des différentes mesures et réformes qui sont l'objet de ce Manifeste, et qui sont conformes à l'intérêt général.

Journées parlementaires de la Coopération

Deux Journées Parlementaires de la Coopération ont été organisées en accord avec le Groupe Parlementaire de la Coopération. Un grand nombre de représentants des Sociétés y ont pris part.

Les séances ont été successivement présidées par M. Paul Doumer, Président du Sénat, Fernand Bouisson, Président de la Chambre des Députés, et Frédéric Brunet, Président du Groupe Parlementaire de la Coopération ; la dernière par M. Loucheur, Ministre du Travail.

Au cours de ces *Deux Journées*, des questions très importantes ont été examinés et ont fait l'objet de résolutions.

La première question qui fut examinée est celle de la *Loi sur la Coopération ;* elle fut exposée et défendue par notre ami Paul Ramadier, et la résolution ci-après a été votée :

L'Assemblée, après avoir entendu l'exposé du Projet de Loi sur la Coopération, fait par M. Paul Ramadier, et pris acte des modifications faites au premier projet en même temps que de l'accord qui doit intervenir entre les différentes formes de la Coopération ;

Demande au Groupe Parlementaire de la Coopération de prendre toutes initiatives utiles pour obtenir du Parlement le vote de ce projet.

E. Poisson a développé ce que doit être « l'action de la Coopération et sa représentation dans les organismes économiques nationaux et internationaux », et il a démontré l'intérêt qu'il y a à ce que les consommateurs soient représentés au sein des Comités Economiques nationaux et internationaux, afin que les organismes privés, les trusts et les cartels, ne soient pas seuls représentés. Sur cette question, l'Assemblée a voté le texte suivant :

Les Deux Journées Parlementaires de la Coopération demandent au Groupe Parlementaire de la Coopération d'appuyer auprès des Pouvoirs Publics et du Gouvernement français : 1° les demandes de l'Alliance Coopérative Internationale tendant à être reconnue officiellement à Genève ou Comité Consultatif et au B. I. T. ; 2° lui demandent avec encore plus de force de réclamer que la Coopération française ait sa part légitime de représentation, soit comme délégués, soit comme experts parmi les membres des délégations gouvernementales du pays au B.I.T., au Comité Economique International, et au Comité Consultatif et Economique organisé auprès de la Société des Nations.

Après que Briat, Secrétaire Général de la Chambre Consultative des Associations Ouvrières de Production, eut exposé les raisons qui doivent entraîner les coopératives de production et de consommation à s'entendre, M. César Chabrun, député, Vice-Président du Groupe Parlementaire de la Coopération, montra comment les avances consenties par un fonds de dotations aux sociétés coopératives de consommation sont devenues insuffisantes pour la double raison de la stabilisation du franc et du développement très grand des dites sociétés.

Le texte ci-dessous fut voté :

L'Assemblée, après avoir entendu M. César Chabrun, député, exposer la situation actuelle des attributions de crédits consentis aux sociétés coopératives de consommation et de production ; constatant et la nécessité de ces crédits gérés selon la méthode de l'autonomie des organismes qui les emploient, constatant également l'intérêt qu'il y aurait à permettre aux sociétés ou institutions de types divers de faire profiter de leurs excédents de dépôts les organismes d'utilité sociale qui pourraient les absorber. Considérant l'insuffisance du montant des crédits et le trop court terme accordé pour leur remboursement, demande au Groupe Parlementaire de la Coopération d'intervenir près du Gouvernement pour affirmer sa fidélité aux principes des crédits spécialisés pour les diverses formes de la Coopération, pour demander que par l'emploi des excédents de dépôts une solidarité puisse être établie entre les divers organismes pour obtenir l'augmentation des crédits nécessités par le développement du Mouvement Coopératif et la stabilisation de la monnaie, pour enfin arriver à la généralisation du crédit à long terme et la modification des conditions des avances permettant leur utilisation plus complète par les bénéficiaires.

M. Chanal, sénateur, exposa ensuite l'économie d'un projet de loi qu'il a déposé au Sénat, et tendant à permettre de créer des unions entre les coopératives agricoles et les coopératives de consommation. Or, ce projet, déposé depuis plusieurs années, n'a pas encore été voté. La résolution ci-après fut votée :

Le Groupe Parlementaire de la Coopération demande au Parlement de bien vouloir examiner dans le plus bref délai possible la proposition de loi déposée par M. Chanal, sénateur, relative à la constitution d'une Union de coopératives agricoles de production, et de coopératives de consommation.

A propos des Economats patronaux, la résolution suivante a été également votée sur la proposition de Floiras, de *La Laborieuse* de Troyes :

Les Journées Parlementaires de la Coopération, vu le développement incessant des Groupements d'achats au sein des usines et entreprises particulières, groupements échappant à toutes charges fiscales et contrevenant indirectement à la loi du 25 mars 1910,

Demandent au Groupe Parlementaire de la Coopération d'obvier à ces lacunes et de faire disparaître ces groupements d'achats en obtenant du Parlement, par un additif à la loi du 25 mars 1910, un texte qui assimilerait les groupements d'achats patronaux existants aux économats prévus par ladite loi.

Conseil Supérieur du Travail

Le Conseil Supérieur du Travail s'est réuni le 18 novembre 1929 et jours suivants, à l'effet de tenir sa session annuelle. Le Mouvement Coopératif y est représenté par A.-J. Cleuet.

La première question qui fut examinée fut celle de l'affichage des lois ouvrières, car les délibérations de la Commission permanente faisaient prévoir qu'elle réaliserait l'unanimité au Conseil supérieur. C'est donc après un court débat que la résolution fut acceptée unanimement.

1° Le Conseil supérieur du Travail émet l'avis que l'affichage obligatoire, dans les établissements industriels et commerciaux, du texte intégral de certaines lois ou de certains décrets concernant la réglementation du travail doit être, en principe supprimé ;

2° Toutefois l'affichage des textes eux-mêmes pourrait être prescrit par des lois nouvelles et les règlements nouveaux pour tout ou partie de leurs dispositions et pour la durée à fixer par ces lois et règlements, à partir de leur mise en vigueur ;

3° En ce qui concerne la loi sur les accidents du travail et certains règlements, relatifs à l'hygiène et à la sécurité, l'affichage tel qu'il est actuellement prescrit serait remplacé par les mesures suivantes :

4° Un avis en évidence, dans chaque établissement industriel ou commercial, rappellerait aux travailleurs qu'ils sont protégés par la législation sur les accidents du travail et les inviterait à signaler immédiatement à l'employeur ou à ses préposés tout accident, si léger soit-il, dont ils peuvent être victimes ou témoins. Un avis analogue serait affiché dans les locaux où s'applique la législation sur les maladies professionnelles ;

5° Les règlements spéciaux aux mesures d'hygiène ou de nécessité à observer dans l'exécution de certains travaux devraient indiquer celles de leurs dispositions à rappeler par affiches aux travailleurs intéressés. L'affiche étant prescrite par chacun de ces règlements serait aussi courte que possible, imprimée en caractères facilement lisibles et apposée obligatoirement dans tous les ateliers, chantiers ou magasins où s'exécutent les travaux visés par ledit règlement.

En ce qui concerne la réglementation du travail dans les ateliers familiaux, la majorité de la Commission permanente s'est prononcée pour le maintien du *statu quo*.

Cependant, la minorité composée de l'élément ouvrier déposait la proposition suivante :

Le Conseil supérieur du Travail émet le vœu que, comme dans les établissements commerciaux et industriels en général, soit étendue à tous les établissements familiaux, y compris ceux où s'effectue du travail à domicile, quel que soit le mode de travail ou la nature de l'ouvrage, et dans tous les cas, la réglementation du travail.

Le Conseil estime que cette revendication doit viser la limitation des heures de travail en interdisant le travail dans les ateliers familiaux de 19 heures à 6 heures du matin.

En ce qui concerne le contrôle, le Conseil supérieur estime qu'il doit être confié à l'Inspection du Travail qui aura charge d'en assurer l'observation et, éventuellement, aidée par les assistants dont le Conseil supérieur a envisagé la constitution.

Le Conseil émet le vœu que le respect des mesures précitées engage, *a priori*, la responsabilité de l'employeur, à moins que celui-ci ait, par disposition contractuelle délégué à son ouvrier la charge de leur application, sous réserve que l'ouvrier n'aura pas été contraint par son employeur à violer ladite réglementation par un délai trop court pour l'exécution du contrat.

Mais, ni le *statu quo* demandé par les patrons, ni le vœu ci-dessus déposé par les ouvriers, n'ont été mis aux voix ; c'est le questionnaire adressé par le ministre du Travail à la Commission permanente qui a été utilisé pour connaître l'opinion du Conseil ; voici les résultats :

Y a-t-il lieu d'étendre la règlementation du travail :

1° aux Etablissements familiaux où le travail se fait à l'aide de chaudière à vapeur ou de moteur mécanique.

35 pour ; 27 contre.

2° à ceux où cette extension paraîtrait nécessaire après consultation des organisations patronales et ouvrières.

La réponse a été faite à mains levées et elle a donné le même résultat.

3° à tous les établissements familiaux :

Le vote a été le même.

A propos de l'apprentissage obligatoire, le texte du vœu proposé par la majorité de la Commission permanente a été adopté.

Le Conseil supérieur du Travail émet le vœu que :

« Le Conseil supérieur de l'Enseignement technique, en tenant compte des usages et coutumes et après consultation des organisation professionnelles patronales et ouvrières nationales, détermine les métiers de l'industrie et du commerce dans lesquels l'apprentissage tel qu'il est défini par l'article 1er du livre 1er du Code du Travail, sera obligatoire.

« Que dans les métiers ainsi déterminés, nul enfant de moins de 16 ans ne puisse être occupé s'il n'est muni d'un contrat d'apprentissage écrit ou du certificat d'aptitude professionnelle prévu par l'article 47 de la loi du 25 juillet 1919 sur l'enseignement technique ou du diplôme prévu par l'article 11 a du Code du Travail.

« Les dispositions du paragraphe précédent sont applicables aux administration de l'Etat, des départements, des communes.

« Que le Conseil supérieur de l'Enseignement technique détermine, dans les mêmes formes que ci-dessus et en se référant, là où il en existe, aux accords intervenus entre organisations patronales et ouvrières intéressées les conditions auxquelles doit répondre le contrat d'apprentissage. »

Le Conseil supérieur a adopté ensuite, à l'unanimité, le vœu suivant :

« Le Conseil supérieur du Travail prenant acte des déclarations des représentants patronaux et ouvriers des trois départements recouvrés sur le fonctionnement de l'apprentissage obligatoire dans ces trois départements, notamment dans l'artisanat ;

« Estiment qu'il y aurait intérêt à mettre en harmonie, sinon à unifier la réglementation générale avec celle en vigueur dans ces trois départements.

« Invite la Commission permanente du Conseil supérieur du travail en accord avec le Conseil supérieur de l'Enseignement technique à rechercher les moyens de réaliser cette mise en harmonie ou si possible cette unification et s'adjoignant plusieurs délégués patronaux et ouvriers désignés par les organisations les plus représentatives des trois départements recouvrés. »

Enfin, en ce qui concerne l'hygiène des logements que les employeurs mettent à la disposition de leur personnel, les vœux ci-dessous ont été adoptés :

1° « Le Conseil supérieur du Travail estime qu'il est opportun que, dans toutes les localités où il n'existe pas de règlements concernant l'hygiène de l'habitation, il soit imposé aux établissements industriels et commerciaux, les mesures générales de protection et de salubrité à observer en ce qui concerne les logements que certains employeurs mettent à la disposition de leur personnel comme accessoires du contrat de travail. »

2° « Sous le contrôle de l'Inspection du travail. »

3° « La réglementation ainsi édictée doit porter sur l'aération des pièces, sur les plafonds, sol, murs des chambres à coucher, sur l'isolement de ces chambres par rapport aux conduites de fumée, cuisine, cabinets d'aisance et égouts ; sur l'eau potable, les cabinets et fosses d'aisance, les risques d'incendie, sur la viabilité et l'entretien des rues des cités ouvrières, sur l'éclairage de ces rues, l'évacuation des eaux usées et les ordures ménagères. »

4° « Que la loi du 15 février 1902 concernant la protection de la santé publique soit strictement appliquée, en particulier aux constructions destinées aux logements des ouvriers et employés ; que cette législation soit étendue à toutes les communes. »

Confédération Générale pour la Défense du Consommateur

Cette Association, après une période de préparation assez longue, et qui fut assez délicate en raison des organisations de toute nature qui la composent, est entrée en 1929 dans une voie plus active.

Le Comité Directeur, dans lequel se trouvent un représentant des combattants, un des fonctionnaires et un des coopérateurs, s'est adjoint un Secrétaire administratif, service permanent.

Un certain nombre de Comités départementaux, créés sur le modèle du Comité Central, ont pu être constitués. Des réunions ont eu lieu dans plusieurs régions, à l'effet de mettre en contact les représentants des diverses organisations composant la C. G. C. : fonctionnaires, coopérateurs, mutilés et anciens combattants, intellectuels.

A Paris, une grande manifestation fut organisée le 24 février, sous la présidence de M. Charles Gide.

Après un exposé des buts de la C. G. C. par M. Lehmann, président honoraire de la Fédération des Mutilés, Poisson développa un rapport sur les relations qui doivent exister entre les producteurs industriels ou agricoles et les consommateurs. Ces relations directes, ou par l'intermédiaire d'unions qui pourront être autorisées par la loi Chanal, en instance au Sénat, suppriment en partie des frais d'intermédiaires.

M. Gallié, secrétaire de la Fédération Internationale des Travailleurs Intellectuels, exposa ce qui doit être fait contre la spéculation illicite et le délit de coalition. Il fit, notamment sur les trusts cartels et ententes, un rapport, étudié concluant, non pas à la lutte ouverte contre ces formes économiques qui, dans certains cas, peuvent représenter un progrès, mais à la nécessité de les contrôler, de connaître leurs opérations et de confier à un tribunal spécial et indépendant le soin de les suivre.

M. Lacoste, secrétaire-adjoint de la Fédération des Syndicats de Fonctionnaires, a passé en revue les impôts énormes payés par les consommateurs. En quelques chiffres saisissants, il montra que l'effort du redressement financier a été surtout un sacrifice des consommateurs. Il conclut à la possibilité et à la nécessité de comprimer fortement les taxes sur la consommation, en examinant d'une façon très sérieuse non pas les taux déjà élevés, mais l'assiette de l'impôt sur le revenu.

Enfin, Yung demanda que soient ratifiés les décrets de 1926 qui permettront aux Municipalités d'agir en faveur des consommateurs et même, lorsque ce sera possible, d'aider financièrement et de contrôler les organes commerciaux ou coopératifs de répartition des denrées.

Ces divers rapports ont été suivis d'intervention auprès des pouvoirs publics, tant en ce qui concerne la loi Chanal que le rapport sur les trusts, qui a été adressé au Ministre du Commerce, que la publication des règlements d'administration publique permettant l'application des décrets de 1926, pour laquelle une démarche a été faite auprès du Ministre de l'Intérieur.

Ces interventions n'ont pas toujours réussi, mais elles ont imposé la C. G. C. à l'attention des pouvoirs publics et, l'action de la C. G. C., liée à celle de la F. N. C. C, a permis la diminution du prix du sucre par abaissement de la taxe.

Le Ministre de l'Intérieur a, d'autre part, demandé aux Préfets, dans une circulaire pour la réorganisation des Comités d'action économique, de se mettre en rapport avec « les représentants des Coopératives de consommation et les membres des Comités départementaux de la Confédération Générale pour la défense des consommateurs ».

Les Coopératives, dans les départements, ont donc un rôle important à jouer, soit comme représentants directs du Mouvement, soit comme membres des Comités de la C. G. C.

La C. G. C. a l'intention de continuer son action en mettant à l'étude un certain nombre de problèmes dont les rapports parviendront à ses Comités départementaux, pour s'en servir dans l'action locale.

En particulier, il y a lieu de reprendre, peut-être sur d'autres bases, plus exactes, la question des indices des prix.

Les activités extérieures de la F. N. C. C.

La F. N. C. C. a exercé son action auprès d'un certain nombre d'organisations et de comités où il y a lieu de défendre l'intérêt des consommateurs. Dans maintes circonstances cette action a déterminé des décisions favorables.

Nous donnons ci-après un résumé de ces activités.

Comité Technique de l'Alimentation

Le Comité Technique de l'Alimentation dont l'existence a été consacrée par un arrêté paru au *Journal Officiel* du 6 juillet 1928, a terminé sa 3ᵉ année. Son autorité n'a cessé de s'accroître et il est aujourd'hui considéré comme un organisme indispensable.

La Section de la Vente au détail et en gros a été particulièrement active et a affirmé son rôle d'organisme consultatif. Elle a été invitée à plusieurs reprises par le Ministre du Commerce à donner son avis sur les relèvements des tarifs douaniers. Elle a procédé à l'examen de plusieurs demandes émanant de diverses organisations corporatives à l'effet d'augmenter la protection douanière de certains produits. Elle n'a pas manqué de défendre, dans le cadre de l'intérêt national, les intérêts des consommateurs et s'est préoccupée de la répercussion sur les prix de détail des mesures envisagées. En ce qui concerne les sucres, qui ont fait l'objet d'un vote au Parlement, la Section a soutenu énergiquement la nécessité de compenser les relèvements des droits de douane par un abaissement corrélatif des taxes de consommation.

La Section s'est préoccupée des questions fiscales. A la veille de la discussion du budget, elle a appelé l'attention du Parlement et du Gouvernement sur la nécessité de faire porter les dégrèvements sur les impôts et taxes de consommation. Elle a présenté des propositions concrètes de réduction de taxes sur les produits suivants : sucre, vins et cidres, cafés et chicorée. Elle a insisté sur l'action rapide et directe exercée sur les prix de vente au détail par les abaissements d'impôts de consommation, ainsi que le prouvait un exemple récent sur les sucres.

La transformation de la taxe sur le chiffre d'affaires sur les pétroles et essences a été mise à l'étude. La Section a adressé au Ministre du Commerce et à l'Office National des Combustibles liquides un vœu relatif à la taxe unique, mais ne s'est pas contentée de cette manifestation. Elle a eu des entretiens avec les représentants de la Chambre Syndicale des Pétroles et elle a pris l'initiative d'une proposition par voie d'amendement dont a été saisie la Commission des Finances de la Chambre, à l'effet d'instituer la taxe unique sur ces produits.

La taxe unique sur les vins a fait l'objet d'une intervention à la Commission des Boissons et cette question est suivie très attentivement par la Section.

La question du rhum et le grave problème du contingentement ont attiré spécialement l'attention de la Section.

La normalisation est à l'ordre du jour et figurait au programme de la Section, qui a consacré à cette étude une large partie de son activité. La Section a fait une propagande en faveur de ces idées et a exposé devant les représentants de la Presse l'intérêt qu'il y aurait à simplifier pour obtenir l'abaissement des prix.

La Section a mis au point la standardisation des litres et bouteilles et a réalisé son accord sur quatre modèles. Elle a procédé à l'examen de croquis de types standards. Elle a fait ressortir que la garantie du succès du type « St » résidera dans l'écart de prix réalisé à son profit par rapport à tout autre modèle. Les Présidents des Organisations d'Eaux Minérales ont déclaré qu'incités par les difficultés de la reprise des bouteilles à abandonner les types multiples, ils apporteraient leur collaboration à tout effort de simplification.

La Normalisation des boîtes de conserves a fait l'objet de débats actifs au sein de la Section et en liaison avec l'Association Française de Normalisation (Afnor). Les délégués de la Section, dont le concours avait été sollicité, ont suivi les travaux de l'Afnor, et ont défendu ardemment leur point de vue en faveur d'une rationalisation maxima, avec le souci de servir les intérêts du consommateur.

La Section n'a cessé de réclamer l'abaissement des tarifs de transports et a insisté sur l'importance de la politique tarifaire relativement aux denrées de grande consommation pour l'approvisionnement du marché français et pour la stabilité des prix.

Le marché des sucres a paru nécessiter, au cours de cette année, une attention particulière, et l'approvisionnement normal du marché de Paris a préoccupé la Section. Elle a exposé son point de vue sur ce problème au Ministre des Travaux Publics et lui a signalé l'importance d'une révision des tarifs de transport permettant un approvisionnement abondant du marché réglementé de Paris.

La Section a sans cesse réclamé l'unification des prix de l'essence, et a en outre adressé au Ministre du Commerce et à l'Office des Combustibles liquides un vœu en ce sens.

Les prix de revente imposés par les fabricants aux détaillants ont fait l'objet de controverses, et cette pratique, contraire à la liberté de la concurrence et aux intérêts du consommateur, a été condamnée quand elle s'applique à des produits qu'on ne peut considérer comme des produits de marque. Des études sur cette question si importante pour le commerce de l'Alimentation ont été publiées dans le *Bulletin* du Comité Technique de l'Alimentation.

Le Bureau de Documentation Economique et des Prix a travaillé activement et efficacement à la diffusion des travaux et des rapports de la Section de la vente au détail et en gros. Il a également poursuivi ses études sur les produits alimentaires. Comme dans le passé il s'est attaché à conduire sa documentation avec un esprit impartial et et objectif. Il a procédé notamment à une vaste enquête sur la situation mondiale du Café, qui venait à son heure ; la politique d'achat du café au jour le jour, qu'il ne cessait de préconiser, vient de trouver une justification remarquable dans l'effondrement des cours.

Au cours de la prochaine année, la Section de la Vente au Détail et en Gros poursuivra son rôle d'organe consultatif auprès du Ministère du Commerce et continuera ses efforts pour réaliser une organisation rationnelle permettant la suppression des gaspillages et la meilleure utilisation des ressources économiques du pays.

Comité d'Action Economique et Douanière

Le Comité d'Action Economique et Douanière — auquel participe la F. N. C. C. — est une association d'industriels, d'agriculteurs, de commerçants, de consommateurs qui se sont groupés pour travailler au développement des échanges commerciaux entre la France et les pays étrangers.

Ses efforts, tant pour le développement de la production et des échanges que pour la collaboration loyale des producteurs, des distributeurs et des consommateurs en vue du mieux-être général, ont été constamment conjugués à une action sur l'opinion publique et sur le Parlement, contre les entraves au commerce de toute nature, en France et à l'étranger.

Cette activité a eu principalement à intervenir dans les domaines suivants :

Conventions internationales et Accords commerciaux. — L'action que le Comité a constamment exercée depuis sa fondation contre les *prohibitions d'entrée et de sortie* a été couronnée de succès par la loi du 1er juillet 1929 qui ratifie la Convention internationale signée à Genève le 8 novembre 1927 en vue de supprimer ces prohibitions, sauf celles qui présentent un caractère de mesures de sûreté indispensables.

Le Conseil d'Administration du Comité avait réuni le 2 décembre les représentants des grands Groupements économiques français pour entendre une communication de sir Arthur Salter, Directeur de la Section Economique de la S. D. N. au sujet du projet de la *trêve douanière*.

Le 14 décembre fut adressée à M. le Ministre du Commerce une note très approfondie examinant les conditions d'application de la trêve douanière, ses effets et les exceptions dont elle serait l'objet. Le Comité émit le vœu que le Gouvernement français participe à la Conférence internationale qui devra fixer les termes d'une convention de trêve ; il se déclara favorable à la signature d'une telle convention, à condition qu'elle ne comporte pas des facultés de dérogation et des listes d'exception si étendues que la trêve aggraverait les causes de conflits économiques qu'elle a pour but de réduire.

Parallèlement, le Comité n'a cessé de s'intéresser à l'élaboration des accords commerciaux. Il est intervenu à diverses reprises pour faire valoir les desiderata de ses adhérents et recommander l'adoption des mesures les plus propres à favoriser les échanges entre la France et les divers pays contractants. C'est ainsi qu'il a suggéré à M. le Ministre du

Commerce par lettres en date des 16 et 18 mai diverses améliorations du *commerce franco-suisse,* dont il a été tenu compte dans la Convention conclue le 8 juillet, entre la France et la Suisse.

Propagande à l'étranger et tourisme. — Le Comité a publié une *brochure de propagande* destinée à mieux faire connaître à l'étranger la France, son développement économique et les facilités qu'elle offre au tourisme. Cette brochure, éditée à 150.000 exemplaires en français et en anglais, a remporté un très grand succès et a été citée et commentée par un grand nombre de journaux français et étrangers.

Le Comité a demandé à diverses reprises aux Pouvoirs Publics la suppression de la *taxe* perçue dans les ports français à l'*embarquement ou au débarquement des passagers,* faisant valoir les inconvénients qui résultent pour les industriels et les commerçants français intéressés au tourisme étranger, d'une taxe dont une certaine propagande fait état pour détourner la clientèle étrangère de notre pays et qui fait obstacle aux voyages des Français à l'étranger ou à leur retour périodique dans la métropole.

Le 26 novembre, à l'annonce qu'un budget spécial de propagande en faveur du tourisme allait être créé, le Comité est intervenu à nouveau pour signaler que le succès de cet effort de propagande risquerait d'être compromis si la taxe sur les passagers et la taxe de luxe n'étaient supprimées au préalable.

Dans une audience du 28 janvier, le Comité exposa à M. Chocarne, Directeur général des Douanes, les difficultés et les protestations auxquelles donnent lieu à l'étranger les refus par l'Administration des Douanes *d'admettre au bénéfice du tryptique les voitures automobiles* qui entrent en France non pour des motifs touristiques mais professionnels.

Questions douanières. — Le Comité a pris part aux travaux de la *Commission d'études de l'Admission temporaire* instituée auprès du Ministère du Commerce par arrêté du 10 décembre 1928. Il y défendit un programme de réforme précis, fondé sur les desiderata exprimés par ses adhérents et destiné à faciliter l'octroi et l'application du régime de l'admission temporaire à de nouvelles industries transformatrices; il s'opposa à toute mesure susceptible de restreindre les avantages du régime actuel.

Le Comité Consultatif de la S. D. N. en vue de la Conférence économique internationale ayant fait une étude approfondie sur le *protectionnisme administratif,* le Comité mena une enquête sur ses différentes formes, les difficultés ou dommages qui en résultent et plus particulièrement en ce qui concerne le marquage obligatoire des marchandises, les conditions de dédouanement et d'entreposage, les procédés de contrôle et d'analyse de certains produits, les prescriptions relatives à l'emballage, le régime appliqué aux échantillons, les réglementations sanitaires et les droits accessoires perçus pour des services non rendus. Il a préconisé diverses mesures d'ordre pratique susceptibles de remédier à ces difficultés.

Le Comité a fait adopter par le Comité français de la Chambre de Commerce Internationale qui l'avait consulté à ce sujet, un rapport sur les conditions d'application de la *clause de la nation la plus favorisée* et les procédés techniques grâce auxquels les différents Etats pourraient en généraliser l'emploi, de manière à unifier et à simplifier le régime de la circulation internationale des marchandises.

Questions monétaires et fiscales. — A la suite d'un arrêt du Conseil d'Etat en date du 8 février 1929, le Comité est intervenu auprès de la Direction générale des Contributions Indirectes pour que soit maintenue l'exonération de la taxe sur le *chiffre d'affaires* pour les opérations effectuées en entrepôt, qui eût été pratiquement supprimé si l'arrêt précité avait fait jurisprudence : des instructions données aux services ont donné pleinement satisfaction au Comité.

Au mois de novembre, il a proposé un programme de *réformes fiscales* propres à donner un allègement immédiat aux contribuables sans compromettre l'équilibre du budget : suppression des taxes précitées et abandon des pratiques d'imposition rétroactive, non-relèvement des tarifs postaux, réduction des impôts de consommation sur les denrées alimentaires, réforme de la législation des patentes.

Questions postales. — Une enquête auprès des usagers a été conduite par le Comité sur le *régime des colis postaux,* et la très importante documentation recueillie a été adressée à M. le Ministre des Travaux Publics et à M. le Sous-Secrétaire d'Etat aux P. T. T. Les demandes que nous présentions ont obtenu satisfaction dans la Convention passée entre l'Etat et les réseaux de chemins de fer le 26 février 1929 et actuellement soumise à la ratification parlementaire : organisation de services automobiles pour relier au chemin de fer les campagnes dépourvues de gares, suppression de la taxe supplémentaire pour l'apport en gare de colis, élévation de 1.000 à 5.000 francs du maximum de valeur des envois contre remboursement.

A l'occasion de la Journée des P. T. T., organisée par le Comité permanent de la Semaine des Postes, Télégraphes et Téléphones, le Comité présenta un rapport sur les *services postaux :* après avoir indiqué, au moyen de comparaisons statistiques que le trafic postal en France est inférieur à celui des principaux pays étrangers, nous avons étudié quelles améliorations pourront être apportées à la marche générale du service et préconisons notamment : l'établissement de la responsabilité de l'Administration des Postes, la simplification des tarifs et leur réduction pour certaines catégories d'envois et enfin la fixation des tarifs par un Conseil d'Administration indépendant, comprenant une large représentation des usagers.

Conseil National Economique

Pour n'avoir tenu, au cours de l'année 1929, qu'une seule Assemblée plénière, le Conseil National Economique n'en a pas moins fait preuve d'une très réelle activité, qui s'est tout entière concentrée à l'intérieur de sa Commission permanente et de ses diverses Commissions spéciales aux travaux desquelles tous ses membres sont directement associés.

Les trois grandes Commissions d'enquête ont poursuivi l'étude que l'Assemblée avait décidé d'entreprendre sur la situation des principales branches de l'Economie nationale.

La première Commission (dont notre ami Poisson est vice-président) a d'ores et déjà, adopté les rapports de MM. Massé, sur « La Viande » ; Henry Girard, sur « Le Lait et les sous-produits de l'élevage » ; Garcin, sur « Les Cultures Fruitières, Maraîchères et Florales ». Elle est sur le point d'achever l'adoption du rapport de M. Lapicque, Professeur à la Faculté des Sciences, sur « L'Hygiène alimentaire ». Enfin, elle aura très prochainement à délibérer sur les rapports de MM. Hallé, sur « Les Céréales » ; Vimeux, sur « Les Cultures Industrielles » ; Barbier, sur « Le Bois ».

La deuxième Commission a adopté le rapport de MM. Lepage et Roux, sur « L'Industrie des Cuirs et Peaux ». Elle pense avoir bientôt achevé celui de M. Detton, Auditeur au Conseil d'Etat, sur « Les Industries du Bâtiment », et se réunira à bref délai pour discuter le rapport de M. Florian Chardon, Auditeur au Conseil d'Etat, sur « L'Industrie de la Soie ».

La troisième Commission a poursuivi, au cours de l'année 1929, deux grandes enquêtes qui sont sur le point d'aboutir très prochainement à des rapports documentés : l'un, sur « Le Charbon », de M. Coste, ancien Inspecteur Général des Mines, et l'autre de M. Dugas, Ingénieur des Mines, sur « Les Constructions Navales ».

Il y a lieu de noter que cette enquête, que le Conseil National Economique avait entreprise de sa propre initiative, va être poursuivie au nom du Gouvernement. Cette sanction gouvernementale aura sans nul doute pour effet de permettre au Conseil de vaincre quelques-unes des résistances qu'il avait rencontrées au cours de son enquête chez certaines des industries interrogées.

Au cours de l'année 1929, le Gouvernement a, à plusieurs reprises, fait appel à la collaboration du Conseil National Economique. C'est ainsi que M. Laurent-Eynac a demandé l'avis de la Commission permanente sur le projet de loi déposé par lui et portant approbation d'une convention concernant l'exploitation des lignes aériennes du réseau d'Orient.

Dans un avis longuement motivé, la Commission permanente a indiqué, limitant son examen aux dispositions essentielles du projet, qu'elle s'attachait surtout à dégager les besoins économiques du pays et à déterminer les modalités suivant lesquelles il lui paraissait possible et souhaitable d'y satisfaire, et, M. le Ministre de l'Air, reconnaissant la justesse de la plupart des observations présentées par la Commission permanente, les a retenues pour la discussion du projet de loi et la rédaction des autres conventions projetées.

Au début de l'année 1929, M. le Ministre des Affaires Etrangères, saisi, par la Société des Nations, du problème de la Réforme du Calendrier, a demandé au Conseil National Economique de préparer la réponse du Gouvernement français. La Commission permanente a immédiatement constitué une petite sous-commission, aux travaux de laquelle collabore notre ami Poisson, pour poursuivre l'examen de cette question.

Une enquête a été aussitôt entreprise auprès de tous les groupements représentés au Conseil National Economique, et des demandes spéciales d'avis ont été adressées aux autorités religieuses et scientifiques intéressées. Une partie des réponses est déjà parvenue ; des suggestions intéressantes ont été recueillies. Aussitôt que la question sera en état, la Commission permanente sera en mesure de prendre une décision.

De son côté, M. le Ministre des Travaux Publics a saisi le Conseil National Economique de la révision du programme des travaux de constructions de lignes nouvelles de Chemins de Fer. Elle a désigné pour poursuivre cette étude, M. Pierre Caillaux, Conseiller d'Etat, comme rapporteur, et, dans une prochaine session, le Conseil sera appelé à se prononcer sur cette importante question.

Enfin, M. le Président du Conseil a demandé au Conseil National Economique de formuler un avis sur le projet de loi déposé par lui, relatif au perfectionnement de l'Outillage National. La Commission permanente, saisie du problème, a dû procéder à son examen avec une hâte exceptionnelle et, après trois séances, elle a été en mesure d'apporter à l'Assemblée réunie en session plénière, un projet de conclusions qui, légèrement remanié, a été transmis au Gouvernement.

Ce court exposé serait incomplet, si nous n'indiquions qu'au cours de l'année 1929, le Conseil National Economique a, enfin, été doté d'une installation définitive. Il ne reste plus qu'à sanctionner son existence législativement pour qu'il puisse prendre la place à laquelle il a droit dans l'organisation administrative de notre pays. Ce sera vraisemblablement l'œuvre de l'année qui s'ouvre.

Comité Consultatif des Chemins de Fer

Le Comité Consultatif des Chemins de Fer a tenu plus de quarante réunions au cours de l'année. E. Poisson a eu l'occasion à maintes reprises de défendre le point de vue des consommateurs ; plus de 150 tarifs concernant les marchandises ont été examinés ; de plus, cette année, un gros problème s'est posé, celui des tarifs fermes qu'avaient obtenu les sociétés à succursales multiples. Quoique à la majorité de 8 voix contre 7 ces tarifs aient été provisoirement acceptés, ils doivent revenir en discussion au cours de 1930 et il est fort probable que cette fois-ci ils ne seront pas maintenus ou en tous cas ces avantages seraient étendus à tous les usagers du chemin de fer y compris les sociétés coopératives.

Office National des Pétroles

L'Office National des Pétroles chargé d'un budget qui dépasse maintenant 80 millions a voté des sommes extrêmement importantes pour les recherches scientifiques concernant les pétroles ou ses dérivés et toutes les techniques qui gravitent autour de ce problème, lié à celui de la recherche du carburant national.

L'Office National des Pétroles a été appelé à rechercher cette année la transformation de la taxe sur le chiffre d'affaires en taxe à la production. Cette opinion a prévalu à l'Office et l'amendement qui avait été déposé par M. Chabrun devant la Chambre a été envoyé.

L'Office National des Pétroles a eu, sur la demande du Ministère des Travaux Publics, a examiner les conditions générales d'exploitation du commerce de gros et de détail en matière d'essence et de pétrole.

Sur toutes les importantes questions qui ont été posées, le représentant du Mouvement Coopératif a défendu énergiquement les consommateurs particulièrement en ce qui concerne les prix pour le pétrole à usage familial.

Commission Nationale de Normalisation

La F. N. C. C. a participé aux recherches pour l'organisation scientifique du commerce. Le problème de la standardisation des litres y a été abordé et a été à la base de la loi votée fin Décembre 1929. D'autre part, une étude a été poussée avec tous les intéressés — répartiteurs, producteurs et transformateurs — pour aboutir à une standardisation des boîtes de conserves.

Office Central des Céréales

L'Office Central des Céréales a été appelé à examiner les problèmes concernant la suppression de l'emploi des succédanés dans la fabrication de la farine et l'abaissement de la limite d'extraction. Le représentant des consommateurs a élevé sa protestation contre le fait que ledit Office n'avait pas été consulté lors de l'abolition de la loi portant modification des droits de douane sur les blés.

L'Alliance Coopérative Internationale

COMITE EXECUTIF

Le Comité Exécutif de l'Alliance Coopérative Internationale s'est réuni à Prague, les 7 et 8 Février 1929.

En raison de l'activité accrue de l'A. C. I. un certain nombre de mesures intérieures ont été prises afin de pouvoir donner satisfaction aux besoins.

Il y aura désormais : une section financière et personnel, une section économique et statistiques, une section publications et publicité, une section traductions, une section enregistrements et archives.

Des places pour des collaborateurs français connaissant plusieurs langues ont été prévues.

La réunion projetée avec l'Exécutif du Magasin de Gros International pour l'examen de la création d'un Comité d'entente et de documentation sur les trusts internationaux, Comité décidé en principe par le Comité Central réuni à Genève, a été ajournée, le Comité Exécutif du Magasin de Gros International n'ayant pas encore pu en délibérer, mais à Prague il a accepté cette réunion.

La question des activités futures de l'A. C. I. a entraîné un examen l'Exécutif. L'Exécutif a pensé que cette Commission devait uniquement s'occuper de l'élaboration d'un programme économique général de l'Alliance, et non des activités positives et pratiques de celle-ci, ceci précédent la réunion de la Commission spéciale qui s'est tenue après en raison même du contexte de la motion votée au Congrès International de Stockholm.

Le Comité Exécutif a pris connaissance d'un livre de statistiques établi par le Secrétariat, qui constitue un progrès important. Ce livre est mis à la disposition des organisations nationales au prix de 2 schillings 1/2.

L'A. C. I. a commencé les éditions d'une brochure relative à son organisation en différentes langues ; la brochure en russe est déjà parue.

L'A. C. I., pour se préparer à faire figure au Comité Consultatif International de Genève, a décidé qu'un rapport serait établi condensant les réponses qui ont été faites au questionnaire adressé aux organisations et concernant le sucre, le charbon et les relations entre coopératives de consommation et coopératives de production.

De plus, des brochures relatives aux cartels ont été demandées à des savants Anglais, Allemands, Français. Oualid a été pressenti ; une brochure de Charles Gide examinant les cartels au point de vue coopératif, a été également décidée.

Le Comité Exécutif s'est réuni à Paris du 30 Avril au 2 Mai.

Il a décidé de proposer au Comité Central un ordre du jour pour le Congrès International, qui doit se tenir à Vienne l'année prochaine.

Il a décidé, à la majorité, qu'aucune Exposition n'aurait lieu au Congrès de Vienne.

Il a été, de plus, entendu que le Problème des Trusts et des Cartels et celui d'un Programme économique de l'Alliance faisant l'objet de rapports des Commissions spéciales, serait inclus dans le Rapport du

Secrétariat et du Comité Central, et pourrait ainsi donner lieu à des débats et des discussions.

En ce qui concerne du reste les Trusts et les Cartels, à la suite de la réunion du Comité Exécutif, a eu lieu une réunion mixte avec le Comité du Magasin de Gros International. Il a été décidé que des réunions auraient lieu périodiquement pour l'examen des questions intéressant les deux institutions. Sur le point spécial des Trusts et des Cartels, la réunion mixte a décidé que sous la direction d'une sous-commission composée de deux membres, un du Comité Exécutif de l'A. C. I. et un du Magasin de Gros International, des études seraient faites. Pour l'action pratique d'une organisation coopérative internationale en vue de les combattre ou de s'y substituer, le Magasin de Gros International aura la charge de prendre des décisions et de proposer des solutions pratiques. Les études auront lieu avec le concours des services de l'A. C. I., et porteront également sur les questions pouvant intéresser l'action à l'égard des Trusts et Cartels, et en rapport avec les décisions du Comité Economique International de Genève.

Le Comité Exécutif a pris note des mémorenda préparés par les soins de l'A. C. I. et destinés à être présentés au Comité Economique de Genève, pour réclamer, en particulier, la création d'une commission qui avait été prévue pour la Conférence Economique Internationale, et destinée à établir des relations entre les organisations coopératives de consommateurs et les organisations coopératives d'agriculteurs.

COMITE CENTRAL

Le Comité Central de l'Alliance Coopérative Internationale s'est réuni à Londres les mercredi et jeudi 3 et 4 octobre ; il a tenu quatre séances sous la présidence de M. Vaïno Tanner.

Le Conseil Central pense utile de donner dans son Rapport une courte analyse de ces délibérations.

La délégation française était composée de E. Poisson, A.-J. Cleuet, Maurice Camin, Gaston Lévy, membres du Comité Central ; du Dr Fauquet, suppléant d'Albert Thomas et de A. Fauconnet, suppléant de M. Charles Gide.

M. Vaïno Tanner a ouvert la séance en saluant le Comité Central et, après avoir rappelé que le Mouvement coopératif a son origine à Rochdale, il souligna les progrès réalisés par l'A. C. I. et formula l'espoir que les tâches lui incombant soient rapidement résolues au bénéfice de la Coopération.

Le Comité Central rendit hommage à Sir William Maxwel, ancien président de l'A. C. I., décédé le 9 février 1929 et il fut informé que Sir William Marxwel avait exprimé la volonté que le Livre d'Or qui lui avait été offert fut remis à l'A. C. I. Son désir a reçu satisfaction.

Règlement pour les séances du Comité Central

Après quelques modifications il adopta un Règlement relatif à ses méthodes de travail et aux discussions. Ce règlement fut appliqué aussitôt.

Le Comité Central fut ensuite appelé à examiner le Rapport du Secrétariat Général. Celui-ci soulignait que l'année écoulée a marqué une augmentation très sérieuse des activités de l'A. C. I., tant en ce qui concerne les demandes de renseignements et de publications reçues de toutes les parties du monde, qu'en ce qui touche la diffusion des principes coopératifs ; il signalait qu'un grand nombre d'étudiants, s'adressent à l'A. C. I. pour obtenir des documents sur la Coopération.

Le Secrétariat a indiqué que les travaux intérieurs se développant ont nécessité des collaborations nouvelles et que l'ensemble des travaux en vue l'obligeront à augmenter le Personnel et — plus tard — à mieux aménager les bureaux.

A propos des adhésions une question très importante fut posée. Le Comité Central avait à se prononcer sur l'adhésion de la Société Coopérative de Production de figues d'Aden-Smyrne et, à propos de celle-ci, Lorentz (Allemagne) posa le problème de savoir si l'A. C. I. ne portera pas atteinte à son but en acceptant des organisations coopératives autres que les sociétés de consommation ; il déclara penser que certaines sociétés n'avaient pas le caractère coopératif et qu'il fallait s'en tenir à l'esprit de la Coopération de Consommation qui doit organiser la production. Luibimoff (Russie) s'associa aux déclarations de Lorentz. Au contraire, Sir Thomas Allen (Grande-Bretagne) déclara s'étonner qu'une telle question fut posée ainsi et dit qu'elle devrait être mise à l'ordre du jour pour être examinée à fond ; il déclara ne pas penser que l'A. C. I. devait être exclusivement une Association de Coopératives de Consommation et que s'il en était ainsi on risquerait de voir les autres formes de la Coopération créer une autre Alliance et les efforts seraient alors dispersés au lieu d'être unis. Straventrojen (Finlande, S. O. W.), déclara que si une semblable décision était prise par le Comité Central son organisation serait dans l'obligation de quitter l'A. C. I. Poisson rappela que les statuts précisent que : « toute autre association de personnes qui a pour but l'amélioration économique et sociale de ses membres par l'exploitation d'une entreprise sur la base de l'entraide et du « self-help » et qui, dans la pratique de ses affaires observe les principes établis par les statuts de l'Alliance et les résolutions de ses Congrès *peut être reçue membre de l'Alliance* » ; il déclara que seul un Congrès pourrait modifier la situation actuelle et s'associant à ce qu'avait dit sir Thomas Allen, il rappela que Kauffmann avait souvent défendu l'entente entre les coopératives de consommation et de production et il demanda le maintien de la situation actuelle. Lorentz répondit que Kauffmann n'avait pas défendu cette politique et que la Centrale Allemande ne comprend que des sociétés de consommation et il déclara que s'il avait posé la question c'est parce qu'il y a danger de voir des Associations non vraiment coopératives adhérer à l'A. C. I. et ne pas respecter les principes de Rochdale.

Lustig (Tchécoslovaquie) dit que le Secrétariat général avait écrit à son organisation pour lui demander, précisément, de lui faire connaître les coopératives agricoles susceptibles d'adhérer à l'A. C. I., il s'étonna que Lorentz pose maintenant cette question ; il a toujours pensé que l'A. C. I. devait être une organisation universelle devant réunir toutes les formes de la Coopération et il rappela qu'à Stockholm M. Jaeggi (Suisse) a fait un rapport sur les relations entre les sociétés de consommation et les sociétés agricoles dont les conclusions ont été adoptées ; il termina en disant qu'adopter le point de vue de Lorentz ce serait renier tout le passé de l'A. C. I.

Ce débat — qui fut long — n'eut pas de conclusion car la question n'était pas à l'ordre du jour ; il apparaît d'ailleurs que la grande majorité du Comité Central est pour le maintien du *statu quo*.

A propos de la statistique, Luibimoff (Russie) s'éleva contre le fait qu'une partie de la statistique est confiée à la section de la Coopération du B. I. T. et il demanda au Comité Central de décider que ce serait exclusivement l'A. I. C. qui assurerait ce travail. Il fit une proposition dans ce sens. H.-J. May, Secrétaire Général, déclara que la question posée par Luibimoff a déjà été résolue favorablement par le Comité Central. L'A. C. I. peut assurer la statistique des organisations adhérentes, mais il en est d'autres et c'est pour cette raison qu'on a recouru à cette collaboration.

La proposition de Luibimoff, mise aux voix, fut repoussée par 26 voix contre 7.

La suite du rapport concernant les publications, la représentation dans les Congrès nationaux, les relations avec les Pools de blé du Canada, le développement de l'Union Canadienne, la Conférence Internationale de la Presse, l'insigne de la Coopération, est ensuite adopté sans observation.

Le bilan de l'A. C. I. qui accuse une forte augmentation de recettes fut ensuite adopté.

Le Comité Central avait à se prononcer sur un projet de Règlement pour les Congrès Internationaux. Ce projet donna lieu à une longue et très importante discussion.

Dans son article 6, le projet stipulait que : « Dans le cas où une délégation quelconque, ayant présenté une proposition ou un amendement, ne serait pas satisfaite du texte proposé par le Comité des Résolutions, son texte original pourra être soumis au vote du Congrès, mais sans discussion ». Le Comité des Résolutions sera composé de trente membres, dont vingt seront choisis parmi les délégués du Congrès — non membres du Comité Central — et dix seront choisis parmi les membres du Comité Central.

Gaston Lévy proposa que le Bureau du Congrès fasse partie de droit du Comité des Résolutions en raison du rôle qu'il joue dans l'ordre des débats. Au contraire, Lorentz déclara que le Comité des Résolutions serait trop nombreux et il ajouta qu'il fallait que la minorité — si cela se produisait — puisse défendre son point de vue devant le Congrès ; il proposa de réduire le nombre des membres du Comité à douze.

Lustig proposa que le Comité soit composé de telle manière que toutes les nations y soient représentées.

Hayward (Grande-Bretagne) déclara s'associer aux déclarations de Lorentz ; il ajouta que la réduction du nombre des membres du Comité n'empêcherait pas les intérêts des petites nations d'être sauvegardés et il proposa que le Comité soit composé des membres du Bureau du Congrès et six membres élus par le Congrès.

E. Poisson déclara que la proposition de Hayward, appuyée par Lorentz aboutissait à supprimer l'effort fait par l'Exécutif et qui tendait à permettre que les résolutions proposées soient examinées par un Comité représentant l'opinion du Congrès ; il dit que dans ces conditions, il serait préférable de maintenir le *statu quo*.

V. Serwy (Belgique) rappela l'origine de la proposition de l'Exécutif et déclara que ce serait rendre service à l'A. C. I. que de le voter.

Hayward maintint se proposition.

E. Poisson souligna toute l'importance du problème, il indiqua, en accord avec Lorentz, qu'il fallait que l'auteur d'une proposition non adoptée par le Comité ait le droit de la défendre devant le Congrès sauf quoi la voix de la minorité ne pourrait être entendue.

A ce moment, on proposa que quelques membres du Comité Central se mettent d'accord sur un texte qui serait examiné le lendemain matin, mais cette proposition n'eut pas de suite.

Lorentz déclara qu'on pourrait sans doute donner satisfaction à tous en précisant que le rapporteur du Comité des Résolutions donnerait les raisons qui ont entraîné celle-ci à adopter une proposition et donnerait également lecture de la proposition non adoptée étant entendue que l'auteur de celle-ci pourrait la défendre devant le Congrès.

E. Poisson demanda que le Comité Central dise s'il est d'accord sur la question, à savoir que le rapporteur et les auteurs de propositions non retenues par le Comité des Résolutions auront droit, chacun, à parler dix minutes devant le Congrès.

Luibimoff proposa que le Comité des Résolutions soit composé de 40 membres en tenant compte que chaque nation soit représentée et que les plus fortes aient deux délégués.

Le Comité Central adopta la proposition Hayward suivant laquelle le Comité des Résolutions sera composé des membres du Bureau et de six membres désignés par le Congrès, étant entendu que la proposition faite par Lorentz et reprise par Poisson sera incluse dans le nouveau règlement.

Le Comité Central avait, lors de sa réunion, à Genève, nommé un Comité spécial pour examiner la politique économique de l'A. C. I. Ce Comité s'est réuni la veille de la réunion du Comité Central ; il a examiné les documents qui lui avaient été envoyés et il a retenu le Memorendum de sir Thomas Allen. Le Secrétariat Général a été chargé de mettre ce texte au point et de rédiger une déclaration.

Conformément à la décision prise par le Comité Central à Genève en novembre dernier, une réunion mixte des Exécutifs de l'Alliance Coopérative Internationale et du Magasin de Gros International a été convoquée à Paris le 2 mai dernier. La résolution suivante a été adoptée :

Les Exécutifs de l'Alliance Coopérative Internationale et du Magasin de Gros International, réunis à Paris le 2 mai 1929, sont d'accord qu'il est à souhaiter que des réunions mixtes aient lieu périodiquement pour la libre discussion de problèmes d'intérêt commun.

En ce qui concerne la politique à adopter à l'égard des Cartels et Trusts on est d'accord que le Bureau de l'A. C. I. recueille les informations nécessaires et procède à l'étude technique de ce problème et de tous les problèmes connexes. Dans le cas où, à la requête du M. D. G. I. une enquête est faite, le rapport à ce sujet sera d'abord soumis à l'Exécutif du M. D. G. I. qui l'examinera et le communiquera à ses membres en y joignant les recommandations sur la politique qu'il désire voir adopter en la matière.

On est d'accord que toute enquête proposée par le M. D. G. I. sera contrôlée et dirigée par une Sous-Commission mixte composée de deux membres nommés par l'Exécutif de l'Alliance, de deux membres désignés par l'Exécutif du Magsain de Gros International, ainsi que du Secrétaire Général de l'Alliance et du Secrétaire du M. D. G. I. Les membres de cette Sous-Commission devront, toutefois, dans la mesure du possible, avoir une connaissance experte du sujet à traiter.

Il a été également décidé que « la Margarine » serait choisie comme premier sujet d'enquête. A cet effet, une sous-commission spéciale a été nommée.

Un rapport spécial sur « Les Relations entre les Coopératives de Consommation et les Coopératives Agricoles » a été rédigé pour être soumis au Comité Economique de Genève aux délibérations duquel M. Tanner et Mme Freundlich participent. La résolution suivante a été votée.

« Les délégués des organisations coopératives de consommation, d'accord avec les représentants des organisations agricoles, expriment, une fois de plus, le désir de voir l'organisation économique de la Société des Nations examiner aussitôt que possible, la meilleure méthode à suivre pour établir des relations entre les organisations agricoles et les sociétés coopératives de consommation. »

Le Comité Central, sur la proposition de l'Exécutif, décida de convoquer le Congrès de l'A C. I. à Vienne du lundi 25 au jeudi 28 août et il a arrêté l'ordre du jour ainsi : 1° ouverture du Congrès ; 2° souhaits de bienvenue par les coopérateurs autrichiens ; 3° réception des délégués des organisations invitées ; 4° rapport du Comité Central sur les travaux de l'A. C. I. depuis le Congrès de Stockholm ; 5° résolutions soumises par les membres de l'A. C. I.; 6° amendements aux statuts de l'A. C. I.; 7° élection du Comité Central ; 8° élection du Comité d'Honneur ; 9° mémoire sur les « Les Pools, le financement et la mise en vente de la Production Coopérative dans ses rapports avec le Mouvement de Consommation » (rapporteur : sir Thomas Allen) ; 10° mémoire sur « Les principes de la Coopération de Rochdale et les Systèmes de vente à crédit » (rapporteur : M. V. Klepzig (Allemagne) ; 11° questions générales et résolutions urgentes acceptées par le Bureau du Congrès ; 12° date et lieu du prochain Congrès.

Après une discussion assez longue, le Comité Central décida — sur la proposition de l'Exécutif — de supprimer le Comité d'Honneur. Une proposition, maintenant ce Comité, faite par Gaston Lévy, fut repoussée par 21 contre 19.

Cette décision entraînera la modification des statuts.

Sur une question posée par E. Poisson, le Président déclara qu'en ce qui concerne les deux questions rapportées par sir Thomas Allen et M. V. Klepzig, le Comité Central est appelé à se prononcer sur leur mise à l'ordre du jour mais que les rapporteurs feront ces rapports sous leur responsabilité étant entendu qu'au cas de désaccord les amendements utiles pourront être proposés. Ce point de vue est, ensuite, confirmé par le Secrétaire Général.

Luibimoff demanda qu'on élargisse l'ordre du jour ; il manifesta le désir de présenter un rapport montrant le développement du Centrosoyus et ce que fait cette organisation pour soutenir la classe ouvrière. Kasch indiqua que le rapporteur sur la seconde question a soutenu un point de vue qui peut être contesté mais il s'opposa à la proposition de Luibimoff.

E. Poisson reppela que la F. N. C. C. avait demandé que la question « Les principes de Rochdale et leur application » soit inscrite à l'ordre du jour et il demanda qu'on la reprenne, la question de la vente à crédit intéressant peu d'organisations.

Rapaskei (Pologne) déclara que le Comité Central a déjà décidé qu'on ne mettrait pas à l'ordre du jour autre chose que des questions positives, il pense qu'il faut maintenir le sujet proposé.

Après les interventions de H.-J. May, E. Freundlich, Rabnowich, E. Poisson, l'ordre du jour présenté par l'Exécutif est maintenu.

Luibimoff demanda qu'on inscrive à l'ordre du jour : 1° « Le danger militariste et la Coopération » ; 2° « La participation de la Coopération dans les luttes de la classe ouvrière ».

Ces deux propositions furent repoussées par 17 voix contre 6.

Bilan au 31 Décembre 1929

Actif			Passif	
		Valeurs immobilisées		
264.600 50		Matériel *Coopérateur de France* (meubles, machines et adressographe).		
		Amortissement matériel *Coopérateur de France*.	97.640 »»	97.640 »»
		Valeurs disponibles		
	66.354 25	Caisse : espèces en Caisse		
	10.458 17	Chèques postaux : en dépôt.		
76.812 42				
		Valeurs réalisables		
	55.000 »»	Titres et valeurs.		
		Stocks :		
		Coopérateur de France. 10.919 »»		
	56.365 05	Librairie . . . 45.446 03		
	529.552 30	Débiteurs divers.		
640.917 35				
		Valeurs exigibles		
		Banque des Coopératives. Compte courant	94.396 35	
		Créditeurs divers . . .	85.352 47	
		Frais et factures à payer.	19.129 35	198.878 17
		Réserve spéciale . . .	51.104 »»	51.104 »»
		Excédents		
		F. N. C. C. — Excédents des exercices précédents	619.478 08	
		A déduire : F. N. C. C. — Déficit de l'exercice	31.022 50	588.455 58
		Coopérateur de France. - Excédents précédents .	30.409 20	
		Coopérateur de France. - Excédent de d'exercice.	15.843 32	46.252 52
982.330 27				982.330 27

Cotisations

Cotisations des Coopératives de Consommation (1).......	603.347 40
— — Production.............	4.061 40
Cotisations des Cercles	100 »»
— du Magasin de Gros	58.971 55
— de la Banque des Coopératives..............	15.000 »»
Total........	681.480 35

Dépenses - Exercice 1929

Frais Généraux, Chapitre I

Art. 1. — Loyer et frais accessoires....	12.811 05	
Art. 2. — Assurances et Contributions...	2.963 20	
Art. 3. — Entretien, matériel, agencement	3.024 95	
Art. 4. — Salaire personnel, standard..	2.280 »»	
		21.079 20

Frais Administratifs, Chapitre II

Art. 5. — Appointement des trois secrétaires généraux	126.000 »»	
Appointement du Personnel ..	95.045 50	
Comptabilité M. D. G.........	2.000 50	
Assurances accidents	1.756 40	
Retraites	15.529 15	
Frais de réunion des membres du C. C.	21.975 55	
Frais de traduction	»	
Art. 6. — Imprimés, circulaires, papeterie, registres	14.336 65	
Art. 7. — Postes et télégraphes	35.824 95	
		312.468 70

Propagande, Chapitre III

Art. 8. — Frais de délégations au Secrétariat et des membres du Conseil, Central, tournées, conférences, organisations extérieures	113.202 25
Art. 9. — Congrès National	33.332 90
Art. 10. — Propagande	134.598 52
Art. 11. — Subvention à la Commission de l'Enseignement	18.000 »»
Art. 12. — Service de renseignements administratifs et commerciaux ..	2.948 55
Art. 13. — Service de renseignements juridiques	18.000 »»

(1) Le montant des cotisations est inférieur à celui de 1928 ; cela tient au fait qu'un assez grand nombre de Sociétés ne les avaient pas payées le 31 décembre.

Art. 14. — Service gratuit du *Coopérateur de France* aux sociétés adhérentes	7.750 »»	
Art. 15. — Cotisation à l'A. C. I. (1)....	20.000 »»	
		353.832 22

Statistique, Chapitre IV

Art. 16. — Un Secrétaire	18.200 »»	
		18.200 »»

Chapitre V

Art. 17. — Service de révision et comptabilité (2)	14.203 40	
		14.203 40

Chapitre VI

Art. 18. — Dépenses imprévues..........	714 »»	
		714 »»
TOTAL DES DÉPENSES..		720.407 52

Débiteurs divers

Cotisations dues par divers..............................	39.254 »»
Dû par divers pour Exposition de Royan...............	800 »»
Librairie. — Règlements dûs par divers.................	42.232 »»
Coopérateur de France. — Abonnements dûs par divers.	314.969 95
Coopérateur de France. — Facture papier réglée d'avance.	35.204 85
	432.460 80
Commission de l'Enseignement	982 40
Prêt à l'Association pour Enseignement Coopération....	43.000 »»
Prêt à l'Enfance Coopérative	50.000 »»
Assurance Ouvrière. — Sociétés Sous-Agents............	3.109 10
TOTAL....................	529.552 30

Stocks

Coopérateur de France (stocks au 31 décembre 1929)....	10.919 »»
Librairie	45.446 05
TOTAL....................	56.365 05

(1) La cotisation totale de l'A. C. I. est de 40.000 francs. Le M. D. G. et la B. C. F. y participent pour chacun 10.000 francs.

(2) En raison d'une subvention de 20.000 francs au Service de Révision de la Fédération du Nord et du Pas-de-Calais, le total des dépenses a été de 32.203 francs 40. Cette subvention a été supprimée cette année.
Le M. D. D. et la B. C. F. participent au Service de Révision pour chacun 9.000 francs.

Créditeurs divers

Coopérative de Ramonchamp		6.600 »»
Enfance Coopérative		1.992 60
Librairie :		
Dû à divers clients	99 25	
Dû pour publicité	16.738 »»	
		16.837 25
Coopérateur de France :		
Abonnements reçus pour 1930	1.937 »»	
Dû pour publicité	43.935 »»	
		45.872 »»
		71.301 85
Dû à l'Association pour l'Enseignement de la Coopération		2.726 »»
Dû à l'Assurance Ouvrière		5.131 »»
Dû à l'Ecole Technique		6.193 62
TOTAL		85.352 47

Pertes et Profits F. N. C. C.

Intérêts et agio sur compte B. C. F.	1.973 24	3.573 21
Redressement Compte Assurances (Commissions encaissées		17 75
Viré à Résultat F. N. C. C.	1.617 72	
	3.590 96	3.590 96

Propagande (Chap. III, Art. X)

Propagande	93.152 20
Action Coopérative	5.848 02
Délégation en Russie	6.521 10
Mois de Recrutement	14.206 20
Office de Documentation	14.871 »»
TOTAL	134.598 52

Action Coopérative

DEPENSES

Impression	6.997 37
Affranchissements	468 65
	7.466 02

RECETTES

Abonnements reçus	1.618 »»
Excédent de dépenses, viré à Propagande, chapitre III, art. X	5.848 02

Résultats

	Doit	Avoir
Cotisations		681.480 35
Pertes et Profits F. N. C. C.		1.617 72
Frais généraux .... Chapitre 1.	21.079 20	
Frais administratifs .... — 2.	312.468 70	
Propagande .... — 3.	353.832 22	
Statistique .... — 4.	18.200 »»	
Service de Révision et Comptabilité .... — 5.	14.203 40	
Dépenses imprévues .... — 6.	714 »»	
	720.497 52	683.098 07
Solde débiteur..................		37.399 45
Résultat F. N. C. C. (détail ci-dessus)......	37.399 45	
Commissions encaissées (assurance)........		4.635 10
Librairie : Bénéfice net....................		4.587 90
Commissions ristournées (assurance)......	2.846 05	
	40.245 50	9.223 »»
Résultat de l'exercice : Déficit F. N. C. C.		31.022 50
	40.245 50	40.245 50

Le Coopérateur de France

Compte d'Exploitation 1929

Recettes

Montant des abonnements reçus........	1.067.197 90	
Publicité	160.549 »»	
Vente de bouillons	15.977 »»	
		1.243.723 90
Stocks au 31 Décembre 1929........................		10.919 »»
Ensemble........		1.254.642 90

Dépenses

Papier pour bandes, adressographe et divers	24.573 90
Pourboires, gratifications, pointage......	6.842 30
Frais d'expédition, emballages, bureau..	136.593 50
Loyer	3.000 »»
Comptabilité	675.35
Papier Journal	408.376 40

Frais d'affranchissements	73.792 98	
Collaboration	67.808 45	
Impression	383.584 25	
Salaires	74.835 70	
Impôt sur chiffre d'affaires...........	450 95	
Amortissement du matériel............	26.460 »»	
	1.206.993 78	
Reprise du stock au 1er Janvier 1929....	31.249 30	
Pertes et Profits : Pertes sur abonnements irrécouvrables	556 50	1.238.799 58
Résultat : Bénéfice de l'exercice...............		15.843 32

Librairie

Compte d'Exploitation (Exercice 1929)

Stocks au 1er Janvier 1929............................		29.915 99
Montant des achats de l'exercice		119.103 55
Ensemble........		149.019 54
A déduire : Stocks au 31 Décembre 1929................		45.446 05
Prix de revient des marchandises vendues.............		103.573 49
Total des ventes de l'exercice.........................		122.145 69
Bénéfice brut........		18.572 20
Pertes et Profits : Clients irrécouvrables......	964 40	
Frais Généraux		
P. T. T., Frais d'expédition....	2.223 25	
Salaires	10.400 »»	
Comptabilité	396 65	
	13.984 30	
		13.984 30
Résultat : Bénéfice net.........................		4.587 90

Rapport de la Commission de Contrôle

CHERS COOPÉRATEURS,

Votre Commission de Contrôle, conformément au mandat que vous lui avez confié l'an dernier au Congrès de Royan, a examiné et vérifié les comptes d'exploitation et le bilan de la Fédération Nationale des Coopératives de Consommation.

Le chiffre des cotisations des Coopératives de Consommation est en diminution : francs 603.347,40 au lieu de francs 608.185,34, mais grâce à l'augmentation du versement du M. D. G. nous notons aux cotisations reçues un léger excédent de : francs 939,51.

Les Recettes totales de l'année sont en diminution de : francs 10.512,76 et les Dépenses en excédent de : francs 38.912,42. Le résultat donne un déficit de : francs 31.022,50.

Le Compte d'Exploitation de notre journal *Le Coopérateur de France* accuse un bénéfice de : francs 15.843,32.

Votre Commission de Contrôle affirme l'exactitude de ces comptes et vous prie de les accepter, tels qu'ils vous sont présentés.

La Commission de Contrôle :
TUTIN, WILKS, DUCROCQ, JEVAIS.

Le Rapporteur :
DAVID.

DEUXIÈME PARTIE

LE CONGRÈS de l'Alliance Coopérative Internationale à Vienne, en 1930

Le Congrès de l'Alliance Coopérative Internationale se tient tous les trois ans. Le dernier a eu lieu à Stockholm en 1927. On se rappelle quelle fût son importance et l'éclat qu'il eût. 70 organisations nationales, représentant plus de 60 millions de coopérateurs, s'étaient fait représenter par près de 500 délégués. La France y était représentée par 25 des siens.

Le prochain Congrès aura lieu cette année, à Vienne, du 25 au 28 août. Il sera l'hôte de la Coopération autrichienne qui dans ce petit pays représente une force considérable, proportionnellement à la population et qui dans l'immense et ancienne capitale de l'Empire austro-hongrois — aujourd'hui capitale de la jeune République Autrichienne — possède des institutions coopératives du plus haut intérêt et des réalisations formidables particulièrement en matière de consommation, pain, logements, etc., etc...

Le Congrès de Vienne promet de dépasser en grandeur celui de Stockholm, car depuis lors les forces de l'Alliance Coopérative Internationale n'ont fait que croître partout, comme le Mouvement Coopératif International lui-même, qui se développe dans tous les pays.

L'ordre du jour déjà fixé est du reste des plus nourris et des plus intéressants. Le temps sera largement employé pendant les quatre jours que durera le Congrès.

Les coopérateurs autrichiens se promettent de faire connaître au mieux leur propre organisation et s'apprêtent à recevoir dignement les coopérateurs du monde entier.

Les deux principales questions qui seront traitées sont :

1° Les principes de la Coopération de Rochdale et les systèmes modernes de vente à crédit. M. V. Klepzig (Allemagne) a été chargé par le Comité Central de l'A. C. I. de présenter un rapport sous sa responsabilité, rapport qui par conséquent engagera les débats.

2° Les « Pools », le financement et la mise en vente de la production coopérative dans ses rapports avec le Mouvement de consommation. Sir Thomas Allen (Angleterre) a été désigné par le Comité Central pour présenter un rapport dans les mêmes conditions que celles indiquées pour le rapport précédent. Ce rapport ne sera connu qu'après le Congrès de la F. N. C. C.

Mais en dehors de l'étude de ces deux grosses questions, le Congrès de Vienne prendra également connaissance du rapport du Secrétaire

Général sur l'activité de l'A. C. I., de son Comité Central et de son Exécutif, sur le travail de ses divers organismes, services, comités, ainsi que toutes les actions qu'elle a entreprises, suivi et développé.

La situation du Mouvement Coopératif International fera donc ainsi l'objet d'un débat les plus importants.

Seront examinées aussi, conformément aux statuts, les questions posées par les organisations nationales adhérentes à l'A. C. I.

De 1927 à 1930, l'Alliance Coopérative Internationale a pu renforcer son activité dans tous les domaines et sur tous les terrains. Non seulement elle a cherché à mettre en pratique les résolutions des Congrès antérieurs et en particulier de celui de Stockholm, mais elle a tenté d'animer partout le développement du Mouvement Coopératif sous toutes ses formes. Ses activités futures, étudiées par une commissioon spéciale — nommée du reste à Stockholm sur la propositioon de notre ami Albert Thomas, au nom de la délégation française — l'organisation de ses services, la procédure de son Congrès, et de son Comité Central, son action pour se faire connaître et agir auprès du Comité Economique de la Société des Nations, ses tentatives de rapprochement avec les organisations coopératives agricoles et particulièrement celles du Canada, marquent seulement quelques-unes de ses principales préoccupations.

La F. N. C. C. a du reste suivi assidûment ses travaux et participé largement à ses diverses entreprises avec l'action de ses représentants, tant Poisson comme vice-président et membre de l'Exécutif, tant ses délégués au Comité Central, Charles Gide, Albert Thomas, Poisson, Camin, Cleuet et Gaston Lévy ; tant par Lévy au Secrétariat du Comité International Bancaire ; tant par Cleuet au Comité du Magasin de Gros International. Ils se sont associés à tous les efforts faits tout à la fois pour développer l'influence de l'A. C. I., maintenir ses principes, assurer ses progrès et sauvegarder son unité. Ils ont appuyé surtout tout ce qui pouvait être un pas vers l'établissement de réalités positives et plus fécondes.

La F. N. C. C. tiendra, certes, à être représentée le plus largement possible — au moins proportionnellement à ses forces — aux grandes assises internationales. Les membres du Conseil Central ont été invités à y venir et une participation financière de la F. N. C. C. a été prévue pour chacun d'eux. Mais, le Conseil Central, s'il a la mission de représenter officiellement le Mouvement Coopératif et de voter en son nom, a pensé qu'on devait profiter de ce Congrès pour organiser un voyage d'études et de documentation qui permettra à des militants délégués par leurs Fédérations régionales ou leurs sociétés de pouvoir assister au Congrès et de profiter de cette occasion pour visiter les Mouvements Coopératifs qu'il y aura à traverser : Suisse, Autriche, Tchéco-Slovaquie et Allemagne.

Le voyage durera une quinzaine de jours et aura lieu approximativement entre le 15 et le 30 août. Le coût (environ 3.000 fr.) comprendra les frais de chemins de fer, de séjour, de visites, etc., etc. Il est à espérer que toutes les organisations coopératives françaises feront un grand effort pour permettre à notre pays d'avoir une représentation nombreuse et digne de lui.

Pour permettre au Congrès de la F. N. C. C. de connaître utilement le programme et l'ordre du jour du Congrès International de Vienne, le Conseil Central a chargé ses représentants au Comité Central de s'entendre pour mettre le Congrès français au courant des différents points de vue de l'ordre du jour du Congrès International.

Une note du Docteur Fauquet fixe le point de vue à propos du problème du Crédit ; A.-J. Cleuet, de son côté, a été chargé de présenter une motion qui sera introduite, conformément aux statuts de l'Alliance, à l'ordre du jour à propos de l'application des principes de Rochdale.

Des interventions seront également faites sur les autres questions à l'ordre du jour, mais l'absence de rapport introductif sur le plan international ne permet pas, avant le Congrès, de donner une forme écrite aux observations qui seront présentées.

Le Congrès de Tours ne manquera pas d'apporter toute son attention à l'examen du Congrès International de Vienne et à son ordre du jour pour fixer la position du Mouvement Coopératif français qui a toujours été inébranlablement attaché à l'Alliance Coopérative Internationale et à la Coopération Internationale.

La Vente à crédit et les Coopératives d'Épargne et de Crédit

(Rapport sur la question inscrite à l'ordre du jour du XIIIe Congrès coopératif international sous le titre : « Les principes de la coopération de Rochdale et les systèmes modernes de vente à crédit »).

Rapporteur : Docteur FAUQUET

La question de la vente à crédit, inscrite à l'ordre du jour du prochain Congrès coopératif international, a déjà été l'objet d'un large débat au VIIIe Congrès de la Fédération nationale, tenu à Lyon en 1921. Les rapports présentés et la discussion qu'ils provoquèrent montrèrent toute la complexité de la question. A la thèse traditionnelle de la condamnation de la vente à crédit furent opposées, non pas une, mais plusieurs conceptions tendant, soit à introduire dans le Mouvement Coopératif de consommation certaines modalités de vente à crédit, soit à organiser, en dehors de la vente à crédit mais par des organisations coopératives appropriées, la satisfaction des besoins de crédit qui pourraient être reconnues légitimes.

Des débats du Congrès de Lyon, nous ne retiendrons que la conclusion provisoire que lui a donnée le Congrès lui-même : nécessité d'une étude plus complète du problème sous ses divers aspects.

Depuis le Congrès de Lyon, huit années se sont écoulées. Parmi ceux qui y intervinrent, nos regrettés camarades Garbado et Isidore Lévy ont disparu. Quant aux autres, il ne serait pas concevable que leurs études et leur plus longue expérience de la vie n'aient pas précisé ou enrichi leurs conceptions. Pour notre part, nous avons surtout tiré un enseignement des informations que nous avons pu recueillir en sens opposés, d'un côté sur le développement récent de certains systèmes de crédit (Mutuality Clubs) dans les coopératives de consommation en Angleterre, et d'un autre côté sur les progrès des coopératives d'épargne et de crédit dans les milieux urbains d'ouvriers et d'employés aux Etats-Unis (« Credit Unions ») et dans quelques autres pays.

Nous exposerons ci-après l'essentiel des informations que nous avons ainsi recueillies. Elles nous paraissent justifier les conclusions que nous présentons à la fin de ce rapport comme complément au projet de résolution établi par le coopérateur allemand Klepzig, rapporteur déjà désigné pour le Congrès coopératif international (1). Nous aurons en tout cas fourni une documentation qui pourra être utile à tous ceux que le problème intéresse et notamment aux délégués de la Fédération nationale qui suivront les débats du Congrès de Vienne.

---

(1) Ce projet de résolution, dans la forme où il a été présenté au Comité Central de l'Alliance Coopérative Internationale au cours de sa dernière session (Londres, 3 et 4 octobre 1929) est ainsi conçu :

« Le développement sain et fort du Mouvement Coopératif International est

Grande-Bretagne : " Mutuality Clubs"

L'Union coopérative britannique, secondée par la Guilde des coopératrices, s'est toujours efforcée d'assurer dans les sociétés coopératives le respect de la règle de la vente au comptant. Toutefois, un grand nombre de coopératives de Grande-Bretagne pratiquent la vente à crédit sous différentes formes, dont quelques-unes ont pris dans ces dernières années un développement considérable.

En 1913, d'après les statistiques très détaillées que publie l'Union coopérative britannique, les dettes des sociétaires pour marchandises achetées à crédit chargeaient les bilans des sociétés de détail d'une somme de 1.236.664 livres sterling. Fin 1928, ces dettes s'élevaient à 4.908.133 livres sterling. Elles représentaient en 1913, 1,47 % du chiffre d'affaires et une somme égale à 13,6 % des stocks de marchandises. Fin 1928, ces pourcentages se sont élevés respectivement à 2,34 % et à 25,4 %.

Ces chiffres s'expliquent en partie, mais en partie seulement, par les crises qui ont frappé l'économie britannique et au cours desquelles les sociétés ont été amenées, par la détresse de leurs sociétaires, particulièrement dans certains districts, à prendre des mesures exceptionnelles. Pour une autre part, l'augmentation du poste « Dettes des sociétaires

---

dû en grande partie à la stricte observation et mise en pratique des principes posés par les Pionniers de Rochdale. Les efforts des consommateurs pour atteindre une extension plus rapide et une économie plus rationnelle de la production et consommation coopératives ont été favorisés de tout temps par l'application absolue de la vente au comptant. Le passé nous enseigne que l'application sans réserve du principe de la vente au comptant diminue les prix des articles de consommation et renforce l'économie des Sociétés coopératives et celle de leurs membres.

« L'abandon du principe de la vente au comptant mène à une diminution de l'efficacité et à une restriction de la liberté économique du commerce coopératif. Plus les Sociétés de Consommation s'éloignent dans leurs activités du principe de la vente au comptant, plus elles se rapprochent des entreprises capitalistes. Par conséquent, la vente à crédit qui ne peut s'accorder avec la vraie nature du Mouvement Coopératif doit être évitée sous n'importe quelle forme.

« Au cours des dernières années, d'anciens et de nouveaux systèmes de crédits ont été ressuscités et introduits qui servent à augmenter les ventes, sous des noms tels que « Mutuality Clubs », location-vente et autres. Ces formes, ainsi que d'autres formes de la vente à crédit, servent surtout à la fortification du système capitaliste. La vente à crédit devrait obvier à l'absence éventuelle d'un débit de marchandises produites pour le marché libre. Afin d'éviter et d'éliminer une stagnation des ventes, on crée, en étendant plus largement le crédit au consommateur, un pouvoir d'achat qui n'est pas naturel et qui, en réalité, ne représente qu'un stimulant pour augmenter la capacité d'achat. La création d'un pouvoir d'achat artificiel mène tout au plus à une augmentation « anticipée » du chiffre d'affaires qui doit être par la suite d'une influence défavorable sur les ventes.

« Quant au consommateur, tous les systèmes de crédit ont des effets défavorables sur lui. Sans même parler du renchérissement des articles de consommation dû à l'addition de l'intérêt, des commissions et autres frais, il y a une perte sensible de liberté économique, et les Sociétés qui vendent des marchandises à crédit ont surtout à souffrir du sacrifice de leur liberté d'action et de la perte du facteur le plus décisif de leur pouvoir d'achat, c'est-à-dire l'influence de la vente au comptant sur la fixation des prix. Ces dangereuses habitudes, au sein des Coopératives de Consommation, amèneront tôt ou tard de sérieuses perturbations dans les Sociétés. Les dangers de la vente à crédit sont tellement graves pour les Sociétés Coopératives de Consommation qu'ils ne seront jamais contrebalancés par une augmentation éventuelle du débit.

« En conséquence, le XIIIe Congrès de l'Alliance Coopérative Internationale fait un appel pressant à toutes ses Unions et Organisations affiliées et les exhorte d'obtenir dans toutes les Sociétés Coopératives de Consommation la reconnaissance et l'application stricte du principe éprouvé de la vente au comptant et de s'opposer énergiquement à ce que l'on accorde des crédits aux membres des Sociétés de Consommation. »

pour marchandises » est due au progrès de la vente à tempérament et au développement depuis 1923 du système de crédit désigné sous le terme « Mutuality Clubs » que nous aurons à expliquer. Disons tout de suite qu'il n'y a dans ce système ni clubs ni mutualité.

Le fait important à noter, plus encore que l'accroissement des ventes à crédit, c'est le changement d'attitude d'une partie des coopérateurs britanniques. Pour une fraction importante d'entre eux, la vente à crédit n'est plus un mal regrettable, une mauvaise habitude qu'on doit s'efforcer de faire disparaître. ; l'organisation de la vente à crédit est préconisée comme un moyen d'assurer le progrès du Mouvement.

Comment ce changement d'attitude s'est-il opéré ? Est-il justifié ? Pour répondre à ces deux questions, nous ferons de larges emprunts à la conférence sur « La Vente à crédit et la Vente à tempérament, spécialement d'après l'expérience de Grande-Bretagne », que fit le Professeur Fred. Hall à la IXe Ecole coopérative internationale (La Haye, 13-27 Juillet 1929). Cette conférence contient, non seulement une description des différents systèmes de crédit pratiqués par les coopératives britanniques, mais aussi un exposé très objectif des controverses que le développement de la vente à crédit a provoquées en Grande-Bretagne dans ces dernières années.

Les divers systèmes de crédit pratiqués par les coopératives britanniques se ramènent à trois types principaux :

a) le « crédit ouvert » (Open credit) ;

b) la location-vente (Hire purchase credit) ;

c) les « Credit clubs » et notamment leur forme récente, les « Mutuality clubs ».

Crédit ouvert

Le « crédit ouvert », c'est le vieux crédit, l'équivalent du crédit chez l'épicier. D'après le Professeur F. Hall cette forme de crédit n'a probablement jamais été entièrement absente du mouvement coopératif britannique, même dans ses premiers jours. On l'a observée principalement dans les districts où autrefois les ouvriers étaient payés à la semaine. Les sociétaires pouvaient obtenir des marchandises à crédit dans l'intervalle des jours de paye et se libérer le jour même de la paye. Quelques sociétés, particulièrement dans les villes où le crédit était facilement accordé par les commerçants privés, ont donné une plus longue période de crédit s'étendant même sur un trimestre par exemple, tous les comptes devant être réglés à la fin du trimestre, lorsque le bilan était établi.

Lorsque le montant du crédit permis est limité au montant du capital versé par le sociétaire, le crédit est dit alors « crédit régulier », et lorsqu'il dépasse cette limite il est dit « irrégulier ».

Une grande société écossaise a un système spécial. Les sociétaires sont autorisés à prendre des marchandises à crédit pour une somme égale à une fraction de leurs parts sociales dite « trading capital » qui ne porte aucun intérêt. Un tel système ne rentre pas complètement dans la définition de la vente à crédit. Il peut être considéré, à certains égards, comme un système de paiement d'avance.

Le Professeur Hall décrit en outre quelques formes de « crédit ouvert » dans les relations entre les sociétaires et les services de livraison à domicile.

Location-Vente (Hire-Purchase)

La location-vente est largement pratiquée en Grande-Bretagne comme en France et dans les autres pays par le commerce privé, notamment dans le commerce des meubles. C'est également pour les rayons de meubles que la location-vente s'est développée dans les Sociétés coopératives britanniques durant ces 20 dernières années et plus particulièrement depuis une dizaine d'années (1).

« *Credit-Clubs* »

Le terme « club » pris dans un sens très particulier a servi tout d'abord à désigner dans les coopératives britanniques, une organisation d'épargne. Les extraits ci-après de la Conférence du Professeur Fred. Hall nous montreront comment la même expression a été, par la suite, appliquée à des systèmes de ventes à crédit, dont le plus récent est désigné sous le nom de « Mutuality Clubs ».

« Des « clubs », expose le Professeur F. Hall, ont existé depuis de longues années dans le mouvement coopératif. Originairement, ils étaient institués pour permettre aux sociétaires de constituer régulièrement des épargnes en vue de l'achat d'articles d'un prix élevé, tels que les vêtements et les meubles. Pour simplifier la comptabilité, chacun des sociétaires intéressés s'engageait à épargner une somme déterminée (soit une livre sterling ou un nombre déterminé de livres sterling) en versant une somme déterminée (par exemple un shilling chaque semaine ou à la fin de périodes plus longues composées d'un nombre déterminé de semaines). En outre, tous commençaient à épargner au même moment. Les sociétaires qui désiraient faire des épargnes de cette manière étaient collectivement désignés comme formant un « club » et chaque livre sterling ou toute autre somme qu'ils avaient à épargner (quelques clubs fixaient cette somme à 13 shillings qui représentent un shilling par semaine pour 3 mois) était décrite comme une part. Un même sociétaire pouvait s'engager pour une ou plusieurs parts et l'unité hebdomadaire de contribution était multipliée par le nombre de parts pour déterminer la somme que le sociétaire devait verser chaque semaine. A la fin de la période convenue, le « club » était liquidé. La somme épargnée par chaque sociétaire lui était remise et lui permettait d'acheter des vêtements, etc..., qu'il n'aurait pas pu acheter avec le revenu d'une seule semaine, somme qui probablement n'aurait pas été épargnée sans la contrainte morale résultant de l'engagement pris. Cette forme de « club » était un excellent moyen d'encourager

---

(1) Dans la location-vente, le fournisseur reste propriétaire de l'objet livré jusqu'au terme du contrat, mais ce contrat, juridiquement complexe, contient des éléments qui économiquement et socialement en font une variété de la vente à crédit. Il ne serait sans doute pas impossible de transformer le contrat de location-vente en un autre contrat où, l'élément de location étant retenu, l'élément de vente à crédit serait transformé en un élément d'épargne. Il suffirait pour cela : 1° que le contrat contînt une clause de cessation de la location à la volonté du locataire ; 2° que les conditions de reprise de l'objet loué soient équitables. Pour que ces conditions soient équitables, il y aurait lieu de distinguer dans le montant des versements échelonnés : *a*) la part de ces versements qui correspond à l'intérêt et aux frais généraux, *b*) la part qui correspond à la dépréciation de l'objet par l'usage, *c*) le surplus. Il est évident que les parts *a* et *b* constituent les éléments qui peuvent intervenir dans le prix de location ; la part *c* est en réalité une épargne constituée par le locataire ; ce qui est essentiel, c'est que la destination finale de cette épargne soit laissée à la détermination libre de l'épargnant. Si, non pas dès l'origine du contrat, mais au moment choisi par le locataire, ce dernier se décide à acquérir l'objet, il sera fait compensation entre, d'une part, le prix de l'objet, compte tenu de sa dépréciation par l'usage, et, d'autre part, le total des épargnes déjà constituées par le locataire. Si au contraire, le locataire ne se décidait pas, au plus tard à la fin du contrat à acquérir l'objet, les épargnes qu'il aurait constituées en même temps qu'il versait le prix du loyer lui seraient restituées.

l'épargne et rendait de grands services. Quelques « clubs » de ce type existent encore et ont été complétés par des systèmes de timbres-épargne.

« Des modifications ont été graduellement introduites dans le système originel des « clubs », principalement à l'imitation de pratiques développées en dehors du mouvement coopératif :

a) La première modification fut de permettre que les marchandises soient achetées chaque semaine pour une somme correspondant à l'ensemble des versements reçus par le « club » durant la semaine. Ces achats étaient faits successivement par les différents membres du club dans un ordre déterminé par le sort. Si, par exemple, avec des parts d'une livre sterling chacune, (soit 20 shillings), 400 parts avaient été émises, payables à raison de un shilling par semaine, la recette hebdomadaire était de 20 livres sterling. Alors vingt des membres du « club » choisis par le sort étaient autorisés à acheter des marchandises pour la valeur d'une livre sterling chacun, étant entendu qu'ils auraient à continuer leurs versements. A la fin des 20 semaines tous les membres avaient reçu la valeur de leur part (1). Il y a donc dans ce système un élément de crédit puisque ceux qui ont assez de chance pour être désignés dans la première semaine ont la pleine valeur de leur part avant de l'avoir libérée, mais la société elle-même ne fait pas de crédit, car les marchandises qu'elle livre chaque semaine ne dépassent pas la valeur des sommes qu'elle a reçues pendant la semaine. Cette sorte de « club » continue à être en usage.

b) La seconde modification à l'organisation originale des « clubs « comporte du crédit dans une large mesure. Tous les membres sont autorisés à acheter des marchandises pour la pleine valeur de leurs parts, dès qu'ils ont payé les deux ou trois premiers versements, le nombre de parts que chaque membre peut souscrire étant évidemment limité. Ce type de « club » par suite introduisit la vente à crédit dans une mesure importante. C'était le type le plus répandu de « club » jusqu'au développement récent et considérable de la vente à crédit par le moyen des « mutuality clubs ».

« *Mutuality clubs* ». — Les « Mutuality clubs » ne diffèrent pas en principe des clubs déjà décrits. Les membres prennent leurs parts qui sont généralement une livre sterling. Ils font des versements de un shilling

---

(1) C'est sur le même principe que furent constituées en Angleterre, dès la fin du XVIIIe siècle, les coopératives de crédit à l'habitation du type des « Terminating Building Societies ». Chaque sociétaire contribue, par ses versements, à la constitution des ressources de la société. Dès que celle-ci a suffisamment de fonds pour la construction d'une maison, ces fonds sont remis à un des sociétaires désigné par le sort. Puis les versements continués et accumulés permettent de satisfaire un deuxième sociétaire et ainsi de suite jusqu'à ce que tous aient reçu les fonds dont ils ont besoin. L'inégalité qui résulte du sort peut être compensée de diverses manières, notamment par une inégalité inverse dans le montant des versements.

Le crédit mutuel sous la même forme est pratiqué en Chine depuis des siècles (on en fait remonter l'invention au IIe siècle avant Jésus-Christ) dans les classes populaires, en vue de dépenses quelconques exigeant une somme qui ne pourrait être accumulée que très lentement par une personne isolée. Une thèse de Wu Chang intitulée : « Chinesische Kreditvereinigung » (Université de Berlin, 1917) donne des renseignements détaillés sur les diverses méthodes employées. Voici pour l'une d'entre elles, le tableau des versements (—) et des encaissements (+) qui seront effectués jusqu'à règlement complet dans un groupe de cinq personnes, désignées par les lettres A, B, C, D, E.

Périodes	A	B	C	D	E
1	+ **400**	— 100	— 100	— 100	— 100
2	— 105	+ **405**	— 100	— 100	— 100
3	— 110	— 105	+ **415**	— 100	— 100
4	— 115	— 110	— 105	+ **430**	— 100
5	— 120	— 115	— 110	— 105	+ **450**
Versements.	— 450	— 430	— 414	— 405	— 400
Encaissem[ts].	+ 400	+ 405	+ 415	+ 430	+ 450

Le premier servi aura reçu 400 et versé 450. Le dernier servi aura, inversement, versé 400 et reçu 450.

a

par semaine et sont autorisés à se faire livrer des marchandises pour la pleine valeur de leurs parts, après avoir effectué deux ou trois versements. Mais les « Mutuality clubs » diffèrent des « clubs » du type précédent sur trois points :

a) Alors que dans les « clubs » précédents, une date déterminée était fixée pour le commencement du « club » et que les membres devaient tous commencer leurs versements au même moment, au contraire les sociétaires peuvent souscrire aux « Mutuality clubs » à n'importe quel moment.

b) Dans les « Mutuality clubs », des collecteurs et démarcheurs sont appointés, tandis que dans les clubs précédents, les sociétaires se rendaient dans les magasins de la société pour souscrire les parts du « club » et y faire leurs versements. Les agents des « Mutuality clubs » vont de porte en porte pour recruter des adhérents et recevoir leurs versements chaque semaine. Ces agents reçoivent une commission sur le montant des sommes qu'ils ont encaissées, en général 5 %.

c) Enfin, le « Mutuality club » est l'objet d'une publicité, d'une propagande, qui n'ont jamais été employées avec une pareille intensité pour les autres systèmes. On peut ajouter que les « Mutuality clubs » ont été introduites à un moment où il y avait beaucoup de chômage et où la vente à tempérament était devenue largement populaire. Les « Mutuality clubs » ne fonctionnent généralement que pour les rayons de vêtements et de meubles, quelquefois pour des services du charbon, mais jamais pour les rayons de denrées alimentaires ».

Voici maintenant en quels termes le professeur F. Hall exposait aux étudiants de l'Ecole coopérative internationale les arguments et objections qui se sont opposés au cours des dernières années sur la question de la vente à crédit dans les coopératives britanniques :

« La plus grande controverse concerne les « Credit clubs ». Ceux qui en sont partisans font observer, avec raison, que les classes ouvrières en Grande-Bretagne dépensent déjà des sommes énormes par le crédit organisé par les commerçants privés et que le mouvement coopératif a peu de chance de s'assurer leur clientèle et de développer ses ventes de vêtements et de meubles, à moins qu'il n'offre des facilités de même nature. Les « clubs » organisés par les sociétés coopératives font, sans aucun doute, un très gros chiffre d'affaires. On fait observer également avec raison que les sociétés coopératives, par l'organisation des « clubs » donnent aux classes ouvrières de meilleures marchandises à un prix moins élevé et emploient des méthodes plus correctes que les méthodes employées par les « clubs » des commerçants privés. On dit, en outre, que la position économique de l'ouvrier aujourd'hui ne lui permet pas de faire des épargnes à l'avance, et s'il s'y essaye, ses épargnes sont dispersées sur d'autres objets avant qu'il en ait mis suffisamment de côté pour acheter l'article en vue duquel il avait commencé l'épargne. A cela, on répond que réduire la nécessité de mettre de l'argent de côté, c'est décourager l'habitude de l'épargne et à cet argument les partisans de la vente à crédit répondent en faisant remarquer que le sociétaire qui est engagé dans un « club » doit faire chaque semaine des versements et doit, par suite, réserver une portion de son gain hebdomadaire dans ce but, de sorte qu'il est conduit à une plus grande attention dans l'administration de son budget et dans l'emploi de son revenu. Néanmoins, il y a quelque fondement, si faible soit-il, dans cette opinion que la possibilité de se procurer du crédit conduit à moins d'attention dans l'achat des objets de luxe, achat qui devient ensuite un fardeau pour les acheteurs.

Une autre critique élevée contre le système des « Mutuality clubs » se réfère non au principe, mais à la pratique suivie par les organisateurs des « Mutuality clubs » qui permet aux acheteurs à crédit d'avoir les marchandises au même prix que les acheteurs au comptant. Il y a en réalité deux objections. La première que cette pratique décourage la vente au comptant, car pourquoi une personne achèterait-elle comptant si elle peut reculer le paiement de plus de 20 semaines et employer son argent pour d'autres objets dans l'intervalle ? La seconde objection est que les affaires effectuées par la vente à crédit entraînent des dépenses plus élevées que les affaires au comptant (pour ne prendre qu'un seul poste de dépenses, les frais d'encaissement des versements sont de 5 %) et il est par suite injuste de faire payer aux consommateurs payant comptant le même prix qu'aux consommateurs des « clubs ».

A ces objections, on oppose que le chiffre d'affaires effectué par les « clubs » augmente le chiffre d'affaires total et que par suite le pourcentage des frais généraux se trouve réduit, réduction dont profitent eux aussi les acheteurs au comptant. Cette réplique n'est pas tout à fait satisfaisante, car il reste toujours vrai que les dépenses de la vente à crédit sont plus élevées que celles de la vente au comptant (commission aux encaisseurs, comptabilité supplémentaire, perte pour mauvaises dettes) de telle sorte qu'il semble, malgré tout, inéquitable d'avoir le même prix pour les acheteurs au comptant et pour les acheteurs à crédit. Il n'est pas surprenant qu'avec le développement de la vente à crédit dans les sociétés de détail, il y ait eu des demandes de crédit supplémentaire de la part de ces sociétés à la Cooperative Wholesale Society, mais le Magasin de Gros a réussi jusqu'à présent à résister à cette demande ».

Nous terminerons les extraits que nous avons faits de la conférence du Professeur Hall en reproduisant le passage suivant qui exprime une tendance à laquelle nous nous rallions nettement :

« On peut admettre, je crois, dit le Professeur F. Hall, que tout système social peut être jugé par la qualité des citoyens qu'il produit... Si la coopération représente pour nous un effort de régénération de la société, grâce auquel un meilleur ordre social peut être réalisé, nous devons attendre de la coopération qu'elle produise un meilleur type de citoyen que celui qui est produit par la concurrence et le commerce privé. Le mouvement coopératif, par suite, ne peut pas accepter celles des méthodes du commerce privé qui n'aident pas à faire de meilleurs citoyens.

«..... Dire que le but du mouvement coopératif est de produire une meilleure qualité d'hommes et par suite une meilleure qualité de citoyens, un plus haut type d'organisation sociale et un meilleur monde, peut être considéré comme une présentation idéaliste des buts de la coopération. Cependant, la coopération ne laissera une impression permanente sur la civilisation du monde qu'à la condition de servir ce but. Cette opinion sur le but de la coopération n'est pas totalement acceptée par tous les coopérateurs. Il y a des coopérateurs qui voient dans le mouvement coopératif principalement une organisation économique qui offre un meilleur service, qui assainit les méthodes du commerce, qui assure plus d'équité entre les individus et une plus grande économie dans la satisfaction des besoins du peuple que ne le fait l'économie capitaliste. Ceux qui pensent ainsi envisagent les affaires principalement comme une fin en elles-mêmes ; ceux qui au contraire adoptent le premier point de vue, le point de vue idéaliste, pensent que les affaires sont un moyen pour une fin et par suite portent leur attention sur les méthodes commerciales employées et les jugent dans leurs relations avec le but ultime de faire de bons citoyens. De ce dernier point de vue, le récent développement de la vente à crédit et la propagande intense qui est faite en Angleterre en sa faveur peuvent créer quelque appréhension dans les esprits des coopérateurs conscients ».

Marquons l'identité de cette conception du but ultime de la coopération avec celle qu'a exprimée l'année dernière Albert Thomas aux applaudissements du Congrès de Royan : « Il n'y a pour la solution du problème social qu'une grande conception : faire des hommes, faire de l'homme, sauver de l'homme. Sauver tous les hommes comme disait Vinet, réaliser en chaque homme la plénitude de l'humanité moderne comme disait notre Jaurès, c'est là le programme très général, très sain qui doit nous animer ». Ce serait au surplus une erreur de penser que le meilleur moyen de lutter contre le commerce privé soit d'imiter ses pratiques. Ce serait méconnaître les moyens d'action qui appartiennent en propre à la coopération que de réduire ses possibilités à la pauvre et paresseuse formule : « lutter contre le commerce avec ses propres armes ». Il n'y a pas opposition, mais accord profond entre les préoccupations idéalistes et les préoccupations pratiques. Le but et les moyens sont dans un rapport étroit d'intimité. Est-ce que les moyens employés, plus encore que les intentions originelles, ne déterminent pas à chaque instant la direction et, par suite, le but ? Pour être certains de progresser sur le chemin qui nous mènera au but coopératif, faisons choix des moyens qui mettent en jeu tout à la fois la valeur économique et la valeur morale de la coopération.

Des « Mutuality Clubs » furent institués en premier lieu par la « London Society » au printemps de 1923. Les résultats commerciaux obtenus déterminèrent d'autres sociétés à adopter le même système. Dès 1925, 42 sociétés de la section sud de l'Union britannique l'avaient adopté, puis le système se répandit dans les autres sections.

Il n'était tout d'abord question dans les réunions de propagande, dans la presse coopérative, que des avantages du nouveau système qui permettait d'accroître le chiffre d'affaires, de transformer en bénéfice les pertes des rayons de vêtements, chaussures et meubles. Puis, peu à peu, des protestations s'élevèrent, timides d'abord puis plus vigoureuses. Déjà, au Congrès de Hartlepool, le président A. Whitehead mettait en garde le mouvement contre l'extraordinaire croissance de la vente à crédit au cours des trois dernières années : « les coopérateurs ne doivent pas oublier que si le crédit comme le feu peut être un bon serviteur, il peut devenir un mauvais maître. L'augmentation du chiffre d'affaires peut être obtenue à un prix trop élevé ; de fortes garanties sont essentielles. Il est nécessaire qu'une enquête complète soit faite avant que le nouveau système des « Mutuality Clubs » ne prenne trop d'extension ». L'année dernière au Congrès de Torquay, H.-J. May, dans son adresse présidentielle, élevait une vigoureuse protestation contre le développement de la vente à crédit.

Les protestations qui s'affirment au sein même du Mouvement Coopératif britannique ne suffiront sans doute pas à faire abandonner le système des « Mutuality Clubs » par les sociétés qui l'ont déjà mis en vigueur, mais il a suffi que le mouvement d'opposition prenne corps pour que les partisans des « Mutuality Clubs » ne se contentent plus de les préconiser comme une merveilleuse recette « pour pousser les ventes » (to push the sales). Dans les controverses auxquelles les « Mutuality Clubs » donnent lieu, on développe cette idée que le seul moyen de soustraire les sociétaires aux mauvaises pratiques des maisons de vente à crédit, c'est l'organisation de la vente à crédit par les coopératives elles-mêmes. Il y a des besoins, dit-on, à satisfaire : la coopération a le devoir de les satisfaire. Et alors, on se retourne vers les adversaires de la vente à crédit pour leur demander : « quelle est votre solution ? Comment résoudrez-vous le problème de faire bénéficier de la coopération les classes les plus pauvres ? ».

La réponse est venue de Henry W. Wolff qui, de 1895 à 1907, présida l'Alliance coopérative internationale dont il fut le véritable fondateur, réalisant l'idée pour laquelle avaient milité de Boyve et Vansittart Neale grâce à sa prodigieuse activité comme à sa connaissance approfondie de la coopération dans toutes ses formes et dans tous les pays. Comme notre Charles Gide, Henry W. Wolff, malgré son grand âge, non seulement continue sa production scientifique, mais aussi conserve toute la jeunesse et la passion du militant. Un coopérateur ayant, à la suite d'une première lettre de H.-W. Wolff, reproché à ce dernier de condamner les « Mutuality Clubs » sans présenter d' « alternative », H.-W. Wolff répliqua par une seconde lettre, publiée dans les « Cooperative News » du 26 Octobre dernier, dont nous donnons ci-dessous les passages essentiels :

« Les coopérateurs qui ont besoin de crédit doivent constituer leurs propres coopératives de crédit, coopératives qui rendent le crédit meilleur marché et, en plus, au lieu d'appauvrir, sauvent et enrichissent par le contrôle qu'elles exercent sur l'emploi du crédit accordé... Toute la question est dans la séparation de deux opérations qui appartiennent à des domaines différents. Le crédit au magasin tente et incite à l'imprévoyance; le crédit des coopératives de crédit réfrène la tendance à la dépense et n'autorise que des emplois utiles...

« La coopérative de consommation, tout comme le marchand, fait du crédit dans son propre intérêt pour augmenter ses ventes. La coopérative de crédit pèse chaque cas et prête seulement lorsque le crédit est légitime du fait qu'il assure à l'emprunteur soit une économie — par exemple en lui permettant d'acheter au comptant au lieu d'acheter à crédit, — soit tout autre avantage résultant d'un emploi profitable du crédit. Voilà qui est prouvé dans les autres pays dans des milliers de cas et maintenant, d'une manière très significative, aux Indes où les dépenses insensées qui accompagnent les mariages des Hindous et les funérailles des Mahométans ont été effectivement réduites sous l'influence des coopératives de crédit...

« Le magasin coopératif n'est pas une banque... S'il y a des besoins de crédit (autres que ceux des sociétés elles-mêmes qui sont satisfaits par le service de banque de la Coopérative Wholesale Society), que les coopérateurs organisent leurs coopératives de crédit sur le modèle de celles qui fonctionnent ailleurs avec succès dans des milliers de cas, qu'ils n'abandonnent pas la bonne vieille maxime de la vente au comptant ; qu'ils restent fermement attachés aux principes qui ont permis au mouvement d'atteindre son brillant développement ».

Les coopératives de crédit, plus exactement les coopératives d'épargne et de crédit — que Henry W. Wolff recommande comme solution des problèmes que la vente à crédit prétend résoudre alors qu'elle les aggrave — sont actuellement dans le monde au nombre de près de 200.000. De toutes les formes de la coopération, c'est à coup sûr la plus universellement répandue. Les coopératives de crédit et d'épargne ont pris leur premier essor en Allemagne dès le milieu du XIXe siècle sous l'influence de Raiffeisen. Elles se sont ensuite répandues dans toute l'Europe, puis au Canada, dans l'Amérique du Sud (principalement en Uruguay), dans l'Inde britannique grâce à l'intervention décisive de H.-W. Wolff dans la préparation de la loi de 1902 sur les coopératives, puis au Japon, aux Iles Philippines, dans les Etats Malais, plus récemment aux Etats-Unis. Ce sont elles qui, déjà au nombre de 500 ou 600 en Chine, y représentent le premier essor du Mouvement Coopératif. En Russie, leur développement présent marque une étape essentielle dans la voie de la reconstitution et des progrès de la coopération paysanne et artisanale. Partout, elles ont réussi à lutter efficacement contre les usuriers. Partout où, contre le fléau de l'usure avaient échoué la philantropie et les interdictions légales, la coopération de crédit s'est montrée victorieuse.

Toute la question est de savoir si la coopérative d'épargne et de crédit, qui a rendu les services que nous venons de rappeler aux populations paysannes, peut s'adapter aux conditions spéciales d'existence dans les villes, aux besoins particuliers des ménages urbains. Or, il se trouve qu'aux Etats-Unis, pays des violents contrastes, s'est développé à côté et en concurrence aussi bien avec les formes les plus sordides de l'usure qu'avec les systèmes les plus perfectionnés de vente à crédit, un mouvement jeune encore mais vigoureux de coopératives d'épargne et de crédit qui, pour une grande part, ont recruté leurs membres parmi les ouvriers industriels et les employés. C'est à la description de ce mouvement et de ses méthodes que nous consacrerons la deuxième partie de ce rapport.

L'exemple des États-Unis : les "Credit Unions"

La première loi établissant aux Etats-Unis un statut juridique pour les coopératives d'épargne et de crédit fut promulguée dans l'Etat de Massachutssetts en 1909 sur la recommandation du « Commissionner of Bank » de l'Etat de Massachussetts, Pierre Jay, qui avait été frappé des résultats obtenus par cinq associations nées spontanément dans les milieux d'employés et d'ouvriers de Boston. La plus ancienne de ces associations, « The Globe Savings and Loan Association », avait été créée en 1892. Au 1er Janvier 1909, elle groupait 444 sociétaires ; son bilan portait 53.319 dollars d'épargnes et 48.329 dollars de prêts en cours. Au cours de l'année, elle avait accordée 4.579 prêts pour un montant total de 67.571 dollars.

Le vote de la loi sur les « Credit Unions » (1) a rendu possible leur développement sur des bases régulières et sûres. Fin 1927, on comptait dans l'Etat de Massachussetts, 279 sociétés avec 90.000 sociétaires ; dans l'Etat de New-York, 113 sociétés avec 71.000 sociétaires et dans 22 autres Etats, 126 sociétés avec 52.250 sociétaires. Le montant des ressources de ces 518 sociétés s'élevait à 30.485.000 dollars (750 millions de francs français).

Un certain nombre de « Credit Unions » ont été créées dans des milieux ruraux ; leur développement aux Etats-Unis ne fait que confirmer les résultats obtenus par les coopératives de crédit depuis trois quarts de siècle par les paysans européens. Par contre, les coopératives d'épargne et de crédit qui se sont développées aux Etats-Unis dans de grandes cités telles que Boston et New-York représentent un apport nouveau à l'expérience coopérative. C'est d'elles que nous nous occuperons principalement : leur succès qui se confirme d'année en année montre qu'il est possible d'adapter aux conditions de la vie urbaine et aux besoins des employés et ouvriers, les règles d'organisation et de fonctionnement dont la valeur expérimentalement démontrée a porté aux quatre coins du monde le nom de Raiffeisen (2).

---

(1) Les coopératives d'épargne et de crédit portent aux Etats-Unis le nom de « Credit Unions » pour une raison assez particulière. Quand la première loi fut votée dans l'Etat de Massachussetts, on pensa d'abord appeler ce type d'organisation « Banque Coopérative », mais on s'aperçut que le nom de Banque Coopérative s'appliquait depuis plusieurs années, selon la loi de Massachussets, à un autre type de banque coopérative connue dans tous les autres Etats des Etats-Unis comme coopérative de crédit à l'habitation. L'expression « Credit Unions » fut employée pour désigner une union de personnes dont le but est de veiller aux problèmes ayant trait à leurs crédits. (« Le Mouvement coopératif de Crédit en Amérique », par Roy F. Bergengren, *Revue de la Coopération Internationale*, septembre 1927).

(2) Les coopératives d'épargne et de crédit du type des « Credit Unions » américaines ne doivent pas être confondues avec les coopératives de crédit du type des banques Schultze-Delitsch en Allemagne, banques populaires en France et en Italie.

Les « Credit Unions », comme toutes les coopératives d'épargne et de crédit du type Raiffeisen, se proposent un triple but :

1° Encourager l'épargne parmi leurs membres en leur assurant un placement sûr, commode et attrayant ;

2° Supprimer l'usure et la misère en permettant à leurs membres d'emprunter à des taux raisonnables pour des buts dont l'utilité est démontrée ;

3° Enseigner à leurs membres la pratique des affaires, le sens des responsabilités et la valeur de la Coopération.

Comme dans les « Clubs » d'épargne de certaines coopératives britanniques, celui qui entre dans une « Credit Union » prend un engagement d'épargne par la souscription d'au moins une part sociale. Les parts sociales sont généralement de 5 dollars (125 fr.) ou de 10 dollars. Elles doivent être libérées par des versements hebdomadaires réguliers, fixés généralement à 25 cents (6 fr. 50) ou à une somme plus faible.

Le sociétaire détermine lui-même, en fixant le nombre des parts qu'il souscrit, ce qu'il s'estime capable d'épargner par des versements réguliers. Il doit ensuite respecter son engagement sauf à recourir en cas de besoin à une demande de prêt. Dans la plupart des Etats, les « Credit Unions » sont autorisées à recevoir les dépôts qui constituent pour les sociétaires une forme d'épargne temporaire à côté des parts sociales qui représentent une épargne plus consolidée. Mais les comptes de dépôts ne sont pas une disposition essentielle des « Credit Unions » au même titre que les parts sociales. Non seulement ce sont les parts sociales qui sont l'origine principale des ressources des « Credit-Unions », mais par les règles concernant leur libération, elles constituent l'élément accepté de contrainte qui soutient la volonté d'épargner et en crée l'habitude.

Avec les fonds ainsi rassemblés, les « Credit Unions » accordent des prêts à leurs propres membres. Un écart raisonnable est établi entre l'intérêt servi aux parts sociales et l'intérêt demandé pour les prêts. Cet écart sert à couvrir les frais généraux très réduits des « Credit Unions » et à constituer un fonds de réserve toujours collectif et impartageable (1).

Quel que soit le nombre des parts sociales souscrites, chaque sociétaire n'a qu'une voix dans l'assemblée générale. L'assemblée générale élit un Conseil d'administration, une commission de contrôle et une commission des prêts. Les membres du Conseil et des commissions ne peuvent emprunter des sommes supérieures au montant de leur épargne ni se porter caution pour d'autres emprunteurs. En général, ils ne sont pas rétribués. Seuls, les trésoriers reçoivent une rétribution dont le montant est fixé par les sociétaires. Néanmoins, lorsque les sociétés se développent, elles sont conduites à occuper un certain nombre d'employés rétribués.

Les caisses rurales du type Raiffeisen n'accordent des prêts que pour des buts productifs. Le « prêt productif » sera, par exemple, pour des petits fermiers, le prêt pour achat de semences, de bétail, d'instruments agricoles. Les « Credit Unions » qui se sont développées aux Etats-Unis dans les milieux urbains d'employés et d'ouvriers, ont élargi la notion du prêt productif jusqu'à y comprendre tout prêt dont l'utilisation

(1) La plupart des « Credit Unions » perçoivent un droit d'entrée, de 25 cents au maximum, qui est versé au fonds de réserve.

relèvera ou fortifiera les conditions de l'emprunteur. A l'expression « Prêt productif », se substitue alors l'expression plus large de « Prêt d'utilité » (« Provident loan »). Les statistiques qui ont été publiées sur les prêts accordés d'après leur nature, montrent qu'un grand nombre de prêts ont été motivés par la nécessité de payer les honoraires d'un médecin, de soigner un malade, de faire une opération chirurgicale, de régler le dentiste, etc. Les demandes de prêts sont aussi fréquemment motivées par des achats de mobiliers, par l'achat d'une maison, la nécessité de la réparer ou de l'améliorer. Voici d'autres exemples : l'instruction d'un enfant, des impôts à payer, une hypothèque à purger, le transport d'un frère d'Allemagne aux États-Unis, l'achat de meubles cédés à prix modéré sous la condition d'un paiement comptant, des prêts pour éteindre des dettes onéreuses contractées auprès de marchands ou d'usuriers, pour payer le loyer d'un sociétaire en chômage et éviter la saisie de son mobilier, etc.

Les demandes de prêts sont faites par écrit avec l'indication de l'emploi en vue duquel le prêt est demandé. La commission des prêts se prononce à la majorité de ses membres et fixe les termes de paiement et de garantie.

Il est d'usage général que les prêts jusqu'à 50 dollars (1.250 fr.) sont accordés sans garantie spéciale. Certaines « Credit Unions » accordent le prêt sans garantie spéciale lorsqu'il ne dépasse pas le montant d'une semaine de salaire. Les prêts plus importants doivent être garantis soit par la caution de un ou deux autres sociétaires, soit par toute autre garantie. L'importance des versements sur parts sociales déjà effectués par l'emprunteur entre également en ligne de compte, mais la valeur des sûretés réelles est toujours subordonné au jugement que la Commission est en mesure de porter sur le caractère connu de l'emprunteur, ses habitudes et ses besoins.

Seuls, les sociétaires peuvent emprunter, ce qui n'exclut pas qu'une demande de prêt ne puisse être formulée dès l'entrée dans la société en même temps que la demande d'admission. Dans ce cas, il arrivera que la commission des prêts posera comme condition que l'emprunteur devra souscrire dès son entrée dans la société un nombre déterminé de parts sociales , de sorte que, en même temps que le nouveau sociétaire se libérera de sa dette, il se constituera une épargne.

La coopérative d'épargne et de crédit, du fait qu'elle est en mesure de faire à peu de frais et avec une sûreté suffisante un diagnostic correct du crédit à accorder à ses propres membres, comble la lacune que signalait, en février 1925 « l'United States Investor », magazine très conservateur publié à l'usage des banques et des banquiers : « Malgré les grands progrès réalisés à certains égards, lisait-on dans ce journal, les banques sont arrivées à une impasse dans un domaine très important : ...leur action en matière de crédit ne s'étend pas au travailleur... ; elles n'ont pas encore découvert le moyen de prêter au salarié sur la garantie de ses qualités personnelles ».

Les « Credit Unions » ont lutté très efficacement contre les usuriers. Une enquête sur les procédés usuraires pratiqués au détriment des salariés de la ville de Boston fut entreprise en 1915 à l'instigation du maire, M. James M. Curley, et révéla que 1.200 salariés de la ville avaient contracté des emprunts auprès de prêteurs privés à un intérêt moyen de 180 %. Chaque semaine, une moyenne de cent ouvriers perdaient une demi-journée de travail pour répondre aux poursuites engagées par des usuriers. Une coopérative d'épargne et de crédit fut organisée pour porter remède à cette situation. Deux ans plus tard, elle avait consenti 725 prêts d'un montant total de 56.698 dollars. Au 31 octobre 1925, elle possédait un avoir de 100.496 dollars et un effectif de 1.738 membres. Son mouvement de fonds en 1925 s'était élevé à 216.327 dollars. Elle a complètement résolu le problème qui se posait avec tant d'acuité en 1915. Depuis le développement des « Credit Unions », la moitié des usuriers de l'Etat de Massachussets ont disparu ; les autres ont vu leurs affaires diminuer de moitié.

La juste appréciation, par les membres de la Commission des prêts, de la moralité de l'emprunteur, dépend de la mesure dans laquelle ils connaissent personnellement l'intéressé ou sa réputation. Cette condition est naturellement remplie dans les caisses rurales qui, selon la règle posée par Raiffeisen, ne doivent pas étendre leur recrutement au-delà des limites d'un village.

Pour retrouver la même condition dans la confusion des grandes agglomérations urbaines, il fallait utiliser d'autres modes de cohésion que ceux qui résultent du voisinage. C'est ainsi que fut posée la règle que chaque « Credit Union » doit se recruter dans un groupe défini dont les membres sont déjà reliés entre eux soit par la communauté de profession ou de lieu de travail, soit par la communauté de race, de confession religieuse ou politique, ou tout autre lien résultant de préoccupations et d'activités communes. C'est ainsi que la Coopérative d'épargne et de crédit mutuel, à la différence de la plupart des autres catégories de coopératives, ne condamne pas, mais au contraire recommande un mode de recrutement limité par des conditions qui sont étrangères à la fonction économique exercée par la coopérative, mais qui sont utiles à la cohésion sociale. Le principe du recrutement dans un groupe défini pour les unités primaires ne doit d'ailleurs pas faire obstacle à la constitution d'organismes du deuxième degré ouverts à toutes les coopératives d'épargne et de crédit, quel que soit le milieu défini dans lequel chacune d'elle se recrute.

Un grand nombre de sociétés ont été constituées par des ouvriers ou employés d'une même compagnie ou d'une même administration : postes, téléphones, chemins de fer, services municipaux ; par les membres d'une même organisation syndicale (exemple : la « Credit Union » de l' « Amalgamated Clothing Workers ») ou par des groupes de paroissiens, une d'elles, par un groupe de ménagères israélites ; d'autres par des sociétés fraternelles, des associations d'anciens combattants, etc. La plus importante des « Credit Unions » limite son recrutement aux personnes d'origine scandinave.

Une bonne règle est de commencer avec un petit nombre de sociétaires : 10 à 30 choisis avec soin dans le milieu où la coopérative va se développer. « De nouveaux membres rejoindront la coopérative dès qu'elle aura commencé à fonctionner et que sa valeur aura été comprise. A la fin d'une première année, on trouvera dans la coopérative un groupe d'hommes nettement représentatifs du milieu et décidés à accepter la responsabilité de membres du Conseil et des commissions de la coopérative » (1).

Le développement des « Credit Unions », lent d'abord puis plus rapide dans ces dernières années, a été poursuivi et guidé par le

(1) D'après « Some hints as to usual Credit Unions practice », tract de propagande édicté par le « Credit Union National Extension Bureau ».

« Credit Union National Extension Bureau », Office créé en 1921 par Edw. Filene, qui en confia la direction à Roy F. Bergengren (1).

Voici quelques renseignements sur les méthodes du « Credit Union National Extension Bureau » et les différentes étapes du programme qu'il s'est tracé :

1° Obtenir dans chaque Etat une législation sur les « Credit Unions ». Ce résultat est maintenant obtenu dans environ 25 Etats.

2° Dès qu'un Etat a promulgué une loi sur les « Credit Unions », rechercher par des conférences, des relations personnelles, des tracts répandus dans les divers milieux, à provoquer la création d'une première société modeste, la guider dans ses premiers pas, lui fournir les quelques livres de comptes nécessaires, etc... ; puis en créer une deuxième, une troisième, etc...

3° Dès qu'une quinzaine de sociétés ainsi créées et guidées, fonctionnent dans le même Etat, réunir les secrétaires et trésoriers de ces sociétés en vue de la constitution d'une ligue qui se chargera de faire, dans l'Etat, le travail précédemment effectué directement par le « Credit Union National Extension Bureau ». Il existe maintenant des ligues de « Credit Unions » dans près de quinze Etats. Dès que ce nombre sera atteint, on passera à l'étape suivante.

4° La dernière étape qui sera sans doute franchie au cours de l'année 1930 consistera dans la transformation du « Credit Union National Extension Bureau » en une fédération des ligues d'Etat. Ultérieurement, cette fédération elle-même pourra devenir — ou, de préférence, pourra créer à côté d'elle, — une centrale qui établira les liaisons financières de tout le système.

Il y a là un exemple d'action méthodique prudente et progressive dont nous devrons nous inspirer si nous voulons orienter nos efforts vers la coopération d'épargne et de crédit et par elle, non seulement résoudre les problèmes limités auxquels la vente à crédit donne une fausse solution, mais encore nous attacher à résoudre un problème plus vaste : celui d'assurer la satisfaction de tous les besoins légitimes de crédit, si variés qu'ils soient, sans affaiblir, au contraire, en créant et en stimulant les habitudes d'épargne.

Résolution

Le Congrès,

Ecartant toute confusion entre les systèmes de vente dits « vente à crédit » et l'organisation proprement dite du crédit qui est légitime lorsqu'il tend à relever ou à fortifier la condition économique de l'emprunteur,

1° Renouvelle la condamnation traditionnelle du Mouvement Coopératif contre la vente à crédit par les coopératives de consommation et étend cette condamnation aux systèmes modernes de vente à crédit imaginés par le commerce privé pour l'accroissement de ses affaires et de ses profits ;

2° Constate, d'autre part, qu'une expérience poursuivie avec succès

(1) Pour plus de détails sur le fonctionnement des « Credit Unions » et les conditions dans lesquelles elles se sont développées, voir : « Les Coopératives d'Epargne et de Crédit et leur adaptation aux besoins de la classe ouvrière » par Roy F. Bergengren (Tirage à part de la *Revue Internationale du Travail*, mai 1927).

depuis une quinzaine d'années dans les milieux d'ouvriers et d'employés et depuis trois quarts de siècle dans les milieux ruraux du monde entier, a démontré que la coopération pouvait, par l'institution de coopératives d'épargne et de crédit, résoudre le problème des besoins légitimes de crédit y compris les besoins de crédit des ménages et, en outre, transformer en épargnants les victimes des usuriers.

Sur la base de cette expérience prolongée et étendue, le Congrès recommande la constitution de coopératives spéciales d'épargne et de crédit basées sur les principes de responsabilité et de solidarité déjà éprouvés avec, le cas échéant, les adaptations nécessaires aux conditions particulières et aux besoins des populations urbaines.

Les coopératives d'épargne et de crédit, quel que soit le milieu dans lequel elles sont constituées, ne doivent pas rester isolées, mais doivent être groupées en organismes du deuxième degré en liaison avec les organismes coopératifs bancaires déjà existants.

LES PRINCIPES DE ROCHDALE

Note de A.-J. CLEUET

L'article 1er des statuts de l'*Alliance Coopérative Internationale* stipule que « continuant l'œuvre des Pionniers de Rochdale elle poursuit, etc... » et l'art. 8 desdits Statuts déclare, au sujet des adhésions que « sont considérées comme coopératives au sens de l'art. 2 (quelle que soit leur constitution légale), les coopératives de consommation constituées conformément aux principes rochdaliens, etc... ».

Cette référence aux principes de Rochdale n'est certes pas inutile puisque la preuve est faite que le développement actuel du mouvement coopératif a été accompli surtout grâce au respect et à l'observation de ces principes, et nous ne formulons ni critique ni réserve à cet égard.

Cependant, nous estimons qu'il est excessif de se servir, en toutes occasions, du rappel des principes de Rochdale pour limiter le champ d'une discussion ou l'étude d'un problème et quand le fait se produit aussi bien au Comité Exécutif qu'au Conseil Central ou au Congrès International.

Les problèmes qui se posent maintenant devant la coopération sont multiples, variés et complexes, non seulement à cause de la diversité même de ses activités, mais par suite de la position prise par le Commerce privé et aussi vis-à-vis de l'organisation industrielle moderne.

Tous ces problèmes ont augmenté en nombre et en importance depuis l'année 1844 quand les vaillants pionniers de Rochdale ont édifié leur boutique coopérative tout en rédigeant les règles qui devaient guider leur action ; il serait donc vain, dans des conditions économiques si différentes, de vouloir aujourd'hui encercler nos discussions dans ces formules.

L'avenir même de la coopération commande à l'examen à fond de tous les problèmes posés par le développement incessant des organisations privées commerciales et industrielles. Rien ne doit là-dessus limiter nos débats. Il faut aussi que toutes les initiatives et toutes les suggestions puissent se produire.

Au surplus, l'*Alliance Coopérative Internationale* ne groupe pas que des coopératives de consommation, mais des Unions, des M. D. G., des Banques, des organisations agricoles et des coopératives de production industrielle. Dans quelle mesure les principes de Rochdale sont-ils applicables en tout ou partie au sein de ces diverses formes de la coopération ?

Dans la pratique, d'ailleurs, et suivant les circonstances et les lieux, les principes de Rochdale ont été diversement interprétés, même dans la coopération de consommation, et il serait facile de faire une énumération des infractions commises à l'égard de ces formules.

Si nous devons donc, en toute circonstance, nous référer aux règles de Rochdale, par devoir et par intérêt coopératif, il ne faut pas que ce soit d'une façon si absolue, que cela empêche l'examen approfondi des problèmes qui n'avaient, il y aura bientôt un siècle, ni le même aspect ni la même ampleur.

En conséquence le Congrès de l'A. C. I. demande au Comité Central de désigner une Commission spéciale pour rechercher les conditions dans lesquelles sont appliquées les principes de Rochdale dans les divers pays et pour, éventuellement, les préciser.

ANNEXE

Rapport sur la Caisse Fédérale des Retraites

Dans quelques mois la Caisse fédérale cessera de fonctionner. Nous procéderons à sa liquidation qui heureusement n'aura rien de judiciaire, car elle revivra aussitôt sous une autre dénomination : *La caisse Autonome des retraites,* et nous espérons que cette transformation, en la rajeunissant, lui donnera une vitalité et un essor considérables.

Avant la publication des comptes définitifs, qui ne pourront être établis que dans quelques mois d'après les instructions du Ministère du Travail, nous avons tenu à vous présenter la situation des principaux postes de notre bilan arrêté au 31 Décembre 1929.

Le montant des capitaux employés s'est élevé de 1.951.560 fr. 58 en 1928 à 2.153.907 fr. 81 pour fin 1929 soit 202.397 fr. 23 d'augmentation.

Le compte assurés a été porté de 1.970.374 fr. 06 à 2.363.897 fr. 05 en progression de 393.522 fr. 99.

Nos disponibilités à la Caisse des Dépôts et Consignations qui étaient de 31.813 fr. 48 l'an dernier se chiffrent maintenant à 225.489 fr. 24.

Cette énorme différence tient à ce que nous avons eu l'agréable surprise d'avoir 6.180 francs de rente 6 % amortis à 150 %, ce qui nous a laissé un coquet bénéfice de 55.000 fr. Nous nous en réjouissons pour nos sociétaires. Nous avons payé en 1928 : 70.038 fr 78 d'arrérage de pensions. En 1929 nous avons déboursé à ce titre 140.256 fr. par suite de l'élévation à 300 fr. de l'allocation viagère. Une nouvelle augmentation de 100 fr. la portera à 400 fr. à dater du 1er Février 1929, et il est fort probable — la proposition en a été faite et doit faire l'objet d'une discussion prochaine — que bientôt elle sera de 500 fr. L'Etat d'ailleurs ne saurait s'arrêter là ; depuis 1910, date de la promulgation de la loi, les conditions de la vie ont bien changées les pensions de nos vieux travailleurs qui ont fait un effort de prévoyance en cotisant régulièrement aux Retraites ouvrières, doivent être revisées en raison de la dépréciation de la monnaie et de la hausse continuelle de la vie. On a parlé souvent de la situation navrante dans laquelle se trouvent les petits rentiers et on a fait espérer une améliorationn de leur sort. Les revendications de nos retraités sont aussi légitimes et ne méritent pas moins la sollicitude des pouvoirs publics. Nous n'avons cessé, dans nos rapports annuels, de le signaler à l'attention du Ministère du Travail. Et puisque nous serons toujours en contact avec nos sociétaires, à qui nous continuerons de servir les retraites, nous resterons les défenseurs passionnés de leurs justes doléances.

Par les chiffres que nous vous avons fournis, vous pourrez apprécier les résultats que nous avons obtenus. La Caisse fédérale va être liquidée avec une situation financière très prospère. Nos charges, c'est-à-dire les capitaux que nous devons affecter en garantie des retraites acquises et éventuelles et qui constituent les réserves mathématiques n'atteignent que 1.800.000 fr. environ alors que notre actif monte à 2.400.000 fr. Nous liquiderons donc avec un excédent important. Il y a lieu de préciser que nous devons verser la moitié de cet excédent à la Caisse de Garantie ; l'autre moitié restera à notre Caisse Fédérale des Assurances Sociales comme garantie spéciale de nos Comptes.

Nous avions demandé à prélever sur nos excédents une somme de 20.000 fr. destinée à couvrir une partie des frais de premier établissement de la Caisse *Le Travail*. Le Ministère ne nous y a pas autorisé.

C'est ce qu'on est convenu d'appeler « la tutelle administrative ».

Grâce à nos réserves nous avons pu maintenir cette année encore à 5,8 % malgré la baisse continue du loyer de l'argent le taux de capitalisation de nos rentes, fidèle au principe qui a toujours dicté nos actes : fournir à nos adhérents, pour le minimum de versement, le maximum de retraites.

Nous avons maintenant plus de 8.500 comptes ouverts, nous aurions certainement atteint 9.000 si la prochaine application des Assurances Sociales n'était venue contrarier nos efforts et si le Ministère n'avait arrêté dès le 30 Septembre le renouvellement des cartes.

Il est vrai que nous avons l'espoir que nos membres nous resterons fidèles. Ce sont des militants coopérateurs et des syndicalistes pour la plupart.

Par conviction, par esprit de solidarité et aussi par intérêt ils s'affilieront, nous n'en doutons pas, à la Caisse fédérale des retraites qui continuera, en l'amplifiant, l'œuvre bienfaisante à laquelle la Caisse fédérale s'est toujours consacrée : l'amélioration de la situation matérielle et morale des travailleurs.

TABLE DES MATIÈRES

PREMIERE SEANCE

Ouverture du Congrès 5

Discours de Simonnet 5
Discours de M. Charles Gide 8
Discours de M. Serwy 11
Discours de M. Lucas 13
Discours de M. Pickup 14
Discours de M. Gallacher 15
Discours de M. Hain 17
Discours de M. Popoff 18
Discours de M. Holmberg 19
Discours de M. Przegalinski 20
Discours de M. Coll Creixell 21
Discours de M. Duaime 22
Discours de M. Gide 23
Discours de M. Patier 25
Discours de Briat 26
Discours de M. Cahen-Salvador 28
Remerciements de M. Gide 31
Vérification des mandats 31
Commission des Résolutions 31

DEUXIEME SEANCE

Rapport du Conseil Central 33

Intervention de Jégou 33
Intervention de Passebose 35
Intervention de Souillard 36
Intervention de Pourquié 38
Intervention de Rolland 40
Discours de Paul Ramadier 43
Rapport de la Commission de Vérification des Mandats... 48
Discours de F. Simiand 48

Discours de E. Bugnon ....
Intervention de Darves ....
Intervention de Hainaut ....
Intervention de Gaston Lévy ....
Intervention de Garnier ....
Intervention de A.-J. Cleuet ....
Intervention de Grillot ....
Intervention de Richard ....
Intervention de Georges Yung ....
Discours de E. Poisson ....

TROISIEME SEANCE

Résultats du Vote sur le Rapport du Conseil Central....

L'Organisation des Loisirs ....

Exposé de Fauconnet, *rapporteur* ....
Discours d'Albert Thomas ....

La Rationalisation ....

Exposé de Leclercq, *rapporteur* ....
Discours de Gaston Lévy ....

Rapport de la Commission des Résolutions..............

QUATRIEME SEANCE

Congrès International de Vienne..............................

L'activité de l'Alliance Coopérative Internationale depuis trois ans ....
Exposé de Poisson, *rapporteur* ....
Discours de A.-J. Cleuet ....
Discours d'Albert Thomas ....
Discours du Docteur Fauquet ....
Discours de Gaston Lévy ....
Discours de E. Grenier ....
Intervention de Gascon ....
Discours de E. Poisson ....